中学校学習指導要領（平成 29 年告示）解説

保健体育編

平成 29 年 7 月

文部科学省

まえがき

　文部科学省では，平成 29 年 3 月 31 日に学校教育法施行規則の一部改正と中学校学習指導要領の改訂を行った。新中学校学習指導要領等は令和 3 年度から全面的に実施することとし，平成 30 年度から一部を移行措置として先行して実施することとしている。

　今回の改訂は，平成 28 年 12 月の中央教育審議会答申を踏まえ，

①　教育基本法，学校教育法などを踏まえ，これまでの我が国の学校教育の実績や蓄積を生かし，子供たちが未来社会を切り拓（ひら）くための資質・能力を一層確実に育成することを目指すこと。その際，子供たちに求められる資質・能力とは何かを社会と共有し，連携する「社会に開かれた教育課程」を重視すること。

②　知識及び技能の習得と思考力，判断力，表現力等の育成のバランスを重視する平成 20 年改訂の学習指導要領の枠組みや教育内容を維持した上で，知識の理解の質を更に高め，確かな学力を育成すること。

③　先行する特別教科化など道徳教育の充実や体験活動の重視，体育・健康に関する指導の充実により，豊かな心や健やかな体を育成すること。

を基本的なねらいとして行った。

　本書は，大綱的な基準である学習指導要領の記述の意味や解釈などの詳細について説明するために，文部科学省が作成するものであり，中学校学習指導要領第 2 章第 7 節「保健体育」について，その改善の趣旨や内容を解説している。

　各学校においては，本書を御活用いただき，学習指導要領等についての理解を深め，創意工夫を生かした特色ある教育課程を編成・実施されるようお願いしたい。

　むすびに，本書「中学校学習指導要領解説保健体育編」の作成に御協力くださった各位に対し，心から感謝の意を表する次第である。

平成 29 年 7 月　　　　　　　スポーツ庁次長

　　　　　　　　　　　　　　　　　今　里　　讓

　　　　　　　　　　　文部科学省初等中等教育局長

　　　　　　　　　　　　　　　　　髙　橋　道　和

目次

第1章　総　説

● 1　改訂の経緯及び基本方針

(1) 改訂の経緯

　今の子供たちやこれから誕生する子供たちが，成人して社会で活躍する頃には，我が国は厳しい挑戦の時代を迎えていると予想される。生産年齢人口の減少，グローバル化の進展や絶え間ない技術革新等により，社会構造や雇用環境は大きく，また急速に変化しており，予測が困難な時代となっている。また，急激な少子高齢化が進む中で成熟社会を迎えた我が国にあっては，一人一人が持続可能な社会の担い手として，その多様性を原動力とし，質的な豊かさを伴った個人と社会の成長につながる新たな価値を生み出していくことが期待される。

　こうした変化の一つとして，人工知能（AI）の飛躍的な進化を挙げることができる。人工知能が自ら知識を概念的に理解し，思考し始めているとも言われ，雇用の在り方や学校において獲得する知識の意味にも大きな変化をもたらすのではないかとの予測も示されている。このことは同時に，人工知能がどれだけ進化し思考できるようになったとしても，その思考の目的を与えたり，目的のよさ・正しさ・美しさを判断したりできるのは人間の最も大きな強みであるということの再認識につながっている。

　このような時代にあって，学校教育には，子供たちが様々な変化に積極的に向き合い，他者と協働して課題を解決していくことや，様々な情報を見極め知識の概念的な理解を実現し情報を再構成するなどして新たな価値につなげていくこと，複雑な状況変化の中で目的を再構築することができるようにすることが求められている。

　このことは，本来，我が国の学校教育が大切にしてきたことであるものの，教師の世代交代が進むと同時に，学校内における教師の世代間のバランスが変化し，教育に関わる様々な経験や知見をどのように継承していくかが課題となり，また，子供たちを取り巻く環境の変化により学校が抱える課題も複雑化・困難化する中で，これまでどおり学校の工夫だけにその実現を委ねることは困難になってきている。

　こうした状況を踏まえ，平成26年11月には，文部科学大臣から新しい時代にふさわしい学習指導要領等の在り方について中央教育審議会に諮問を行った。中央教育審議会においては，2年1か月にわたる審議の末，平成28年12月21日に「幼稚園，小学校，中学校，高等学校及び特別支援学校の学習指導要領等の改善及び必要な方策等について（答申）」（以下「中央教育審議会答申」という。）を示し

た。

中央教育審議会答申においては，"よりよい学校教育を通じてよりよい社会を
創る"という目標を学校と社会が共有し，連携・協働しながら，新しい時代に求
められる資質・能力を子供たちに育む「社会に開かれた教育課程」の実現を目指
し，学習指導要領等が，学校，家庭，地域の関係者が幅広く共有し活用できる「学
びの地図」としての役割を果たすことができるよう，次の6点にわたってその枠
組みを改善するとともに，各学校において教育課程を軸に学校教育の改善・充実
の好循環を生み出す「カリキュラム・マネジメント」の実現を目指すことなどが
求められた。

① 「何ができるようになるか」（育成を目指す資質・能力）

② 「何を学ぶか」（教科等を学ぶ意義と，教科等間・学校段階間のつながりを
踏まえた教育課程の編成）

③ 「どのように学ぶか」（各教科等の指導計画の作成と実施，学習・指導の改
善・充実）

④ 「子供一人一人の発達をどのように支援するか」（子供の発達を踏まえた指
導）

⑤ 「何が身に付いたか」（学習評価の充実）

⑥ 「実施するために何が必要か」（学習指導要領等の理念を実現するために必
要な方策）

これを踏まえ，平成29年3月31日に学校教育法施行規則を改正するとともに，
幼稚園教育要領，小学校学習指導要領及び中学校学習指導要領を公示した。小学
校学習指導要領は，平成30年4月1日から第3学年及び第4学年において外国語
活動を実施する等の円滑に移行するための措置（移行措置）を実施し，令和2年
4月1日から全面実施することとしている。また，中学校学習指導要領は，平成
30年4月1日から移行措置を実施し，令和3年4月1日から全面実施すること
としている。

(2) 改訂の基本方針

今回の改訂は中央教育審議会答申を踏まえ，次の基本方針に基づき行った。

① 今回の改訂の基本的な考え方

ア 教育基本法，学校教育法などを踏まえ，これまでの我が国の学校教育の
実践や蓄積を生かし，子供たちが未来社会を切り拓くための資質・能力を
一層確実に育成することを目指す。その際，子供たちに求められる資質・
能力とは何かを社会と共有し，連携する「社会に開かれた教育課程」を重
視すること。

イ　知識及び技能の習得と思考力，判断力，表現力等の育成のバランスを重視する平成20年改訂の学習指導要領の枠組みや教育内容を維持した上で，知識の理解の質を更に高め，確かな学力を育成すること。

ウ　先行する特別教科化など道徳教育の充実や体験活動の重視，体育・健康に関する指導の充実により，豊かな心や健やかな体を育成すること。

② 育成を目指す資質・能力の明確化

　中央教育審議会答申においては，予測困難な社会の変化に主体的に関わり，感性を豊かに働かせながら，どのような未来を創っていくのか，どのように社会や人生をよりよいものにしていくのかという目的を自ら考え，自らの可能性を発揮し，よりよい社会と幸福な人生の創り手となる力を身に付けられるようにすることが重要であること，こうした力は全く新しい力ということではなく学校教育が長年その育成を目指してきた「生きる力」であることを改めて捉え直し，学校教育がしっかりとその強みを発揮できるようにしていくことが必要とされた。また，汎用的な能力の育成を重視する世界的な潮流を踏まえつつ，知識及び技能と思考力，判断力，表現力等をバランスよく育成してきた我が国の学校教育の蓄積を生かしていくことが重要とされた。

　このため「生きる力」をより具体化し，教育課程全体を通して育成を目指す資質・能力を，ア「何を理解しているか，何ができるか（生きて働く「知識・技能」の習得）」，イ「理解していること・できることをどう使うか（未知の状況にも対応できる「思考力・判断力・表現力等」の育成）」，ウ「どのように社会・世界と関わり，よりよい人生を送るか（学びを人生や社会に生かそうとする「学びに向かう力・人間性等」の涵養（かん））」の三つの柱に整理するとともに，各教科等の目標や内容についても，この三つの柱に基づく再整理を図るよう提言がなされた。

　今回の改訂では，知・徳・体にわたる「生きる力」を子供たちに育むために「何のために学ぶのか」という各教科等を学ぶ意義を共有しながら，授業の創意工夫や教科書等の教材の改善を引き出していくことができるようにするため，全ての教科等の目標及び内容を「知識及び技能」，「思考力，判断力，表現力等」，「学びに向かう力，人間性等」の三つの柱で再整理した。

③ 「主体的・対話的で深い学び」の実現に向けた授業改善の推進

　子供たちが，学習内容を人生や社会の在り方と結び付けて深く理解し，これからの時代に求められる資質・能力を身に付け，生涯にわたって能動的に学び続けることができるようにするためには，これまでの学校教育の蓄積を

生かし，学習の質を一層高める授業改善の取組を活性化していくことが必要であり，我が国の優れた教育実践に見られる普遍的な視点である「主体的・対話的で深い学び」の実現に向けた授業改善（アクティブ・ラーニングの視点に立った授業改善）を推進することが求められる。

今回の改訂では「主体的・対話的で深い学び」の実現に向けた授業改善を進める際の指導上の配慮事項を第1章総則に記載するとともに，各教科等の「第3　指導計画の作成と内容の取扱い」において，単元や題材など内容や時間のまとまりを見通して，その中で育む資質・能力の育成に向けて，「主体的・対話的で深い学び」の実現に向けた授業改善を進めることを示した。

その際，以下の6点に留意して取り組むことが重要である。

ア　児童生徒に求められる資質・能力を育成することを目指した授業改善の取組は，既に小・中学校を中心に多くの実践が積み重ねられており，特に義務教育段階はこれまで地道に取り組まれ蓄積されてきた実践を否定し，全く異なる指導方法を導入しなければならないと捉える必要はないこと。

イ　授業の方法や技術の改善のみを意図するものではなく，児童生徒に目指す資質・能力を育むために「主体的な学び」，「対話的な学び」，「深い学び」の視点で，授業改善を進めるものであること。

ウ　各教科等において通常行われている学習活動（言語活動，観察・実験，問題解決的な学習など）の質を向上させることを主眼とするものであること。

エ　1回1回の授業で全ての学びが実現されるものではなく，単元や題材など内容や時間のまとまりの中で，学習を見通し振り返る場面をどこに設定するか，グループなどで対話する場面をどこに設定するか，児童生徒が考える場面と教員が教える場面をどのように組み立てるかを考え，実現を図っていくものであること。

オ　深い学びの鍵として「見方・考え方」を働かせることが重要になること。各教科等の「見方・考え方」は，「どのような視点で物事を捉え，どのような考え方で思考していくのか」というその教科等ならではの物事を捉える視点や考え方である。各教科等を学ぶ本質的な意義の中核をなすものであり，教科等の学習と社会をつなぐものであることから，児童生徒が学習や人生において「見方・考え方」を自在に働かせることができるようにすることにこそ，教師の専門性が発揮されることが求められること。

カ　基礎的・基本的な知識及び技能の習得に課題がある場合には，その確実な習得を図ることを重視すること。

④　各学校におけるカリキュラム・マネジメントの推進

　　各学校においては，教科等の目標や内容を見通し，特に学習の基盤となる資質・能力（言語能力，情報活用能力，問題発見・解決能力等）や現代的な諸課題に対応して求められる資質・能力（情報モラルを含む。以下同じ。）の育成のためには，教科等横断的な学習を充実することや，「主体的・対話的で深い学び」の実現に向けた授業改善を，単元や題材など内容や時間のまとまりを見通して行うことが求められる。これらの取組の実現のためには，学校全体として，児童生徒や学校，地域の実態を適切に把握し，教育内容や時間の配分，必要な人的・物的体制の確保，教育課程の実施状況に基づく改善などを通して，教育活動の質を向上させ，学習の効果の最大化を図るカリキュラム・マネジメントに努めることが求められる。

　　このため第1章総則において，「生徒や学校，地域の実態を適切に把握し，教育の目的や目標の実現に必要な教育の内容等を教科等横断的な視点で組み立てていくこと，教育課程の実施状況を評価してその改善を図っていくこと，教育課程の実施に必要な人的又は物的な体制を確保するとともにその改善を図っていくことなどを通して，教育課程に基づき組織的かつ計画的に各学校の教育活動の質の向上を図っていくこと（以下「カリキュラム・マネジメント」という。）に努める」ことについて新たに示した。

⑤　教育内容の主な改善事項

　　このほか，言語能力の確実な育成，理数教育の充実，伝統や文化に関する教育の充実，体験活動の充実，外国語教育の充実などについて第1章総則や各教科等において，その特質に応じて内容やその取扱いの充実を図った。

　中央教育審議会答申において，教育課程の基準の改善のねらいが示されるとともに，各教科等の主な改善事項を示している。この度の中学校保健体育科の改訂は，これらを踏まえて行ったものである。

(1) 保健体育科改訂の趣旨

① 平成20年改訂の学習指導要領の成果と課題

　体育科，保健体育科における平成20年改訂の学習指導要領の成果と課題については，中央教育審議会答申において次のように示されている。

　「生涯にわたって健康を保持増進し，豊かなスポーツライフを実現することを重視し，体育と保健との一層の関連や発達の段階に応じた指導内容の明確化・体系化を図りつつ，指導と評価の充実を進めてきた。その中で，運動やスポーツが好きな児童生徒の割合が高まったこと，体力の低下傾向に歯止めが掛かったこと，『する，みる，支える』のスポーツとの多様な関わりの必要性や公正，責任，健康・安全等，態度の内容が身に付いていること，子供たちの健康の大切さへの認識や健康・安全に関する基礎的な内容が身に付いていることなど，一定の成果が見られる。

　他方で，習得した知識や技能を活用して課題解決することや，学習したことを相手に分かりやすく伝えること等に課題があること，運動する子供とそうでない子供の二極化傾向が見られること，子供の体力について，低下傾向には歯止めが掛かっているものの，体力水準が高かった昭和60年ごろと比較すると，依然として低い状況が見られることなどの指摘がある。また，健康課題を発見し，主体的に課題解決に取り組む学習が不十分であり，社会の変化に伴う新たな健康課題に対応した教育が必要との指摘がある。」としている。

② 改訂の基本的な考え方

　これらを踏まえた体育科，保健体育科の改訂の基本的な考え方は次のとおりである。

ア　小学校，中学校及び高等学校を通じて，「体育科，保健体育科では，これらの課題を踏まえ，心と体を一体としてとらえ，生涯にわたって健康を保持増進し，豊かなスポーツライフを実現する資質・能力を育成することを重視する観点から，運動や健康に関する課題を発見し，その解決を図る主体的・協働的な学習活動を通して，『知識・技能』，『思考力・判断力・表現

力等』，『学びに向かう力・人間性等』を育成することを目標として示す。」
としている。

イ 「体育科，保健体育科における学習過程については，これまでも心と体を
一体としてとらえ，自己の運動や健康についての課題の解決に向け，積極
的・自主的・主体的に学習することや，仲間と対話し協力して課題を解決
する学習等を重視してきた。これらを引き続き重視するとともに，体育科，
保健体育科で育成を目指す『知識・技能』，『思考力・判断力・表現力等』，
『学びに向かう力・人間性等』の三つの資質・能力を確実に身に付けるため
に，その関係性を重視した学習過程を工夫する必要がある。」としている。

ウ 「体育科，保健体育科の指導内容については，『知識・技能』，『思考力・
判断力・表現力等』，『学びに向かう力・人間性等』の育成を目指す資質・
能力の三つの柱に沿って示す」とするとともに，体育については，「児童生
徒の発達の段階を踏まえて，学習したことを実生活や実社会に生かし，豊
かなスポーツライフを継続することができるよう，小学校，中学校，高等
学校を通じて系統性のある指導ができるように示す必要がある。」としてお
り，保健においては，「健康な生活と疾病の予防，心身の発育・発達と心の
健康，健康と環境，傷害の防止，社会生活と健康等の保健の基礎的な内容
について，小学校，中学校，高等学校を通じて系統性のある指導ができる
ように示す必要がある。」としている。

③ 改善の具体的事項

ア 体育分野については，「生涯にわたって運動やスポーツに親しみ，スポー
ツとの多様な関わり方を場面に応じて選択し，実践することができるよう，
『知識・技能』，『思考力・判断力・表現力等』，『学びに向かう力・人間性
等』の育成を重視する観点から内容等の改善を図る。また，保健分野との
一層の関連を図った内容等について改善を図る。

(ア) 各領域で身に付けたい具体的な内容を，資質・能力の三つの柱に沿っ
て明確に示す。特に，『思考力・判断力・表現力等』及び『学びに向かう
力・人間性等』の内容の明確化を図る。また，体力や技能の程度，年齢
や性別及び障害の有無等にかかわらず，運動やスポーツの多様な楽しみ
方を共有することができるよう配慮する。

(イ) 体を動かす楽しさや心地よさを味わうとともに，健康や体力の状況に
応じて体力を高める必要性を認識し，運動やスポーツの習慣化につなげ
る観点から，体つくり運動の内容等について改善を図る。

(ウ) スポーツの意義や価値等の理解につながるよう，内容等について改善

を図る。特に，東京オリンピック・パラリンピック競技大会がもたらす成果を次世代に引き継いでいく観点から，知識に関する領域において，オリンピック・パラリンピックの意義や価値等の内容等について改善を図る。

(エ) グローバル化する社会の中で，我が国固有の伝統と文化への理解を深める観点から，日本固有の武道の考え方に触れることができるよう，内容等について一層の改善を図る。」としている。

イ 保健分野については，「個人生活における健康・安全についての『知識・技能』，『思考力・判断力・表現力等』，『学びに向かう力・人間性等』の育成を重視する観点から，内容等の改善を図る。その際，心の健康や疾病の予防に関する健康課題の解決に関わる内容，ストレス対処や心肺蘇生法等の技能に関する内容等を充実する。また，個人生活における健康課題を解決することを重視する観点から，健康な生活と疾病の予防の内容を学年ごとに配当するとともに，体育分野との一層の関連を図った内容等について改善を図る。」としている。

以上の改訂の趣旨に従って，中学校保健体育科では，生涯にわたって運動やスポーツに親しみ，スポーツとの多様な関わり方を場面に応じて選択し，実践することができるよう，「知識及び技能」，「思考力，判断力，表現力等」，「学びに向かう力，人間性等」（資質・能力の三つの柱）の育成を重視するとともに，個人生活における健康・安全についての「知識及び技能」，「思考力，判断力，表現力等」，「学びに向かう力，人間性等」（資質・能力の三つの柱）の育成を重視して改善を図った。

なお，改善に当たっては，次の点にも留意した。
○ 体力の向上については，心身ともに成長の著しい時期であることを踏まえ，「体つくり運動」の学習を通して，体を動かす楽しさや心地よさを味わわせるとともに，健康や体力の状況に応じて体力を高める必要性を認識させ，「体つくり運動」以外の運動に関する領域においても，学習した結果としてより一層の体力の向上を図ることができるようにする。

さらに，学習した成果を実生活や実社会に生かすこと及び運動やスポーツの習慣化を促す観点から，体育理論や保健との関連，教科外活動や学校生活全体を見通した教育課程の工夫を図るようにする。

○ 体育分野の知識については，言葉や文章など明確な形で表出することが可能な形式知だけでなく，勘や直感，経験に基づく知恵などの暗黙知を含む概

念であり，意欲，思考力，運動の技能などの源となるものである。また，体の動かし方や用具の操作方法などの具体的な知識を理解することにとどまらず，運動の実践及び生涯スポーツにつながる概念や法則などの汎用的な知識等の定着を図ることが重要である。その際，動きの獲得を通して一層知識の大切さを実感できるようにすることが必要である。

さらに，「する・みる・支える・知る」といった生涯にわたる豊かなスポーツライフを実現していく資質・能力の育成に向けて，運動やスポーツの価値や文化的意義等を学ぶ体育理論の学習の充実はもとより，学習する領域が有する特性や魅力を理解すること，運動実践につながる態度の形成に関する知識を理解すること，保健で学習する健康・安全の概念と体育の分野で学習する健康・安全の留意点との関連を図ることなど，知識を基盤とした学習の充実が必要である。

○　保健分野の技能については，ストレスへの対処や心肺蘇生法等の応急手当を取り上げ，個人生活における健康・安全に関する基本的な技能を身に付けるよう指導することが重要である。その際，実習を取り入れ，それらの意義や手順，及び課題の解決など，該当する知識や思考力，判断力，表現力等との関連を図ることに留意する必要がある。

(2) 保健体育科改訂の要点

保健体育科については，これらの中央教育審議会答申の趣旨を踏まえて，次の方針によって改訂を行った。

① 体育分野においては，育成を目指す資質・能力を明確にし，生涯にわたって豊かなスポーツライフを実現する資質・能力を育成することができるよう，「知識及び技能」，「思考力，判断力，表現力等」，「学びに向かう力，人間性等」の育成を重視し，目標及び内容の構造の見直しを図ること。

② 「カリキュラム・マネジメント」の実現及び「主体的・対話的で深い学び」の実現に向けた授業改善を推進する観点から，発達の段階のまとまりを考慮し，各領域で身に付けさせたい具体的な内容の系統性を踏まえた指導内容の一層の充実を図るとともに，保健分野との一層の関連を図った指導の充実を図ること。

③ 運動やスポーツとの多様な関わり方を重視する観点から，体力や技能の程度，性別や障害の有無等にかかわらず，運動やスポーツの多様な楽しみ方を共有することができるよう指導内容の充実を図ること。その際，共生の視点を重視して改善を図ること。

④ 生涯にわたって豊かなスポーツライフを実現する基礎を培うことを重視し，資質・能力の三つの柱ごとの指導内容の一層の明確化を図ること。

⑤ 保健分野においては，生涯にわたって健康を保持増進する資質・能力を育成することができるよう，「知識及び技能」，「思考力，判断力，表現力等」，「学びに向かう力，人間性等」に対応した目標，内容に改善すること。

⑥ 心の健康や疾病の予防に関する健康課題の解決に関わる内容，ストレス対処や心肺蘇生法等の技能に関する内容等を充実すること。

⑦ 個人生活における健康課題を解決することを重視する観点から，健康な生活と疾病の予防の内容を学年ごとに配当するとともに，体育分野との一層の関連を図った内容等について改善すること。

保健体育科の目標，内容及び内容の取扱い等の改訂の要点は，次のとおりである。

ア　目標の改善

教科の目標については，従前，「心と体を一体としてとらえ，運動や健康・安全についての理解と運動の合理的な実践を通して，生涯にわたって運動に親しむ資質や能力を育てるとともに健康の保持増進のための実践力の育成と体力の向上を図り，明るく豊かな生活を営む態度を育てる」としていたもの

を，次のように改善を図った。

「体育や保健の見方・考え方を働かせ，課題を発見し，合理的な解決に向けた学習過程を通して，心と体を一体として捉え，生涯にわたって心身の健康を保持増進し豊かなスポーツライフを実現するための資質・能力を次のとおり育成することを目指す。
(1) 各種の運動の特性に応じた技能等及び個人生活における健康・安全について理解するとともに，基本的な技能を身に付けるようにする。
(2) 運動や健康についての自他の課題を発見し，合理的な解決に向けて思考し判断するとともに，他者に伝える力を養う。
(3) 生涯にわたって運動に親しむとともに健康の保持増進と体力の向上を目指し，明るく豊かな生活を営む態度を養う。」

　このことは，中央教育審議会答申において，学校教育法第30条2項の規定を一層明確化するため，全ての教科等において，資質・能力の三つの柱を踏まえ，各教科等に共通した目標の示し方としたためである。
　また，「体育や保健の見方・考え方を働かせ」ることを通して，「体育科，保健体育科においては，各種の運動がもたらす体の健康への効果はもとより，心の健康も運動と密接に関連している」ことを実感させ，生涯にわたって心身の健康を保持増進し豊かなスポーツライフを実現するための資質・能力を育むことが大切であることを強調したものである。
　なお，資質・能力の三つの柱の育成に向けては，「課題を発見し，合理的な解決に向けた学習過程を通して」相互に関連させて高めることが重要である。
　さらに，「学びに向かう力，人間性等」は，生涯にわたって運動に親しむこと，健康の保持増進及び体力の向上を図ることを関連させて育成する中で，現在及び将来の生活を健康で活力に満ちた明るく豊かなものにすることが大切であることを示している。

　体育分野の第1学年及び第2学年の目標については，従前，「(1) 運動の合理的な実践を通して，運動の楽しさや喜びを味わうことができるようにするとともに，知識や技能を身に付け，運動を豊かに実践することができるようにする。(2) 運動を適切に行うことによって，体力を高め，心身の調和的発達を図る。(3) 運動における競争や協同の経験を通して，公正に取り組む，互いに協力する，自己の役割を果たすなどの意欲を育てるとともに，健康・安全に留意し，自己の最善を尽くして運動をする態度を育てる。」としていたものを，保健体育科の目標を踏まえ，(1) 知識及び技能，(2) 思考力，判断力，

表現力等，（3）学びに向かう力，人間性等の資質・能力の三つの柱で整理し，次のとおり示すこととした。

(1) 運動の合理的な実践を通して，運動の楽しさや喜びを味わい，運動を豊かに実践することができるようにするため，運動，体力の必要性について理解するとともに，基本的な技能を身に付けるようにする。

(2) 運動についての自己の課題を発見し，合理的な解決に向けて思考し判断するとともに，自己や仲間の考えたことを他者に伝える力を養う。

(3) 運動における競争や協働の経験を通して，公正に取り組む，互いに協力する，自己の役割を果たす，一人一人の違いを認めようとするなどの意欲を育てるとともに，健康・安全に留意し，自己の最善を尽くして運動をする態度を養う。

また，第3学年の目標については，従前，「(1) 運動の合理的な実践を通して，運動の楽しさや喜びを味わうとともに，知識や技能を高め，生涯にわたって運動を豊かに実践することができるようにする。(2) 運動を適切に行うことによって，自己の状況に応じて体力の向上を図る能力を育て，心身の調和的発達を図る。(3) 運動における競争や協同の経験を通して，公正に取り組む，互いに協力する，自己の責任を果たす，参画するなどの意欲を育てるとともに，健康・安全を確保して，生涯にわたって運動に親しむ態度を育てる。」としていたものを，第1学年及び第2学年と同様に，保健体育科の目標を踏まえ，(1) 知識及び技能，(2) 思考力，判断力，表現力等，(3) 学びに向かう力，人間性等の資質・能力の三つの柱で整理し，次のとおり示すこととした。

(1) 運動の合理的な実践を通して，運動の楽しさや喜びを味わい，生涯にわたって運動を豊かに実践することができるようにするため，運動，体力の必要性について理解するとともに，基本的な技能を身に付けるようにする。

(2) 運動についての自己や仲間の課題を発見し，合理的な解決に向けて思考し判断するとともに，自己や仲間の考えたことを他者に伝える力を養う。

(3) 運動における競争や協働の経験を通して，公正に取り組む，互いに協力する，自己の責任を果たす，参画する，一人一人の違いを大切にしようとするなどの意欲を育てるとともに，健康・安全を確保して，生涯にわたって運動に親しむ態度を養う。

保健分野の目標については，従前，「個人生活における健康・安全に関する理解を通して，生涯を通じて自らの健康を適切に管理し，改善していく資質

や能力を育てる」としていたものを，保健体育科の目標を踏まえ（1）知識及び技能，（2）思考力，判断力，表現力等，（3）学びに向かう力，人間性等の資質・能力の三つの柱で整理し，次のとおり示すこととした。

(1) 個人生活における健康や安全について理解するとともに，基本的な技能を身に付けるようにする。

(2) 健康についての自他の課題を発見し，よりよい解決に向けて思考し判断するとともに，他者に伝える力を養う。

(3) 生涯を通じて心身の健康の保持増進を目指し，明るく豊かな生活を営む態度を養う。

イ　内容構成の改善

体育分野の内容構成については，従前，（1）技能（「体つくり運動」は運動），（2）態度，（3）知識，思考・判断としていたものを，（1）知識及び技能（「体つくり運動」は知識及び運動），（2）思考力，判断力，表現力等，（3）学びに向かう力，人間性等の内容構成とした。

このことは，中央教育審議会答申において，「体育については，『体育の見方・考え方』を働かせて，三つの資質・能力を育成する観点から，運動に関する『知識・技能』，運動課題の発見・解決等のための『思考力・判断力・表現力等』，主体的に学習に取り組む態度等の『学びに向かう力・人間性等』に対応した目標，内容に改善する。」としていることを踏まえたものである。

なお，体育分野の内容については，学校段階の接続及び発達の段階のまとまりに応じた指導内容の体系化の観点から，従前どおり，第1学年及び第2学年と第3学年に分けて示すこととした。

また，保健分野については，「保健については，『保健の見方・考え方』を働かせて，三つの資質・能力を育成する観点から，健康に関する『知識・技能』，健康課題の発見・解決のための『思考力・判断力・表現力等』，主体的に健康の保持増進や回復に取り組む態度等の『学びに向かう力・人間性等』に対応した目標，内容に改善する。その際，健康な生活と疾病の予防，心身の発育・発達と心の健康，健康と環境，傷害の防止，社会生活と健康等の保健の基礎的な内容について，小学校，中学校，高等学校を通じて系統性のある指導ができるように示す必要がある。」としていることを踏まえ，「知識及び技能」，「思考力，判断力，表現力等」の内容構成とした。

なお，各教科等の内容については，内容のまとまりごとに，生徒が身に付けることが期待される資質・能力の三つの柱に沿って示すこととしているが，特に「学びに向かう力，人間性等」については，目標において全体としてまとめ

て示し，内容のまとまりごとに指導内容を示さないことを基本としている。しかし，体育分野においては，豊かなスポーツライフを実現することを重視し，従前より「態度」を内容として示していることから，内容のまとまりごとに「学びに向かう力，人間性等」に対応した指導内容を示すこととした。

ウ　内容及び内容の取扱いの改善

〔体育分野〕

(ｱ) 資質・能力の三つの柱を踏まえた内容構造の見直し

　　体育については，体育分野において育成を目指す資質・能力を明確にするとともに，豊かなスポーツライフを実現する資質・能力を育成する観点から，運動に関する「知識及び技能」（中学校段階以降の知識では，運動の成り立ちや多様な楽しみ方につながる知識等も含む），運動課題の発見・解決等のための「思考力，判断力，表現力等」，主体的に学習に取り組む態度等の「学びに向かう力，人間性等」に対応した内容を示すこととした。その際，児童生徒の発達の段階を踏まえて，学習したことを実生活や実社会に生かすとともに運動の習慣化につなげ，豊かなスポーツライフを継続することができるよう，小学校，中学校，高等学校を通じた系統性を踏まえて，引き続き指導内容の体系化を図ることを重視した。

　　なお，体育分野においては，「学びに向かう力，人間性等」の内容は，生涯にわたる豊かなスポーツライフの実現に向けた体育学習に関わる態度に対応した，公正，協力，責任，参画，共生及び健康・安全の具体的な指導内容を示すこととした。

(ｲ) 12年間の系統性を踏まえた指導内容の見直し

　　3年間の見通しをもった年間指導計画の作成及び指導計画の実施・評価・改善等を重視した「カリキュラム・マネジメント」を実現する観点及び「主体的・対話的で深い学び」の実現に向けた授業改善を推進する観点から，小学校から高等学校までの12年間を見通して，各種の運動の基礎を培う時期，多くの領域の学習を経験する時期，卒業後も運動やスポーツに多様な形で関わることができるようにする時期といった発達の段階のまとまりを踏まえ，小学校段階との接続及び高等学校への見通しを重視し，系統性を踏まえた指導内容の見直しを図ることとした。

　　具体的には，小学校段階との接続及び高等学校への見通しを重視し，指導内容の系統性を改めて整理するとともに，各領域における (2) 思考力，判断力，表現力等及び (3) 学びに向かう力，人間性等の指導内容の重点化を図ることとしたものである。

(ｳ) 運動やスポーツとの多様な関わり方を重視した内容及び内容の取扱いの充実

　　豊かなスポーツライフの実現を重視し，スポーツとの多様な関わり方を楽しむことができるようにする観点から，体力や技能の程度，性別や障害の有無等にかかわらず，運動やスポーツの多様な楽しみ方を共有することができるよう，共生の視点を踏まえて指導内容を示すこととした。

　　また，「内容の取扱い」及び「指導計画の作成と内容の取扱い」に，生徒が選択して履修できるようにすることや，体力や技能の程度，性別や障害の有無等にかかわらず運動やスポーツを楽しむことができるようにすることを示すとともに，生徒の困難さに応じた配慮の例を示した。

(ｴ) 指導内容の一層の明確化

　　生涯にわたって豊かなスポーツライフを実現する基礎を培うことを重視し，指導と評価の一体化を一層推進する観点から，(1) 知識及び技能（「体つくり運動」は知識及び運動），(2) 思考力，判断力，表現力等，(3) 学びに向かう力，人間性等の指導内容を一層明確にするため，解説において，従前，技能及び思考・判断で示していた例示を，全ての指導内容で示すこととした。

(ｵ) 体つくり運動

　　「体つくり運動」については，体を動かす楽しさや心地よさを味わわせるとともに，健康や体力の状況に応じて体力を高める必要性を認識させ，学校の教育活動全体や実生活で生かすことができるよう改善を図ることとした。

　　具体的には，「体ほぐしの運動」において，第1学年及び第2学年では，「心と体の関係に気付き，体の調子を整え，仲間と交流するための手軽な運動や律動的な運動を行うこと」を改め，「手軽な運動を行い，心と体との関係や心身の状態に気付き，仲間と積極的に関わり合うこと」とした。第3学年では，「心と体は互いに影響し変化することに気付き，体の状態に応じて体の調子を整え，仲間と積極的に交流するための手軽な運動や律動的な運動を行うこと」を改め，「手軽な運動を行い，心と体は互いに影響し変化することや心身の状態に気付き，仲間と自主的に関わり合うこと」を内容として示した。

　　また，従前，「体力を高める運動」として示していたものを，第1学年及び第2学年で「体の動きを高める運動」，第3学年で「実生活に生かす運動の計画」として新たに示した。

　　なお，引き続き，全ての学年で履修させることとするとともに，「指導計画の作成と内容の取扱い」に，授業時数を各学年で7単位時間以上を配当することを示した。

　　また，体育分野と保健分野の相互の関連を図るため，引き続き，「ストレスへの対処」など保健分野の指導との関連を図った指導を行うものとした。

（ヵ）器械運動

　「器械運動」については，従前どおり，「マット運動」，「鉄棒運動」，「平均台運動」及び「跳び箱運動」の４種目で構成するとともに，「内容の取扱い」に，第１学年及び第２学年においては，「マット運動」を含む二つを選択して履修できるようにすることを，第３学年においては，「マット運動」，「鉄棒運動」，「平均台運動」及び「跳び箱運動」の中から選択して履修できるようにすることを示した。

（ｷ）陸上競技

　「陸上競技」については，従前どおり，投てき種目を除く競走種目及び跳躍種目で構成しているが，バトンの受渡しの指導内容を新たに示すとともに，「内容の取扱い」に，競走種目及び跳躍種目の中からそれぞれ選択して履修できるようにすることを示した。

（ｸ）水泳

　「水泳」については，従前どおり，第１学年及び第２学年で，「クロール」，「平泳ぎ」，「背泳ぎ」及び「バタフライ」を示すとともに，第３学年で，それらに加えて，これまで身に付けた泳法を活用して行う「複数の泳法で泳ぐこと，又はリレーをすること」を示した。

　また，「内容の取扱い」に，「学校や地域の実態に応じて，安全を確保するための泳ぎを加えて履修させることができること」を新たに示すとともに，引き続き，スタートの指導については，安全への配慮から，全ての泳法について水中からのスタートを扱うこととした。

　なお，体育分野と保健分野の相互の関連を図るため，引き続き，「応急手当」など保健分野の指導との関連を図った指導を行うものとした。

（ｹ）球技

　「球技」については，従前どおり，生涯にわたって運動に親しむ資質・能力を育成する観点から，攻防を展開する際に共通して見られるボール操作などに関する動きとボールを持たないときの動きについての課題に着目し，その特性や魅力に応じて，相手コートに侵入して攻防を楽しむ「ゴール型」，ネットを挟んで攻防を楽しむ「ネット型」，攻守を交代して攻防を楽しむ「ベースボール型」に分類し示すとともに，「内容の取扱い」に，第１学年及び第２学年においては，これらの型の全てを履修させることを示した。また，取り扱う種目については，従前から示されている種目の中から取り上げること，「ベースボール型」の実施に当たり十分な広さの運動場の確保が難しい場合は，指導方法を工夫して行うことを示した。

（コ）武道

　「武道」については，従前どおり，「柔道」，「剣道」及び「相撲」の中から
選択して履修できるようにすることとした。また，「内容の取扱い」に，我が
国固有の伝統と文化への理解を深める観点から，日本固有の武道の考え方に
触れることができるよう，「柔道，剣道，相撲，空手道，なぎなた，弓道，合
気道，少林寺拳法，銃剣道などを通して，我が国固有の伝統と文化により一
層触れることができるようにすること」を新たに示すとともに，学校や地域
の実態に応じて，従前から示されているなぎなたに加えて，空手道，弓道，合
気道，少林寺拳法，銃剣道などについても履修させることができることを新
たに示した。

（サ）ダンス

　「ダンス」については，従前どおり，「創作ダンス」，「フォークダンス」及
び「現代的なリズムのダンス」の中から選択して履修できるようにすること
とした。

（シ）体育理論

　「体育理論」について，基礎的な知識は，意欲，思考力，運動の技能などの
源となるものであり，確実な定着を図ることが重要であることから，各領域
に共通する内容や，まとまりで学習することが効果的な内容に精選するとと
もに，高等学校への接続を考慮して単元を構成した。内容については，従前，
第1学年で指導していた「(1)　ウ　運動やスポーツの学び方」の内容を第2
学年で指導する内容に整理するとともに，第1学年において「ア（ウ）　運動
やスポーツの多様な楽しみ方」を新たに示すなどした。そのため，従前の「運
動やスポーツの多様性」，「運動やスポーツが心身の発達に与える効果と安
全」，「文化としてのスポーツの意義」で構成していていたことを一部改め，
「運動やスポーツの多様性」，「運動やスポーツの意義や効果と学び方や安全な
行い方」，「文化としてのスポーツの意義」で構成することとした。

　また，各領域との関連で指導することが効果的な各領域の特性や成り立ち，
技術の名称や行い方などの知識については，各領域の「(1)　知識及び技能」
に示すこととし，知識と技能を相互に関連させて学習させることにより，知
識の重要性を一層実感できるように配慮した。

　そのため，「内容の取扱い」に，引き続き全ての学年で履修させることを示
すとともに，指導内容の定着がより一層図られるよう「指導計画の作成と内
容の取扱い」に，従前どおり，授業時数を各学年で3単位時間以上配当する
ことを示した。

(ス) 体力の向上との関連

　　体力の向上については，「体つくり運動」及び「体育理論」の指導内容を明確にし，一層の充実が図られるよう改善した。また，その他の領域においても，それぞれの運動の特性や魅力に触れるために必要となる体力を生徒自らが高められるよう留意することとし，第1学年及び第2学年では「その運動に関連して高まる体力」，第3学年では「体力の高め方」を内容の「(1) 知識及び技能」に示した。

(セ) スキー，スケートや水辺活動など（野外活動）

　　自然との関わりの深いスキー，スケートや水辺活動などについては，従前どおり，地域や学校の実態に応じて積極的に行うことに留意するものとした。

(ソ) 能率的で安全な集団としての行動の仕方（集団行動）

　　集合，整頓，列の増減，方向変換などの行動の仕方については，従前どおり，「体つくり運動」から「ダンス」までの領域において適切に行うものとした。

(タ) 運動やスポーツの多様な楽しみ方の学習の充実

　　障害の有無等にかかわらず運動やスポーツに親しむ資質・能力を育成するため，特別な配慮を要する生徒への手立て，共生の視点に基づく各領域における指導の充実，男女共習の推進などについて，「学びに向かう力，人間性等」の指導内容及び「指導計画の作成と内容の取扱い」に新たに示した。

〔保健分野〕

(ア) 資質・能力の育成に向けた内容構造の見直し

　　保健については，「保健の見方・考え方」を働かせて，保健に関する資質・能力を育成する観点から，健康に関する「知識及び技能」，健康に関する課題の発見・解決等のための「思考力，判断力，表現力等」に対応した内容を示すこととした。その際，従前の内容を踏まえて「健康な生活と疾病の予防」「心身の機能の発達と心の健康」，「傷害の防止」及び「健康と環境」の四つの内容で構成した。

(イ) 内容の改訂

　　個人生活における健康に関する課題を解決することを重視する観点から，従前から示されていた中学校における基礎的な知識，ストレス対処や心肺蘇生法等の技能に関する内容，及び健康に関わる事象や健康情報から自他の健康に関する課題を発見し，よりよい解決に向けて取り組む思考力，判断力，表現力等の内容を示すこととした。その際，従前の内容を踏まえるとともに，個人生活における健康に関する課題を解決することを重視する観点から配列を

見直し，「健康な生活と疾病の予防」，「心身の機能の発達と心の健康」，「傷害の防止」及び「健康と環境」の四つの内容で構成した。

また，小学校及び高等学校の「保健」の内容を踏まえた系統性ある指導ができるよう，次のような改訂を行った。

⑦　健康な生活と疾病の予防

「健康な生活と疾病の予防」については，個人生活における健康に関する課題を解決することを重視する観点から，内容を学年ごとに配当することとした。その際，現代的な健康に関する課題への対応及び指導内容の系統性の視点から，健康の保持増進には，年齢，生活環境等に応じた運動，食事，休養及び睡眠の調和のとれた生活を続ける必要があること，生活習慣病などは，運動不足，食事の量や質の偏り，休養や睡眠の不足などの生活習慣の乱れが主な要因となって起こること，また，生活習慣病の多くは，適切な運動，食事，休養及び睡眠の調和のとれた生活を実践することによって予防できることを示し，生活習慣病などの予防でがんを取り扱うことを示した。

また，「健康な生活と疾病の予防」についての思考力，判断力，表現力等を育成する視点から，新たに，健康な生活と疾病の予防について，課題を発見し，その解決に向けて思考し判断するとともに，それらを表現することを示した。

①　心身の機能の発達と心の健康

「心身の機能の発達と心の健康」については，従前の内容の理解を深めることにするとともに，新たに，ストレスへの対処についての技能の内容を示した。また，心身の機能の発達と心の健康についての思考力，判断力，表現力等を育成する視点から，新たに，心身の機能の発達と心の健康について，課題を発見し，その解決に向けて思考し判断するとともに，それらを表現することを示した。

また，保健分野と体育分野の相互の関連を図るため，引き続き，「A体つくり運動」など体育分野の指導との関連を図った指導を行うものとした。

⑨　傷害の防止

「傷害の防止」については，従前の内容に加えて，心肺蘇生法などの応急手当の技能の内容を明確に示した。また，傷害の防止についての思考力，判断力，表現力等を育成する視点から，新たに，傷害の防止について，危険の予測やその回避の方法を考え，それらを表現することを示した。

また，保健分野と体育分野の相互の関連を図るため，引き続き，水泳など体育分野の指導との関連を図った指導を行うものとした。

　　㋔　健康と環境

　　　「健康と環境」については，従前の内容の理解を深めることにするととも
　　に，健康情報を適切に選択し，健康と環境についての思考力，判断力，表
　　現力等を育成する視点から，新たに，健康と環境に関する情報から課題を
　　発見し，その解決に向けて思考し判断するとともに，それらを表現するこ
　　とを示した。

エ　指導計画の作成と内容の取扱いの改善

　（ア）指導計画の作成における配慮事項

　　㋐　主体的・対話的で深い学びの実現に向けた授業改善

　　　保健体育科の指導計画の作成に当たり，生徒の主体的・対話的で深い学
　　びの実現に向けた授業改善を推進することとし，保健体育科の特質に応じ
　　て，効果的な学習が展開できるように配慮すべき内容を新たに示した。

　　㋑　年間授業時数

　　・各学年の年間標準授業時数は，従前どおり 105 時間とした。

　　・体育分野及び保健分野に配当する年間の授業時数は，従前どおり，3 学
　　　年間を通して，体育分野は 267 単位時間程度，保健分野は 48 単位時間程
　　　度とすることとした。

　　・保健分野の授業時数は，従前どおり，3 学年間を通して適切に配当し，各
　　　学年において効果的な学習が行われるよう適切な時期にある程度まとま
　　　った時間を配当することとした。

　　・体育分野の内容の「体つくり運動」の授業時数については，従前どおり，
　　　各学年で 7 単位時間以上を，「体育理論」の授業時数については，各学年
　　　で 3 単位時間以上を配当することとした。

　　・体育分野の内容の「器械運動」から「ダンス」までの領域の授業時数は，
　　　従前どおり，その内容の習熟を図ることができるよう考慮して配当する
　　　こととした。

　　㋒　障害のある生徒への指導

　　　障害のある生徒などについては，学習活動を行う場合に生じる困難さに
　　応じた指導内容や指導方法の工夫を計画的，組織的に行うことが大切であ
　　ることを示した。

　　　これは，従前，第 1 章総則に示されていたものを保健体育科でも示した
　　ものである。

　　　なお，学習活動を行う場合に生じる困難さが異なることに留意し，個々
　　の生徒の困難さに応じた指導方法等の工夫例を新たに示すこととした。

　㋘　道徳科などとの関連

　　　保健体育科の指導において，従前どおり，その特質に応じて，道徳について適切に指導する必要があることを示した。

（イ）内容の取扱いにおける配慮事項

　㋐　体力や技能の程度，性別や障害の有無等を超えて運動やスポーツを楽しむための指導の充実

　　　生涯にわたって豊かなスポーツライフを実現する資質・能力の育成に向けて，体力や技能の程度，性別や障害の有無等にかかわらず，運動やスポーツの多様な楽しみ方を共有することができるようにすることが重要であることを，新たに示した。

　㋑　言語活動の充実

　　　保健体育科の指導において，その特質に応じて，言語活動について適切に指導する必要があることを示した。

　　　これは，従前，第1章総則に示されていたものを保健体育科でも示したものである。

　㋒　情報活用能力の育成

　　　保健体育科において，各分野の特質を踏まえ，情報モラル等にも配慮した上で，必要に応じて，コンピュータや情報通信ネットワークなどを適切に活用し，学習の効果を高めるよう配慮することを示した。

　　　これは，従前，第1章総則に示されていたものを保健体育科でも示したものである。

　㋓　体験活動の充実

　　　保健体育科において，その特質に応じた体験活動を重視し，地域・家庭と連携しつつ体系的・継続的に実施できるよう工夫することを示した。

　　　これは，従前，第1章総則に示されていたものを保健体育科でも示したものである。

　㋔　個に応じた指導の充実

　　　生徒一人一人が学習内容を確実に身に付けることができるよう，学習内容の習熟の程度に応じた指導，個別指導との連携を踏まえた教師間の協力的な指導などの指導方法や指導体制の工夫改善を通して，個に応じた指導の充実が図られるよう留意することを示した。

　　　これは，従前，第1章総則に示されていたものを保健体育科でも示したものである。

　㋕　学校における体育・健康に関する指導との関連

　　　指導計画の作成に当たっては，従前どおり，第1章総則第1の2(3)に示

す「学校における体育・健康に関する指導」の趣旨を生かし，関連の教科や道徳科，特別活動のほか，総合的な学習の時間，運動部の活動などとの関連を図り，日常生活における体育・健康に関する活動が適切かつ継続的に実践できるように留意することを示した。

㊙　体育分野と保健分野の関連を図った指導の充実

保健体育科においては，生涯にわたって健康を保持増進し，豊かなスポーツライフを実現する資質・能力の育成を重視する観点から，健康な生活と運動やスポーツとの関わりを深く理解したり，心と体が密接につながっていることを実感したりできるようにすることの重要性を改めて示すとともに，体育分野と保健分野の関連を図る工夫の例を新たに示した。

なお，今回の改訂においては，第1章総則第1の4において，「カリキュラム・マネジメント」の充実が示されたことから，次の点に留意することが大切である。

○　カリキュラム・マネジメントの充実

各学校においては，子供たちの姿や地域の実情を踏まえて，各学校が設定する学校教育目標を実現するために，学習指導要領等に基づき教育課程を編成し，それを実施・評価し改善していく「カリキュラム・マネジメント」の充実が求められている。

保健体育科においても，同様に「カリキュラム・マネジメント」の考え方に基づいた学習指導を充実させることが大切である。

・3年間の見通しをもった年間指導計画の作成

教育課程においては，各学校が主体的に編成することが大切である。その際，「指導計画の作成と内容の取扱い」を踏まえて，3年間の見通しをもった年間指導計画を作成することとなるが，作成に当たっては，体育分野及び保健分野の指導内容の関連を踏まえること，体育・健康に関する指導につながる健康安全，体育的行事等との関連について見通しをもつなど，保健体育科を中心とした「カリキュラム・マネジメント」の視点から計画を立てることが大切である。

・生徒の現状に基づいた計画の作成・実施・評価・改善

年間指導計画で配当した単元ごとの指導計画を作成する際，資質・能力の三つの柱の具体的な指導内容を計画的に配当し，学習指導要領の趣旨を踏まえた指導を充実することが大切である。体育分野においては，中学校第1学年及び第2学年においては全ての領域を学ぶこととなるため，2年間の見通しをもって，効率的で効果的な指導と評価の計画を作成することが必要であ

る。第3学年においては，生涯にわたる豊かなスポーツライフの基礎を培う観点から，複数教員配置校においては，生徒が選択して学習ができるよう配慮することや，単数教員配置校においては，生徒の希望ができる限り可能となる教育課程編成の工夫が求められる。保健分野においては，生涯にわたって心身の健康を保持増進する資質・能力を育成する観点から，授業時数は，3学年間を通じて適切に配当するとともに，体育分野との関連はもちろん，健康に関する指導に関わる教科等や個別指導との連携を図るなどの教育課程編成の工夫が求められる。

　その際，生徒の実情，教員数，施設の要件等を踏まえた無理のない計画に基づく実施とその評価及び計画の改善を一体のものとして推進することが，教科における「カリキュラム・マネジメント」として大切である。

・地域の人的・物的資源等の活用

　生徒の主体的・対話的で深い学びの実現に向けた授業改善の推進に向けて，必要に応じて，地域の人的・物的資源等の活用を検討することも大切である。特に，障害のある生徒等への支援や実生活へのつながりを充実する観点から，活用可能な地域等の人的・物的資源等との連携を図り，指導の充実につなげることが学校と社会をつなぐ「カリキュラム・マネジメント」として大切である。

第1節　教科の目標及び内容

1　教科の目標

　教科の目標は，中学校教育の中での保健体育科の特性を総括的に示すとともに，小学校の体育科及び高等学校の保健体育科との関連で，中学校としての重点や基本的な指導の方向を示したものである。

　今回改訂した保健体育科の目標は，義務教育段階で育成を目指す資質・能力を踏まえつつ，引き続き，体育と保健を関連させていく考え方を強調したものである。

　体育や保健の見方・考え方を働かせ，課題を発見し，合理的な解決に向けた学習過程を通して，心と体を一体として捉え，生涯にわたって心身の健康を保持増進し豊かなスポーツライフを実現するための資質・能力を次のとおり育成することを目指す。
　(1) 各種の運動の特性に応じた技能等及び個人生活における健康・安全について理解するとともに，基本的な技能を身に付けるようにする。
　(2) 運動や健康についての自他の課題を発見し，合理的な解決に向けて思考し判断するとともに，他者に伝える力を養う。
　(3) 生涯にわたって運動に親しむとともに健康の保持増進と体力の向上を目指し，明るく豊かな生活を営む態度を養う。

　この目標は，「知識及び技能」，「思考力，判断力，表現力等」，「学びに向かう力，人間性等」を育成することを目指すとともに，生涯にわたって心身の健康を保持増進し豊かなスポーツライフを実現することを目指すものである。この目標を達成するためには，運動する子供とそうでない子供の二極化傾向が見られることや社会の変化に伴う新たな健康課題に対応した教育が必要との指摘を踏まえ，引き続き，心と体をより一体として捉え，健全な心身の発達を促すことが求められることから，体育と保健を一層関連させて指導することが重要である。

　また，学校教育法において，「中学校は，小学校における教育の基礎の上に，心身の発達に応じて，義務教育として行われる普通教育を施すことを目的とする」（第45条）とした義務教育修了段階であること，「生涯にわたり学習する基盤が培

われるよう，基礎的な知識及び技能を習得させるとともに，これらを活用して課題を解決するために必要な思考力，判断力，表現力その他の能力をはぐくみ，主体的に学習に取り組む態度を養うことに，特に意を用いなければならない」（第46条）と規定されていること，「健康，安全で幸福な生活のために必要な習慣を養うとともに，運動を通じて体力を養い，心身の調和的発達を図ること」（第21条第8号）と規定されていること等を踏まえ，「各種の運動の特性に応じた技能等及び個人生活における健康・安全について理解するとともに，基本的な技能を身に付ける」こと，「運動や健康についての自他の課題を発見し，合理的な解決に向けて思考し判断するともに，他者に伝える力を養う」こと，「生涯にわたって運動に親しむとともに健康の保持増進と体力の向上を目指し，明るく豊かな生活を営む態度を養う」ことの，「知識及び技能」，「思考力，判断力，表現力等」，「学びに向かう力，人間性等」の資質・能力の三つの柱で示された目標が相互に密接に関連していることを示すとともに，保健体育科の重要なねらいであることを明確にしたものである。

　これらの実現を通して，「学びに向かう力，人間性等」で示された，生涯にわたって運動に親しむこと，健康の保持増進及び体力の向上を図ることを関連させて育成する中で，現在及び将来の生活を健康で活力に満ちた明るく豊かなものにすることが大切である。

　次に，保健体育科の目標に示されている各部分を解説すると次のとおりである。
　体育や保健の見方・考え方を働かせとは，体育の見方・考え方については，生涯にわたる豊かなスポーツライフを実現する観点を踏まえ，「運動やスポーツを，その価値や特性に着目して，楽しさや喜びとともに体力の向上に果たす役割の視点から捉え，自己の適性等に応じた『する・みる・支える・知る』の多様な関わり方と関連付けること」，保健の見方・考え方については，疾病や傷害を防止するとともに，生活の質や生きがいを重視した健康に関する観点を踏まえ，「個人及び社会生活における課題や情報を，健康や安全に関する原則や概念に着目して捉え，疾病等のリスクの軽減や生活の質の向上，健康を支える環境づくりと関連付けること」であると考えられる。
　特に，見方・考え方については，本解説第1章総説の1(2)③で示しているとおり，「各教科等の『見方・考え方』は，『どのような視点で物事を捉え，どのような考え方で思考していくのか』というその教科等ならではの物事を捉える視点や考え方である。各教科等を学ぶ本質的な意義の中核をなすものであり，教科等の学習と社会をつなぐものであることから，児童生徒が学習や人生において『見方・考え方』を自在に働かせることができるようにすることにこそ，教師の専門性が

発揮されることが求められる」としている。

　保健体育科においては，見方・考え方を働かせる学習過程を工夫することにより，保健体育科で育成を目指す資質・能力がより豊かになり，保健体育科の目標である，生涯にわたって心身の健康を保持増進し豊かなスポーツライフを実現するための資質・能力の育成につなげようとするものである。

　体育分野においては，運動する子供とそうでない子供の二極化傾向が見られることや，様々な人々と協働し自らの生き方を育んでいくことの重要性などが指摘されている中で，体力や技能の程度，年齢や性別，障害の有無等にかかわらず，運動やスポーツの特性や魅力を実感したり，運動やスポーツが多様な人々を結び付けたり豊かな人生を送ったりする上で重要であることを認識したりすることが求められる。その際，体育の見方・考え方に示されたように，各種の運動やスポーツが有する楽しさや喜び及び関連して高まる体力などの視点から，自己の適性等に応じた多様な関わり方を見いだすことができるようになることが，体育分野での学習と社会をつなぐ上で重要なものであることを示したものである。

　保健分野においては，社会の変化に伴う現代的な健康に関する課題の出現や，情報化社会の進展により様々な健康情報の入手が容易になるなど，環境が大きく変化している中で，生徒が生涯にわたって正しい健康情報を選択したり，健康に関する課題を適切に解決したりすることが求められる。その際，保健の見方・考え方に示されたように，保健に関わる原則や概念を根拠としたり活用したりして，疾病等のリスクの軽減や生活の質の向上，さらには健康を支える環境づくりを目指して，情報選択や課題解決に主体的に取り組むことができるようにすることが必要である。保健の見方・考え方にはそのような意図が込められている。

　このような見方・考え方を働かせることができるような学習過程を工夫することが求められる。

　課題を発見し，合理的な解決に向けた学習過程とは，体育分野においては，各領域特有の特性や魅力に応じた課題を発見し，運動に関わる一般原則や運動に伴う事故の防止等の科学的な知識や技能及びスポーツライフをより豊かにするための知識等を活用して，自らの学習活動を振り返りつつ，仲間とともに課題を解決し，次の学びにつなげられるようにするといった学習の過程を示している。

　保健分野においては，個人生活における健康・安全の内容から自他の健康に関する課題を発見し，健康情報や知識を吟味し，活用して多様な解決方法を考えるとともに，これらの中から，適切な方法を選択・決定し，自他の生活に活用したりすることを示している。

　心と体を一体として捉えとは，生徒の心身ともに健全な発達を促すためには心と体を一体として捉えた指導が重要であることから，引き続き強調したものであ

る。すなわち，心と体の発達の状態を踏まえて，運動による心と体への効果や健康，特に心の健康が運動と密接に関連していることなどを理解することの大切さを示したものである。そのためには，「体ほぐしの運動」など具体的な活動を通して心と体が深く関わっていることを体得することができるよう指導することが必要である。

生涯にわたって心身の健康を保持増進しとは，保健を通して培う包括的な目標を示したものである。現在及び将来の生活において，自他の健康に関心をもち，その大切さについての認識を深めるとともに，健康に関する課題に対して保健の知識及び技能等を習得，活用して，自他の健康の保持増進や回復を目指して的確に思考，判断し，それらを表現することができるような資質・能力を育成することを目指している。ここには，健康・安全について科学的に理解することを通して，心身の健康の保持増進に関する内容を単に記憶としてとどめることではなく，生徒が現在及び将来の生活において健康に関する課題に対して，科学的な思考と正しい判断の下に適切な意思決定・行動選択を行い，適切に実践していくための思考力，判断力，表現力等が含まれている。

生涯にわたって**豊かなスポーツライフを実現するための資質・能力**とは，体育を通して培う包括的な目標を示したものである。この資質・能力とは，それぞれの運動が有する特性や魅力に応じて，その楽しさや喜びを味わおうとする自主的な態度，公正に取り組む，互いに協力する，自己の責任を果たす，参画する，一人一人の違いを大切にしようとするなどの意欲や健康・安全への態度，運動を合理的に実践するための運動の技能や知識，それらを活用するなどの思考力，判断力，表現力等を指している。これらの資質・能力を育てるためには，体を動かすことが，情緒面や知的な発達を促し，集団的活動や身体表現などを通してコミュニケーション能力を育成することや，筋道を立てて練習や作戦を考え，改善の方法などを互いに話し合う活動などを通して論理的思考力を育むことにも資することを踏まえ，運動の楽しさや喜びを味わえるよう基本的な運動の技能や知識を確実に身に付けるとともに，それらを活用して，自他の運動の課題を解決するなどの学習をバランスよく行うことが重要である。

このことにより，学校の教育活動全体に運動を積極的に取り入れ，実生活，実社会の中などで汎用的に生かすことができるようにすることを目指したものである。

次に，(1)の**各種の運動の特性に応じた技能等**について理解するとは，それぞれの運動の特性や魅力に応じた行い方や運動をすることの意義と効果，運動の原則などについて科学的に理解できるようにすることである。

個人生活における健康・安全について理解するとは，健康な生活と疾病の予防，

心身の機能の発達と心の健康，傷害の防止及び健康と環境など，心身の健康の保持増進について科学的な原則や概念に基づいて理解できるようにすることである。

基本的な技能を身に付けるとは生涯にわたって運動に親しむ態度につながるよう，また，運動の楽しさや喜びを味わうことができるよう基本的な技能や動きを身に付けることを示している。また，個人生活を中心とした内容に関わる基本的な技能を身に付けることを示している。

次に，(2)の**運動や健康についての自他の課題を発見し**とは，各領域の特性を踏まえて，動きや技などの改善についてのポイントを発見したり，仲間との関わり合いや健康・安全についての自己や仲間の取り組み方などの課題を発見したりすることを示している。また，健康に関わる事象や健康情報などから自他の課題を発見することを示している。

合理的な解決に向けて思考し判断するとは，運動の行い方や練習の仕方，活動の仕方，健康・安全の確保の仕方，運動の継続の仕方など，これまで学習した運動に関わる一般原則や運動に伴う事故の防止等の科学的な知識や技能を，自己や仲間の課題に応じて学習場面に適用したり，応用したりすることを示している。また，発見した健康に関する課題について，習得した知識及び技能を活用し，解決方法を考えるとともに，様々な解決方法の中から適切な方法を選択するなど，よりよい解決に向けて判断することを示している。

他者に伝えるとは，自己や仲間の課題について，思考し判断したことを，言葉や文章及び動作などで表したり，仲間や教師などに理由を添えて伝えたりすることを示している。

次に，(3)の**生涯にわたって運動に親しむ**とは，それぞれの運動が有する特性や魅力に応じて，その楽しさや喜びを味わおうとする自主的な態度，公正に取り組む，互いに協力する，自己の責任を果たす，参画する，一人一人の違いを大切にしようとするなどの意欲や健康・安全への態度を系統的に育むことにより，運動やスポーツとの多様な関わり方を場面に応じて選択し，実践できるようにすることを示したものである。

健康の保持増進とは，自他の健康の大切さを認識し，健康の保持増進や回復等に主体的に取り組み，健康で豊かな生活を営む態度の育成を重視する観点から，自他の健康に関心をもち，自他の健康に関する取組のよさを認める，自他の健康の保持増進や回復等のために主体的，協働的に活動する等の態度を育成する学びに向かう力，人間性等の資質・能力の基礎を育成することを示したものである。

体力の向上を目指しとは，運動を適切に行うことによって，自己の状況に応じて体力の向上を図る能力を育て，心身の調和的発達を図ることである。体力は，人間の活動の源であり，健康の維持のほか意欲や気力といった精神面の充実に大き

く関わっており，「生きる力」の重要な要素である。そのためには，体育分野で学習する運動を継続することの意義や体力の高め方などや保健分野で学習する心身の健康の保持増進に関する内容を基に，自己の体力の状況を捉えて，目的に適した運動の計画を立て取り組むことができるようにすることが必要である。

　明るく豊かな生活を営む態度とは，生涯にわたる豊かなスポーツライフを実現するための資質・能力，健康で安全な生活を営むための資質・能力としての実践力及び健やかな心身を育てることによって，現在及び将来の生活を健康で活力に満ちた明るく豊かなものにすることである。

● 2　教科の内容

　教科の内容は，体育分野と保健分野で構成されている。

　体育分野は，運動に関する領域である「体つくり運動」，「器械運動」，「陸上競技」，「水泳」，「球技」，「武道」及び「ダンス」の七つの領域と，知識に関する領域である「体育理論」の計八つの領域で構成されている。

　保健分野は「健康な生活と疾病の予防」，「心身の機能の発達と心の健康」，「傷害の防止」及び「健康と環境」の四つの内容で構成されている。

　保健体育科の内容構成は次表のとおりである。

保健体育科	
[体育分野]	[保健分野]
体つくり運動 器械運動 陸上競技 水泳 球技 武道 ダンス	健康な生活と疾病の予防 心身の機能の発達と心の健康 傷害の防止 健康と環境
体育理論	

第2節　各分野の目標及び内容

〔体育分野〕

● 1　目　標

[第1学年及び第2学年]

　第1学年及び第2学年の体育分野の目標は，保健体育科の目標を受け，これを体育分野としての立場から具体化したものであり，小学校，中学校及び高等学校12年間の一貫性を踏まえるとともに，特に小学校高学年との接続を重視し，中学校第1学年及び第2学年における体育分野の学習指導の方向を示したものである。

---

(1) 運動の合理的な実践を通して，運動の楽しさや喜びを味わい，運動を豊かに実践することができるようにするため，運動，体力の必要性について理解するとともに，基本的な技能を身に付けるようにする。

(2) 運動についての自己の課題を発見し，合理的な解決に向けて思考し判断するとともに，自己や仲間の考えたことを他者に伝える力を養う。

(3) 運動における競争や協働の経験を通して，公正に取り組む，互いに協力する，自己の役割を果たす，一人一人の違いを認めようとするなどの意欲を育てるとともに，健康・安全に留意し，自己の最善を尽くして運動をする態度を養う。

　この目標は，第1学年及び第2学年における「知識及び技能」，「思考力，判断力，表現力等」，「学びに向かう力，人間性等」の育成を目指す資質・能力を示したものである。

　次に，第1学年及び第2学年の体育分野の目標に示されている各部分を解説すると次のとおりである。

　(1) は，知識及び技能の目標を示したものであり，生徒が運動の合理的な実践を通して，運動の楽しさや喜びを味わうことができるようにすること，運動の行い方や体力の必要性の理解を基に基本的な技能を身に付けることを目指したものである。

　運動の合理的な実践とは，発達の段階や運動の特性や魅力に応じて，運動に関わる一般原則や運動に伴う事故の防止等などの科学的な知識を理解するとともに，それらを活用して運動を実践することを示している。

運動の楽しさや喜びを味わいとは，心と体が関連していることを実感したり，それぞれの運動が有する特性や魅力に応じて，運動することそのものを楽しんだり，その運動の特性や魅力に触れたりすることが大切であることを示したものである。

　運動を豊かに実践することができるようにするとは，第1学年及び第2学年では，全ての領域の経験を通して，それぞれの運動が有する特性や魅力に触れ，第3学年以降の自己に適した運動を選択できるようにするための基本的な知識や運動の技能を身に付け，運動との多様な関わり方を実践ができるようにすることを示している。

　運動，体力の必要性について理解するとは，運動についての理解及び体力の必要性について理解することを示している。運動について理解するとは，発達の段階や運動の特性や魅力に応じて，運動に関わる一般原則や運動に伴う事故の防止等を科学的に理解することを示している。また，「する，みる，支える，知る」等のスポーツとの多様な関わり方や，運動やスポーツの価値を理解する観点から，スポーツに関する科学的知識や文化的意義等の基本的事項について理解を図ることが大切である。体力の必要性について理解するとは，体力は人間の活動の源であること，体力と運動の技能は相互に関連して高まることなどを理解することを示している。そのため，それぞれの運動の特性や魅力に触れるために必要となる体力や健康に生活するための体力を，生徒自らが高められるようにすることが大切である。

　基本的な技能を身に付けるようにするとは，小学校段階からの学習を踏まえ，発達の段階に応じて運動を豊かに実践するための基本的な技能や動きを身に付けることを示している。その際，育成を目指す資質・能力として「知識及び技能」と示されたことを踏まえ，単に運動に必要な知識や技能を身に付けるだけではなく，運動の行い方などの科学的知識を基に運動の技能を身に付けたり，また，運動の技能を身に付けることで，その理解を一層深めたりするなど，知識と技能を関連させて学習することが大切である。

　(2)は，思考力，判断力，表現力等の目標を示したものであり，運動についての自己の技能的な課題や学習を通した課題を発見し，合理的な解決に向けて思考し判断する力を養うとともに，学習したことを基に，解決の仕方や気付いたこと等について自己や仲間の考えたことを他者に伝える力を養うことを目指したものである。

　運動についての自己の課題を発見しとは，各領域特有の特性や魅力に応じた自己の課題を発見することを示している。第1学年及び第2学年では，提示された動きなどのポイントと自己の動きを比較して課題を発見したり，仲間との関わり

合いや健康・安全についての課題を発見したりすることなどができるようにすることが大切である。

　合理的な解決に向けて思考し判断するとは，運動の行い方，組合せ方，仲間との関わり方，安全上の留意点など，これまで学習した運動に関わる一般原則や運動に伴う事故の防止等の科学的な知識や技能を，学習場面に適用したり，応用したりすることを示している。そのため，第1学年及び第2学年では，基本的な知識や技能を活用して，自己の課題に応じた取り組み方を工夫することができるようにすることが大切である。

　自己や仲間の考えたことを他者に伝えるとは，自己の課題について，思考し判断したことを，言葉や文章及び動作などで表したり，仲間や教師などに理由を添えて伝えたりすることを示している。

　(3) は，学びに向かう力，人間性等の育成に向けた運動についての態度の具体的な目標を示したものであり，運動における競争や協働の経験を通して，公正，協力，責任，共生などの意欲を育てるとともに，健康・安全に留意し，運動に積極的に取り組み，自己の最善を尽くして運動をする態度を養うことを目指したものである。

　運動における競争や協働の経験を通してとは，運動には，一定の条件の下で技などを競い合うこと，仲間と協働して演技や表現をすること，作戦を立てて攻防をすることなどがあるが，体育分野の学習が技能の獲得のみにとどまらず，社会生活における望ましい態度や行動にもつながることを示している。

　公正に取り組む，互いに協力する，自己の役割を果たす，一人一人の違いを認めようとするなどの意欲を育てるとは，第1学年及び第2学年の段階において，運動における競争や協働の経験を通して，生徒に身に付けさせたい情意面の目標を示したものである。例えば，小学校学習指導要領の第5学年及び第6学年の内容の「陸上運動」の「(3) 学びに向かう力，人間性等」では，「約束を守り助け合って運動をしたり」，「場や用具の安全に気を配ったりする」などのように，具体的な遵守事項に対しての行動形成を主なねらいとしている。これに対して，中学校第1学年及び第2学年の段階では，小学校における「約束を守る」などの具体的な事項から，「自己の役割を果たす」などの概念的な事項へ指導内容が発展すること，社会性や規範意識に基づく運動への価値観の形成が求められることなどから，行動の意義などのその態度を支える知識を理解させ，運動に積極的に取り組むことができるようにすることを重視している。

　各指導内容を説明すると次のとおりである。

　公正に取り組むとは，運動独自のルールや仲間を称賛するなどのマナーを守ろ

うとする意思をもつことが大切であることを示している。

　互いに協力するとは，技能の向上や安全に学習を行うために，仲間の学習を援助するなど仲間や組んだ相手と積極的に関わろうとする意思をもつことが大切であることを示している。

　自己の役割を果たすとは，学習を円滑に進めるための準備や後片付けなどの分担した役割に積極的に取り組もうとする意思をもつことが大切であることを示している。

　一人一人の違いを認めようとするとは，体力や技能，性別や障害の有無等による，動きや課題及び挑戦などに違いがあることに気付き，その違いを可能性として捉え，積極的に互いを認めようとする意思をもつことが大切であることを示している。

　健康・安全に留意しとは，運動による事故，けがなどを防止するためには，健康・安全に対しては，意欲をもつだけでなく，自己の健康とともに，自己や仲間の安全に対して，その行動化が求められることを示したものである。

　運動を行う際は，事故などが起こることもあるため，練習や試合を行うに当たっては，自己の健康状態や体力を十分に理解し，体育施設・用具等の安全を確かめるとともに，運動の難易度や自己の技能の程度を把握して行う必要がある。そのためには，学習した健康・安全に関する知識を運動場面に当てはめ，場の安全を確かめたり，安全な行動を選択できるようにしたりすることが大切であることを示している。

　自己の最善を尽くして運動をする態度を養うとは，体育理論や各領域で学習する知識との関連を重視した運動の学習で，生徒が課題の解決に向けて，全力を出して積極的に運動に取り組むという運動への愛好的な態度を育成することを目指したものである。

　こうした自己の最善を尽くして運動をするなどの運動への愛好的な態度は，公正に取り組む，互いに協力する，自己の役割を果たす，一人一人の違いを認めようとするなどの意欲や，健康・安全に留意する態度などの具体的な学習を通して育成されるものである。

［第3学年］

　第3学年の体育分野の目標は，保健体育科の目標を受け，これを体育分野としての立場から具体化したものであり，小学校，中学校及び高等学校12年間の一貫性を踏まえるとともに，義務教育の修了段階であることや高等学校への接続を重視し，中学校第3学年における体育分野の学習指導の方向を示したものである。

（1）運動の合理的な実践を通して，運動の楽しさや喜びを味わい，生涯にわたって運動を豊かに実践することができるようにするため，運動，体力の必要性について理解するとともに，基本的な技能を身に付けるようにする。

（2）運動についての自己や仲間の課題を発見し，合理的な解決に向けて思考し判断するとともに，自己や仲間の考えたことを他者に伝える力を養う。

（3）運動における競争や協働の経験を通して，公正に取り組む，互いに協力する，自己の責任を果たす，参画する，一人一人の違いを大切にしようとするなどの意欲を育てるとともに，健康・安全を確保して，生涯にわたって運動に親しむ態度を養う。

　この目標は，中学校第3学年における「知識及び技能」，「思考力，判断力，表現力等」，「学びに向かう力，人間性等」の育成を目指す資質・能力を示したものであるが，生徒が運動の合理的な実践を通して，運動の楽しさや喜びを味わうとともに，これまで学習した知識や技能を身に付け，義務教育の修了段階において，生涯にわたって運動を豊かに実践することができるようにすることを目指したものである。

　次に，第3学年の体育分野の目標で新たに示された部分を解説すると次のとおりである。

　（1）の**運動の楽しさや喜びを味わい**とは，それぞれの運動が有する特性や魅力に応じて，運動を楽しんだり，その運動の特性や魅力に触れたりすることが大切であることを示したものである。第3学年では，第1学年及び第2学年での全ての領域の学習の経験を踏まえ，更に追究したい領域，新たに挑戦したい領域，課題を克服したい領域など，選択した領域に応じて運動の楽しさや喜びを味わうことが大切であることを示している。

　生涯にわたって運動を豊かに実践することができるようにするとは，高等学校との発達の段階のまとまりを踏まえて，卒業後も運動やスポーツに多様な形で関わることができるようにすることを目指し，第3学年では，自己に適した運動の経験を通して，義務教育の修了段階においての「生涯にわたって運動を豊かに実践する」ための基礎となる知識や技能を身に付け，選択した運動種目等での運動実践を深めることができるようにすることを示している。

　体力の必要性について理解するとは，第3学年では，興味，関心，運動習慣等の個人差を踏まえ，運動に積極的に取り組む者とそうでない者，それぞれに応じて体力の向上を図る能力を育てることの大切さを示したものである。義務教育の修了段階においては，体力の向上を図る能力として，運動に関連して高まる体力

やその高め方を理解するとともに，目的に適した運動の計画を立て取り組むことができるようにすることが大切である。

(2) の**運動についての自己や仲間の課題を発見し**とは，各領域特有の特性や魅力に応じた自己や仲間の課題を発見することを示している。第3学年では，よい動きやつまずきのある動きの事例と自己の動きを比較して課題を発見したり，活動を振り返るなどして課題を発見したりすることなどができるようにする。

合理的な解決に向けて思考し判断するとは，運動の行い方や練習の仕方，仲間との関わり方，健康・安全の確保の仕方，運動の継続の仕方など，これまで学習した運動に関わる一般原則や運動に伴う事故の防止等の科学的な知識や技能を，自己や仲間の課題に応じて，学習場面に適用したり，応用したりすることを示している。第3学年では，これまで学習した知識や技能を活用して，自己や仲間の課題に応じた運動の取り組み方を工夫することができるようにする。

(3) の**公正に取り組む**とは，運動独自のルールや仲間を称賛するなどのマナーを大切にしようとする意思をもつことが大切であることを示している。

互いに協力するとは，自主的な学習を進めるため，仲間と助け合ったり教え合ったりするなど仲間や組んだ相手と自主的に関わり合おうとする意思をもつことが大切であることを示している。

自己の責任を果たすとは，記録会や試合，発表会などを自主的に進める上で，仲間と合意した役割に責任をもって自主的に取り組もうとする意思が大切であることを示している。

参画するとは，グループの課題などの話合いなどで，自らの意思を伝えたり，仲間の意見を聞き入れたりすることを通して，仲間の感情に配慮して合意形成を図ろうとするなどの意思をもつことが大切であることを示している。

一人一人の違いを大切にしようとするとは，体力や技能の程度，性別や障害の有無等にかかわらず，人には違いがあることに配慮し，よりよい環境づくりや活動につなげようとすることに自主的に取り組もうとする意思をもつことが大切であることを示したものである。

健康・安全を確保してとは，自主的に取り組む生涯スポーツの実践場面を想定して，体調に応じて運動量を調整したり，仲間や相手の技能・体力の程度に配慮したり，用具や場の安全を確認するなどして，自己や仲間のけがや事故の危険性を最小限にとどめるなど自ら健康・安全を確保できるようにする態度の育成が重要であることを示したものである。

生涯にわたって運動に親しむ態度を養うとは，第3学年で義務教育段階が修了

となることから，これまでの学習を踏まえて身に付けさせたい運動への愛好的な態度を示したものである。

こうした，生涯にわたって運動に親しむなどの運動への愛好的な態度は，公正に取り組む，互いに協力する，自己の責任を果たす，参画する，一人一人の違いを大切にしようとするなどの意欲や，健康・安全を確保する態度などの具体的な学習を通して育成されるものである。

● 2 内 容

体育分野の内容は，運動に関する領域及び知識に関する領域で構成されている。運動に関する領域は，「A体つくり運動」，「B器械運動」，「C陸上競技」，「D水泳」，「E球技」，「F武道」及び「Gダンス」であり，知識に関する領域は，「H体育理論」である。

運動に関する領域では，(1)知識及び技能（「体つくり運動」は知識及び運動），(2)思考力，判断力，表現力等，(3)学びに向かう力，人間性等を内容として示している。

知識に関する領域では，「ア 知識」として，内容のまとまりごとの指導内容を示した上で，(ア)，(イ)，(ウ)に具体的な指導内容を示している。また，「イ 思考力，判断力，表現力等」，「ウ 学びに向かう力，人間性等」を内容として示している。

さらに，内容の取扱いにおいて，学校や地域の実態に応じて，スキー，スケートや水辺活動（野外活動）を加えて指導するとともに，能率的で安全な集団としての行動の仕方（集団行動）を各領域において適切に行うこととしている。

運動に関する領域について，その内容構成及び共通する事項は，次のとおりである。

(1) 知識及び技能（「体つくり運動」は知識及び運動）

○ 知識

知識については，体の動かし方や用具の操作方法などの具体的な知識と，運動の実践や生涯スポーツにつながる概念や法則などの汎用的な知識で示している。これは，生涯にわたる豊かなスポーツライフの実現に向けては，特定の運動種目等の具体的な知識を理解することが学習の最終的な目的ではなく，学習する運動種目等における具体的な知識と汎用的な知識との往還を図ったり，運動に関する領域と体育理論等との関連を図る中で，各領域の特性や魅力を理解したり，運動やスポーツの価値等を理解したりすることができるよう，知識に関する学習指導の更なる充実が求められるためである。

具体的には，知識に関する指導内容は，第1学年及び第2学年においては，各領域における「運動の特性や成り立ち」，「技術（技）の名称や行い方」，「その運動に関連して高まる体力」，「伝統的な考え方」，「表現の仕方」などを，第3学年においては，各領域における「技術（技）の名称や行い方」，「体力の高め方」，「運動観察の方法」，「伝統的な考え方」，「交流や発表の仕方」などを示している。

　これらの指導に際しては，具体的な知識と汎用的な知識を関連させて理解できるようにするとともに，運動の行い方や健康・安全の確保の仕方などの科学的知識を基に運動の技能を身に付けたり，運動の技能を身に付けることでその理解を一層深めたりするなど知識と技能を関連させて学習できるようにすることが大切である。

　また，各領域の指導においては，体育理論の「する，みる，支える，知る」などの運動やスポーツへの多様な関わり方などや，体つくり運動の運動を継続する意義などの汎用的な知識とも関連を図ることが重要である。

○　技能

　技能に関する指導内容は，運動を通して各領域の特性や魅力に応じた楽しさや喜びを味わうことを示すとともに，各領域における技能や攻防の様相，動きの様相などを示している。さらに，ア，イなどには，運動種目等の技能や攻防の様相，動きの様相などを示している。

　これらの指導に際しては，各領域の解説で示す「例示」等を参考にして，運動種目等の固有の技能や動き等を身に付けさせることが具体的なねらいとなるが，各領域及び運動種目等における技能や攻防の様相，動きの様相との関連に留意し，各領域の特性や魅力に応じた楽しさや喜びを味わうことができるようにすることが大切である。

　具体的には，第1学年及び第2学年においては，小学校第5学年及び第6学年までのルールや場の工夫を前提とした学習経験を踏まえ，運動を豊かに実践することを目指して，主に，各領域の基本的な技能や動きを身に付け，記録や技に挑戦したり，簡易な試合や発表をできるようにしたりすることが大切である。

　また，選択の開始時期となる第3学年においては，高等学校への接続を踏まえ，生涯にわたって運動を豊かに実践することを目指して，主に，選択した領域の基本的な技能や動きを身に付け，記録や技に挑戦したり，簡易化されたルールの制限を次第に正規に近づけるなどして試合をしたり，発表したりできるようにすることや，運動やスポーツの多様な関わり方を場面に応じ

て選択し，実践することができるようにすることが大切である。

　なお，「体つくり運動」では，体ほぐしの運動は，心と体の関係や心身の状態に気付き，仲間と積極的に関わることが主なねらいである。また，体の動きを高める運動は，体の柔らかさ，巧みな動き，力強い動き，動きを持続する能力を高めることが主なねらいである。さらに，実生活に生かす運動の計画は，運動の計画を立てて取り組むことが主なねらいである。そのため，それぞれが特定の技能を示すものではないことから技能ではなく運動として示している。同様に，他の運動に関する領域のように系統的な技能や動きを例示することが適さないため，体つくり運動のねらいに基づいた「行い方の例」や「組合せの例」を示している。

(2) 思考力，判断力，表現力等

　「思考力，判断力，表現力等」については，第1学年及び第2学年では，各領域に共通して，自己の課題を発見し，合理的な解決に向けて運動の取り組み方を工夫するとともに，自己（や仲間）の考えたことを他者に伝えることを示している。また，第3学年では，各領域に共通して，自己や仲間の課題を発見し，合理的な解決に向けて運動の取り組み方を工夫するとともに，自己（や仲間）の考えたことを他者に伝えることを示している。なお，ここで示す「表現力」とは，運動の技能に関わる身体表現や表現運動系及びダンス領域における表現とは異なり，思考し判断したことを他者に言葉や文章及び動作などで表現することである。

　思考力，判断力，表現力等とは，各領域における学習課題に応じて，これまでに学習した内容を学習場面に適用したり，応用したりして，他者に伝えることであるが，第1学年及び第2学年では，基本的な知識や技能を活用して，学習課題への取り組み方を工夫できるようにし，自己の課題の発見や解決に向けて考えたことを，他者にわかりやすく伝えられるようにすること，第3学年においては，領域及び運動の選択の幅が広がることから，これまで学習した知識や技能を活用して，自己や仲間の課題に応じた解決が求められることを強調したものである。

　具体的には，第1学年及び第2学年においては，各領域の特性に応じて，改善すべきポイントを発見すること，課題に応じて適切な練習方法を選ぶことなどの「体の動かし方や運動の行い方に関する思考力，判断力，表現力等」，「体力や健康・安全に関する思考力，判断力，表現力等」及び「運動実践につながる態度に関する思考力，判断力，表現力等」を育成することが大切である。また，第3学年においては，これらに加えて，運動を継続して楽しむための自己

に適した関わり方を見付けるなど,「生涯スポーツの設計に関する思考力,判断力,表現力等」について育成することが大切である。

　なお,各領域の解説においては,「体の動かし方や運動の行い方に関する思考力,判断力,表現力等」,「体力や健康・安全に関する思考力,判断力,表現力等」,「運動実践につながる態度に関する思考力,判断力,表現力等」,「生涯スポーツの設計に関する思考力,判断力,表現力等」の中から,各領域で取り上げることが効果的な指導事項の具体例を重点化して示している。

　これらの指導に際しては,体の動かし方や協力の仕方などの「どのように」行うのかといった具体的な知識だけではなく,その運動を支える原理や原則,意義などの「何のために」行うのかといった汎用的な知識を関連させて理解させた上で,学習場面に適応したり応用したりすることが大切である。

(3) 学びに向かう力,人間性等

　「学びに向かう力,人間性等」については,第1学年及び第2学年の目標で示した,公正に取り組む,互いに協力する,自己の役割を果たす,一人一人の違いを認めようとするなどの意欲を育てること,第3学年の目標で示した,公正に取り組む,互いに協力する,自己の責任を果たす,参画する,一人一人の違いを大切にしようとするなどの意欲を育てることを,体育分野の学習に関わる「学びに向かう力,人間性等」の指導内容として具体化したものである。

　第1学年及び第2学年においては,各領域に積極的に取り組むことを示している。これは,各領域の学習に進んで取り組めるようにすることが大切であることを強調したものである。このため,指導に際しては,人には誰でも学習によって技能や体力が向上する可能性があるといった挑戦することの意義を理解させ,発達の段階や学習の段階に適した課題を設定したり,練習の進め方や場づくりの方法などを示したりするなど,生徒が記録の向上,競争や攻防,演技や発表などに意欲をもって取り組めるようにすることが大切である。

　第3学年においては,各領域に自主的に取り組むことを示している。これは,義務教育の修了段階であることを踏まえ,各領域に自ら進んで取り組めるようにすることが大切であることを強調したものである。このため,指導に際しては,上達していくためには繰り返し粘り強く取り組むことが大切であることなどを理解させ,取り組むべき課題を明確にしたり,課題に応じた練習方法を選択することなどを示したりするなど,生徒が,練習や試合,発表などに意欲をもって取り組めるようにすることが大切である。

　次に,公正に関する事項として,第1学年及び第2学年において,各領域に応じて,勝敗などを認め,ルールやマナーを守ろうとすること,フェアなプレ

イを守ろうとすること及び相手を尊重し，伝統的な行動の仕方を守ろうとすることを示している。第3学年においては，各領域に応じて，勝敗などを冷静に受け止め，ルールやマナーを大切にしようとすること，フェアなプレイを大切にしようとすること及び相手を尊重し，伝統的な行動の仕方を大切にしようとすることを示している。

これは，第1学年及び第2学年においては，審判の判定や勝敗の結果を受け止め，ルールやマナーを守ろうとすることに積極的な意思をもつことが大切であることを示したものである。また，第3学年においては，審判の判定や勝敗の結果にかかわらず冷静に対処し，ルールやマナーの意義を踏まえてそれらを大切にしようとすることに自主的に取り組もうとする意思をもつことが大切であることを示したものである。

同様に，協力や責任に関する事項として，第1学年及び第2学年においては，よい演技を認めようとすること及び仲間の学習を援助しようとすること，分担した役割を果たそうとすることを，第3学年においては，よい演技を讃えようとすること及び互いに助け合い教え合おうとすること，自己の責任を果たそうとすることを示している。

これは，第1学年及び第2学年においては，仲間の演技のよさを認めたり，自分のことだけでなく共に学ぶ仲間に対して必要な支援をしたりすることや，授業の進行等で割り当てられたり分担したりした役割に積極的に取り組もうとすることに積極的な意思をもつことが大切であることを示したものである。また，第3学年においては，人にはそれぞれ違いがあることを認めた上で，仲間の演技のよさを指摘したり，仲間の技能の程度にかかわらず，課題を共有して互いに助け合ったり教え合ったりすることや，互いに合意した役割に責任をもって自主的に取り組もうとすることに自主的に取り組もうとする意思をもつことが大切であることを示したものである。

同様に，参画や共生に関する事項として，第1学年及び第2学年においては，話合いに参加しようとすること，一人一人の違いを認めようとすることを，第3学年においては，話合いに貢献しようとすること，一人一人の違いを大切にしようとすることを示している。

これは，第1学年及び第2学年においては，話合いなどでグループの学習課題等についての意思決定をする際に，自分の意見を述べることに積極的に取り組もうとすることや，体力や技能の程度，性別や障害の有無等にかかわらず，人には違いがあることに気付き，その違いを可能性として捉え，互いを認めようとすることに積極的な意思をもつことが大切であることを示したものである。また，第3学年においては，話合いなどでグループの学習課題等についての意

思決定をする際に，相手の感情に配慮して発言したり，仲間の意見に同意したりしてグループの意思決定に参画することや，体力や技能の程度，性別や障害の有無等にかかわらず，人には違いがあることに配慮し，よりよい環境づくりや活動につなげようとすることに自主的に取り組もうとする意思をもつことが大切であることを示したものである。

さらに，健康・安全に関する事項として第1学年及び第2学年においては，健康・安全に気を配ることを，第3学年においては，健康・安全を確保することを示している。

これは，第1学年及び第2学年においては，自己の体調の変化に気を配ったり，用具や場所の安全に留意したりすること，第3学年においては，自己の体調の変化に応じて段階的に運動をしたり，用具や場所の安全を確認したりすることを示したものであるが，健康・安全に関する事項については，意欲をもつことにとどまらず，実践することが求められていることを強調したものである。

学びに向かう力，人間性等については，各領域において愛好的態度及び健康・安全は共通事項とし，公正（伝統的な行動の仕方），協力，責任，参画，共生の中から，各領域で取り上げることが効果的な指導内容を重点化して示している。

これらの指導に際しては，(3) 学びに向かう力，人間性等を学習する際，公正，協力等の具体的な指導事項が解説で示されているが，例えば，協力の場面や行動の仕方の例などの具体的な知識と，なぜ協力するのかといった協力することの意義などの汎用的な知識を関連させて指導することで，生徒自身の積極性や自主性を促し，生涯にわたる豊かなスポーツライフを実現していく資質・能力の育成を図ることが大切である。

なお，(1) 知識及び技能（「体つくり運動」は知識及び運動），(2) 思考力，判断力，表現力等，(3) 学びに向かう力，人間性等の指導内容は，体育分野の目標である「生涯にわたって運動に親しむ態度」を育成することや，さらには，保健体育科の目標である「豊かなスポーツライフを実現するための資質・能力」を育成することを目指すものである。これらを踏まえ，各領域においては，これらの指導内容を個別に取り扱うのではなく，それぞれが相互に密接に関連していることに留意するとともに，体育理論との関連を図りながら指導することが重要である。

例えば，具体的な知識と汎用的な知識との往還を図りながら積極的・自主的に技能の習得を目指すとともに，知識と技能の関連を図ることの重要性を認識することで「知識及び技能」が育まれたり，具体的な知識と汎用的な知識との往還を図りながら，仲間と協働する場面を設定するなどして運動実践につなが

る態度などの育成を目指すことで「学びに向かう力，人間性等」が育まれたり，これらの資質・能力を育成する過程において，課題の解決に向けて思考し判断するとともに表現する活動を効果的に設定することで「思考力，判断力，表現力等」が育まれることにつながるものである。そのような学習を単元や年間，校種のつながりを通して積み重ねることによって，豊かなスポーツライフを実現する資質・能力の育成につながるとともに，明るく豊かな生活を営む態度に結びつくものである。

また，(1)から(3)に示した例示（「体つくり運動」は，行い方の例，組合せ方の例及び例示）は，各領域で取り上げることが効果的な指導事項の具体例を重点化して示しているが，各領域で設定する時間数，学校や地域の実態及び生徒の特性等に応じて，内容のまとまりごとに更に重点化を図るなどの工夫も考えられる。

いずれの場合においても，カリキュラム・マネジメントを実現する観点から，体育・健康に関する指導も踏まえ，学校行事等を含めた3年間を見通した年間指導計画を作成するとともに，主体的・対話的で深い学びの実現に向けた授業改善を推進する観点から，(1)から(3)に示した内容のバランスのよい配置や，指導と評価の時期等の効果的な配置について十分に検討することが大切である。

体育分野の領域及び領域の内容

領域	領域の内容			
【A　体つくり運動】	ア　体ほぐしの運動	(1) 知識及び運動	生涯スポーツにつながる知識	(2) 思考力，判断力，表現力等 (3) 学びに向かう力，人間性等
	イ　体の動きを高める運動 　　実生活に生かす運動の計画	(1) 知識及び運動		
【B　器械運動】	ア　マット運動	(1) 知識及び技能	生涯スポーツにつながる知識	(2) 思考力，判断力，表現力等 (3) 学びに向かう力，人間性等
	イ　鉄棒運動	(1) 知識及び技能		
	ウ　平均台運動	(1) 知識及び技能		
	エ　跳び箱運動	(1) 知識及び技能		
【C　陸上競技】	ア　短距離走・リレー，長距離走又はハードル走	(1) 知識及び技能	生涯スポーツにつながる知識	(2) 思考力，判断力，表現力等 (3) 学びに向かう力，人間性等
	イ　走り幅跳び又は走り高跳び	(1) 知識及び技能		
【D　水泳】	ア　クロール	(1) 知識及び技能	生涯スポーツにつながる知識	(2) 思考力，判断力，表現力等 (3) 学びに向かう力，人間性等
	イ　平泳ぎ	(1) 知識及び技能		
	ウ　背泳ぎ	(1) 知識及び技能		
	エ　バタフライ	(1) 知識及び技能		
	オ　複数の泳法で泳ぐ又はリレー	(1) 知識及び技能		
【E　球技】	ア　ゴール型	(1) 知識及び技能	生涯スポーツにつながる知識	(2) 思考力，判断力，表現力等 (3) 学びに向かう力，人間性等
	イ　ネット型	(1) 知識及び技能		
	ウ　ベースボール型	(1) 知識及び技能		
【F　武道】	ア　柔道	(1) 知識及び技能	生涯スポーツにつながる知識	(2) 思考力，判断力，表現力等 (3) 学びに向かう力，人間性等
	イ　剣道	(1) 知識及び技能		
	ウ　相撲	(1) 知識及び技能		
【G　ダンス】	ア　創作ダンス	(1) 知識及び技能	生涯スポーツにつながる知識	(2) 思考力，判断力，表現力等 (3) 学びに向かう力，人間性等
	イ　フォークダンス	(1) 知識及び技能		
	ウ　現代的なリズムのダンス	(1) 知識及び技能		
【H　体育理論】	(1) 運動やスポーツの多様性	ア　知識		イ　思考力，判断力，表現力等 ウ　学びに向かう力，人間性等
	(2) 運動やスポーツの意義や効果と学び方や安全な行い方	ア　知識		
	(1) 文化としてのスポーツの意義	ア　知識		

※(1) 知識及び技能の知識の指導内容は，技の名称や行い方などの具体的な知識と，関連して高まる体力や運動観察の方法などの生涯スポーツにつながる汎用的な知識がある。また，(2) 思考力，判断力，表現力等及び (3) 学びに向かう力，人間性等は各領域共通の指導内容である。

A　体つくり運動

［第1学年及び第2学年］

　体つくり運動は，体ほぐしの運動と体の動きを高める運動及び実生活に生かす運動の計画で構成され，自他の心と体に向き合って，体を動かす楽しさや心地よさを味わい，心と体をほぐしたり，体の動きを高める方法を学んだりすることができる領域である。

　小学校では，体つくり運動で学んだことを授業以外でも行うことをねらいとした学習をしている。

　中学校では，これらの学習を受けて，より具体的なねらいをもった運動を行い，学校の教育活動全体や実生活で生かすことが求められる。

　したがって，第1学年及び第2学年では，体を動かす楽しさや心地よさを味わい，体つくり運動の意義と行い方，体の動きを高める方法などを理解するとともに，目的に適した運動を身に付け，組み合わせることができるようにする。その際，自己の課題を発見し，合理的な解決に向けて運動の取り組み方を工夫するとともに，自己や仲間の考えたことを他者に伝えることができるようにすることが大切である。また，体つくり運動の学習に積極的に取り組み，仲間の学習を援助することや一人一人の違いに応じた動きなどを認めることなどに意欲をもち，健康や安全に気を配ることができるようにすることが大切である。

　なお，指導に際しては，知識の理解を基に運動を組み合わせたり，運動を組み合わせることで一層知識を深めたりするなど，知識と運動を関連させて学習させることや，「知識及び運動」，「思考力，判断力，表現力等」，「学びに向かう力，人間性等」の内容をバランスよく学習させるようにすることが大切である。

(1) 知識及び運動

　体つくり運動について，次の事項を身に付けることができるよう指導する。

(1) 次の運動を通して，体を動かす楽しさや心地よさを味わい，体つくり運動の意義と行い方，体の動きを高める方法などを理解し，目的に適した運動を身に付け，組み合わせること。

　ア　体ほぐしの運動では，手軽な運動を行い，心と体との関係や心身の状態に気付き，仲間と積極的に関わり合うこと。

　イ　体の動きを高める運動では，ねらいに応じて，体の柔らかさ，巧みな動き，力強い動き，動きを持続する能力を高めるための運動を行うとともに，それらを組み合わせること。

○　知識

　体つくり運動の意義では，自他の心と体に向き合って心と体をほぐし，体を動かす楽しさや心地よさを味わい，進んで運動に取り組む気持ちを高めたり，体の柔らかさ，巧みな動き，力強い動き，動きを持続する能力を高めたりするといった意義があることを理解できるようにする。

　体つくり運動の行い方では，体ほぐしの運動においては，心と体の関係や心身の状態に気付く，仲間と積極的に関わり合うといったねらいに応じた行い方があることを理解できるようにする。その際，一つの行い方においても，複数のねらいが関連していることを併せて理解できるようにする。また，体の動きを高める運動においては，体の柔らかさ，巧みな動き，力強い動き，動きを持続する能力などを，それぞれ安全で合理的に高めることのできる適切な運動の行い方があることを理解できるようにする。

　体の動きを高める方法では，ねらいや体力の程度に応じて，適切な強度，時間，回数，頻度などを考慮した運動の組合せが大切であることを理解できるようにする。

　などの例には，運動の組合せ方がある。これは，自己の健康や体力の状態に応じて，体の柔らかさ，巧みな動き，力強い動き，動きを持続する能力を，それぞれ効率よく高めることができる組合せ方や，これらの体の動きをバランスよく高めることができる組合せ方があることを理解できるようにする。

　指導に際しては，動きの獲得を通して一層知識の大切さを実感できるようにすることや知識を活用し課題を発見・解決するなどの「思考力，判断力，表現力等」を育む学習につながるよう，汎用性のある知識を精選した上で，知識を基盤とした学習の充実を図ることが大切である。

〈例示〉

・体つくり運動の意義には，心と体をほぐし，体を動かす楽しさや心地よさを味わう意義があること。

・体つくり運動の意義には，体の柔らかさ，巧みな動き，力強い動き，動きを持続する能力を高める意義があること。

・「体ほぐしの運動」には，「心と体の関係や心身の状態に気付く」，「仲間と積極的に関わり合う」というねらいに応じた行い方があること。

・体の動きを高めるには，安全で合理的に高める行い方があること。

・体の動きを高めるには，適切な強度，時間，回数，頻度などを考慮して組み合わせる方法があること。

・運動の組合せ方には，効率のよい組合せとバランスのよい組合せがあること。

○　運動
ア　体ほぐしの運動
　　手軽な運動とは，誰もが簡単に取り組むことができる運動，仲間と協力して楽しくできる運動，心や体が弾むような軽快な運動を示している。
　　心と体の関係や心身の状態に気付きとは，運動を通して，体がほぐれると心がほぐれたり，心がほぐれると体がほぐれたりするように，自己の心と体は互いに関係していること，さらに，他者の心と体とも関わり合っていることに気付くことである。また，自らの心が軽くて解放された状態なのか重く沈んだ状態なのかを自覚したり，体の動かし方には個人差があることなどに気付いたりすることである。
　　仲間と積極的に関わり合うとは，共に運動する仲間と進んで協力したり助け合ったりすることで，楽しさや心地よさが増すように関わりをもつことである。
　　このように体ほぐしの運動は，心と体の関係や心身の状態に気付くこと，仲間と積極的に関わり合うことをねらいとして行われる運動である。
　　指導に際しては，これらのねらいを関わり合わせながら，運動を経験するだけでなく，心や体の状態を軽やかにし，ストレスの軽減にも役立つなど，自他の心と体の関係や心身の状態を確かめながら学ぶことができるように留意することが大切である。
〈行い方の例〉
　・のびのびとした動作で用具などを用いた運動を行うことを通して，気付いたり関わり合ったりすること。
　・リズムに乗って心が弾むような運動を行うことを通して，気付いたり関わり合ったりすること。
　・緊張したり緊張を解いて脱力したりする運動を行うことを通して，気付いたり関わり合ったりすること。
　・いろいろな条件で，歩いたり走ったり跳びはねたりする運動を行うことを通して，気付いたり関わり合ったりすること。
　・仲間と動きを合わせたり，対応したりする運動を行うことを通して，気付いたり関わり合ったりすること。
　・仲間と協力して課題を達成するなど，集団で挑戦するような運動を行うことを通して，気付いたり関わり合ったりすること。

イ　体の動きを高める運動
　　体の動きを高める運動の**体の動き**とは，体の柔らかさ，巧みな動き，力強

い動き，動きを持続する能力の総称を示している。それぞれの動きを高めるための運動を行い，調和のとれた体力を高めることが大切である。

ねらいに応じて運動を行うとは，体の柔らかさ，巧みな動き，力強い動き，動きを持続する能力を高めるためのねらいを設定して，自己の健康や体力の状態に応じて，体の動きを高める運動を行ったり組み合わせたりすることを示している。

体の柔らかさを高めるための運動とは，全身や体の各部位を振ったり回したりすることや，曲げたり伸ばしたりすることによって体の各部位の可動範囲を広げることをねらいとして行われる運動である。

指導に際しては，体のどの部位が伸展や収縮をしているのかを意識できるようにすることが大切である。また，可動範囲を徐々に広げたり，負荷の少ない動的な運動から始めたりして行うようにすることが大切である。

〈行い方の例〉

・大きくリズミカルに全身や体の各部位を振ったり，回したり，ねじったり，曲げ伸ばしたりすること。

・体の各部位をゆっくり伸展し，そのままの状態で約10秒間維持すること。

巧みな動きを高めるための運動とは，自分自身で，あるいは人や物の動きに対応してタイミングよく動くこと，力を調整して動くこと，バランスをとって動くこと，リズミカルに動くこと，素早く動くことができる能力を高めることをねらいとして行われる運動である。

指導に際しては，ゆっくりした動きから素早い動き，小さい動きから大きい動き，弱い動きから強い動き，易しい動きから難しい動きへと運動を発展させるようにすることが大切である。

〈行い方の例〉

・いろいろなフォームで様々な用具を用いて，タイミングよく跳んだり転がしたりすること。

・大きな動作で，ボールなどの用具を，力を調整して投げたり受けたりすること。

・人と組んだり，用具を利用したりしてバランスを保持すること。

・床やグラウンドに設定した様々な空間をリズミカルに歩いたり，走ったり，跳んだり，素早く移動したりすること。

力強い動きを高めるための運動とは，自己の体重，人や物などの抵抗を負荷として，それらを動かしたり，移動したりすることによって，力強い動き

を高めることをねらいとして行われる運動である。

　指導に際しては，繰り返すことのできる最大の回数などを手掛かりにして，無理のない運動の強度と回数を選んで行うようにすることが大切である。

〈行い方の例〉

・自己の体重を利用して腕や脚を屈伸したり，腕や脚を上げたり下ろしたり，同じ姿勢を維持したりすること。

・二人組で上体を起こしたり，脚を上げたり，背負って移動したりすること。

・重い物を押したり，引いたり，投げたり，受けたり，振ったり，回したりすること。

　動きを持続する能力を高めるための運動とは，一つの運動又は複数の運動を組み合わせて一定の時間に連続して行ったり，あるいは，一定の回数を反復して行ったりすることによって，動きを持続する能力を高めることをねらいとして行われる運動である。

　指導に際しては，心拍数や疲労感などを手掛かりにして，無理のない運動の強度と時間を選んで行うようにすることが大切である。

〈行い方の例〉

・走や縄跳びなどを，一定の時間や回数，又は，自己で決めた時間や回数を持続して行うこと。

・ステップやジャンプなど複数の異なる運動を組み合わせて，エアロビクスなどの有酸素運動を時間や回数を決めて持続して行うこと。

　それらを組み合わせるとは，体の動きを高める運動を効率よく組み合わせたり，バランスよく組み合わせたりすることを示している。

　効率のよい組合せとは，高めたい体の動きのねらいを一つ決め，それを高めるための運動を組み合わせることである。バランスのよい組合せとは，ねらいが異なる運動を組み合わせることである。

　効率のよい運動の組合せの指導に際しては，体の柔らかさや巧みな動きを高める運動では，一つの運動を反復してから次の運動を行うこと，力強い動きや動きを持続する能力を高める運動では，体力やねらいに応じて回数や運動時間を設定して行うことが大切である。

　バランスのよい運動の組合せの指導に際しては，総合的に体の動きを高めるように組み合わせることが大切である。

〈運動の組合せ方の例〉

　・体の柔らかさ，巧みな動き，力強い動き，動きを持続する能力を高める
　　ための運動の中から，一つのねらいを取り上げ，それを高めるための運
　　動を効率よく組み合わせて行うこと。
　・体の柔らかさ，巧みな動き，力強い動き，動きを持続する能力を高める
　　ための運動の中から，ねらいが異なる運動をバランスよく組み合わせて
　　行うこと。

(2) 思考力，判断力，表現力等

体つくり運動について，次の事項を身に付けることができるよう指導する。

(2) 自己の課題を発見し，合理的な解決に向けて運動の取り組み方を工夫す
　　るとともに，自己や仲間の考えたことを他者に伝えること。

　運動に関する領域における思考力，判断力，表現力等とは，学習した内容を，
学習場面に適用したり，応用したりし，言語や文章などで表現することである。
　第1学年及び第2学年では，自己の課題を発見し，基礎的な知識や技能を活
用して，学習課題への取り組み方を工夫できるようにしたり，自己の課題の発
見や解決に向けて考えたりしたことを，他者にわかりやすく伝えられるように
する。
　自己の課題を発見しとは，体つくり運動の特性を踏まえて，動きの組合せ方
などの改善についてのポイントを発見したり，仲間との関わり合いや健康・安
全などについての自己の取り組み方の課題を発見したりすることを示している。
　合理的な解決に向けて運動の取り組み方を工夫するとは，動きの組合せ方，仲
間との関わり方，安全上の留意点などの発見した課題を，合理的に解決できる
よう知識を活用したり，応用したりすることを示している。
　自己や仲間の考えたことを他者に伝えるとは，自己の課題について，自己や
仲間が思考し判断したことを，言葉や文章などで表したり，他者にわかりやす
く伝えたりすることを示している。
　なお，第1学年及び第2学年では，「運動に関する思考力，判断力，表現力
等」，「体力，健康・安全に関する思考力，判断力，表現力等」及び「運動実践
につながる態度に関する思考力，判断力，表現力等」の中から，領域の特性に
応じた思考・判断・表現の例を重点化して示している。
　指導に際しては，第1学年及び第2学年においては，習得した知識を用いて
仲間に課題や解決の方法を伝えるなど，生徒が習得した知識を基に解決が可能

な課題の提示の仕方を工夫することが大切である。

〈例示〉
- 体ほぐしの運動で,「心と体の関係や心身の状態に気付く」,「仲間と積極的に関わり合う」ことを踏まえてねらいに応じた運動を選ぶこと。
- 体の動きを高めるために,自己の課題に応じた運動を選ぶこと。
- 学習した安全上の留意点を,他の学習場面に当てはめ,仲間に伝えること。
- 仲間と話し合う場面で,提示された参加の仕方に当てはめ,仲間との関わり方を見付けること。
- 体力の程度や性別等の違いを踏まえて,仲間とともに楽しむための運動を見付け,仲間に伝えること。

(3) 学びに向かう力,人間性等

体つくり運動について,次の事項を身に付けることができるよう指導する。

(3) 体つくり運動に積極的に取り組むとともに,仲間の学習を援助しようとすること,一人一人の違いに応じた動きなどを認めようとすること,話合いに参加しようとすることなどや,健康・安全に気を配ること。

体つくり運動に積極的に取り組むとは,発達の段階や学習の段階に適した課題を設定したり,運動を選んだり組み合わせたりする学習などに積極的に取り組むことを示している。そのため,人は学習によって,体の動きが高まる可能性があることを理解し,取り組めるようにする。

仲間の学習を援助しようとするとは,運動を行う際,仲間の体を支えたり押したりして補助したり,高めようとする動きなどの学習課題の解決に向けて仲間に助言しようとすることなどを示している。そのため,仲間の学習を援助することは,自己の能力を高めたり,仲間との連帯感を高めて気持ちよく活動したりすることにつながることを理解し,取り組めるようにする。

一人一人の違いに応じた動きなどを認めようとするとは,体の動きには,体力や性別,障害の有無等に応じた違いがあることを認めようとすることを示している。そのため,体つくり運動を行う際は,様々な違いを超えて,参加者全員が楽しんだり達成感を味わったりするための工夫や調整が求められる場合があることなどを理解し,取り組めるようにする。

話合いに参加しようとするとは,ねらいに応じた行い方を話し合ったり,課題の合理的な解決に向けて話し合ったりする場面で,自らの考えを述べるなど

積極的に参加しようとすることを示している。そのため，意思決定をする際には，話合いを通して，仲間の意見を聞くだけでなく自分の意見も述べるなど，それぞれの考えを伝え合うことが大切であることを理解し，取り組めるようにする。

などの例には，分担した役割を果たそうとすることがある。これは，二人組やグループで運動する際に，用具の準備や後片付けをしたり，行った回数や時間を記録したり，仲間が運動しやすくなるように自己の運動を調整したりするなどの分担した役割に積極的に取り組もうとすることを示している。そのため，分担した役割を果たすことは，活動時間の確保につながることやグループの人間関係がよくなることにつながることを理解し，取り組めるようにする。

健康・安全に気を配るとは，体の状態のみならず心の状態も確かめながら体調の変化などに気を配ること，用具や場所などの自己や仲間の安全に留意して運動を行うこと，自己の体の動きに応じた行い方や強度を選んで運動することを示している。そのため，体調不良時は無理をしないこと，用具の使い方のポイントや運動に応じて起きやすいけがの事例などを理解し，取り組めるようにする。

指導に際しては，生徒自身が公正，協力，責任，参画，共生の意義や価値を認識し取り組もうとする意欲を高めることが求められることから，意義や価値の理解とその具体的な取り組み方を結び付けて指導することが大切である。また，態度に関する意義や価値については，各領域で繰り返し指導することが大切である。

〈例示〉

・体つくり運動の学習に積極的に取り組もうとすること。
・仲間の補助をしたり助言したりして，仲間の学習を援助しようとすること。
・一人一人の違いに応じた動きなどを認めようとすること。
・ねらいに応じた行い方などについての話合いに参加しようとすること。
・健康・安全に留意すること。

［第3学年］

　第1学年及び第2学年の体を動かす楽しさや心地よさを味わい，体つくり運動の意義と行い方，体の動きを高める方法を理解し，目的に適した運動を身に付け，組み合わせることができるようにすることをねらいとした学習を受けて，第3学年では，体を動かす楽しさや心地よさを味わい，運動を継続する意義，体の構造，運動の原則などを理解するとともに，健康の保持増進や体力の向上を目指し，目的に適した運動の計画を立て取り組むことを学習のねらいとしている。

したがって，自己や仲間の課題を発見し，合理的な解決に向けて運動の取り組み方を工夫するとともに，自己や仲間の考えたことを他者に伝えることができるようにすることが大切である。また，体つくり運動の学習に自主的に取り組み，互いに助け合い教え合うことや一人一人の違いに応じた動きなどを大切にすることなどに意欲をもち，健康や安全を確保することができるようにすることが大切である。

なお，指導に際しては，知識の理解を基に運動の計画を立てたり，運動の計画を立てて取り組むことで一層知識を深めたりするなど，知識と運動を関連させて学習させることや，「知識及び運動」，「思考力，判断力，表現力等」，「学びに向かう力，人間性等」の内容をバランスよく学習させるようにすることが大切である。

(1) 知識及び運動

体つくり運動について，次の事項を身に付けることができるよう指導する。

---

(1) 次の運動を通して，体を動かす楽しさや心地よさを味わい，運動を継続する意義，体の構造，運動の原則などを理解するとともに，健康の保持増進や体力の向上を目指し，目的に適した運動の計画を立て取り組むこと。

　ア　体ほぐしの運動では，手軽な運動を行い，心と体は互いに影響し変化することや心身の状態に気付き，仲間と自主的に関わり合うこと。

　イ　実生活に生かす運動の計画では，ねらいに応じて，健康の保持増進や調和のとれた体力の向上を図るための運動の計画を立て取り組むこと。

○　知識

運動を継続する意義では，定期的・計画的に運動を続けることは，心や体の健康や体力の保持増進につながることや，さらには豊かなスポーツライフの実現は，地域などとのコミュニケーションを広げたり，余暇を充実させたりするなど生活の質を高めることにもつながることを理解できるようにする。

体の構造では，関節には可動範囲があること，同じ運動をしすぎると関節に負担がかかること，関節に大きな負荷がかからない姿勢があること，体温が上がると筋肉は伸展しやすくなることなどを理解できるようにする。なお，体の構造とは，体のつくりと働きのことであるが，第3学年では関節や筋肉の働きを中心に取り上げるようにする。

運動の原則では，どのようなねらいをもつ運動か，偏りがないか，自分に合っているか，どの程度の回数を反復するか，あるいはどの程度の期間にわ

たって継続するかなどの運動を計画して行う際の原則を理解できるようにする。

などの例には，実生活で運動を継続する方法がある。これは，実生活で運動を継続するためには，行いやすい運動を選ぶこと，自らの実生活を踏まえた無理のない計画を立てることが大切であることを理解できるようにする。

指導に際しては，第1学年及び第2学年に示したことに加え，領域の特性や魅力を一層味わい，自主的な学習を促すための知識を効果的に理解できるよう指導の機会を工夫することが大切である。

〈例示〉

・定期的・計画的に運動を継続することは，心身の健康，健康や体力の保持増進につながる意義があること。

・運動を安全に行うには，関節への負荷がかかりすぎないようにすることや軽い運動から始めるなど，徐々に筋肉を温めてから行うこと。

・運動を計画して行う際は，どのようなねらいをもつ運動か，偏りがないか，自分に合っているかなどの運動の原則があること。

・実生活で運動を継続するには，行いやすいこと，無理のない計画であることなどが大切であること。

○　**運動**

ア　**体ほぐしの運動**

手軽な運動とは，誰もが簡単に取り組むことができる運動，仲間と協力して楽しくできる運動，心や体が弾むような軽快な運動を示している。

心と体は互いに影響し変化することや心身の状態に気付きとは，運動を通して，体がほぐれると心がほぐれ，心がほぐれると体が軽快に動き，仲間の心も一層解放されるように，自己や他者の心と体は，互いに影響し合い，関わり合いながら変化することに気付くことである。また，自らの心が軽くて解放された状態なのか重く沈んだ状態なのかを自覚したり，体がどのような動きができる状態なのかに気付いたりすることである。

仲間と自主的に関わり合うとは，共に運動する仲間を認め合い，大切にすること，感じたり工夫したりしたことを自ら進んで伝え合うことによって，お互いの信頼が生じるように関わりをもつことである。

このように，体ほぐしの運動は，心と体は互いに影響し変化することや心身の状態に気付くこと，仲間と自主的に関わり合うことをねらいとして行われる運動である。

指導に際しては，これらのねらいを関わり合わせながら運動を経験するだ

けでなく，心や体の状態を軽やかにし，ストレスの軽減にも役立つなど，自他の心と体の関係や変化を確かめ，仲間と自主的に学ぶことができるように留意することが大切である。

〈行い方の例〉

第3学年では，以下の例などから運動を組み合わせ，ねらいに合うように構成して取り組み，実生活にも生かすことができるようにする。

・のびのびとした動作で用具などを用いた運動を行うことを通して，気付いたり関わり合ったりすること。

・リズムに乗って心が弾むような運動を行うことを通して，気付いたり関わり合ったりすること。

・緊張したり緊張を解いて脱力したりする運動を行うことを通して，気付いたり関わり合ったりすること。

・いろいろな条件で，歩いたり走ったり跳びはねたりする運動を行うことを通して，気付いたり関わり合ったりすること。

・仲間と協力して課題を達成するなど，集団で挑戦するような運動を行うことを通して，気付いたり関わり合ったりすること。

イ　実生活に生かす運動の計画

実生活に生かす運動の計画では，自己の日常生活を振り返り，健康の保持増進や調和のとれた体力の向上を図るために，体の動きを高める運動の計画を立てて取り組むことが大切である。

ねらいに応じて運動を行うとは，健康に生活するための体力，運動を行うための体力を高めるなど，自己の体力に関するねらいを設定して，自己の健康や体力の実態と実生活に応じて，運動の計画を立てて取り組むことである。

健康の保持増進や調和のとれた体力の向上を図るための運動の計画を立て取り組むとは，第1学年及び第2学年で学習した「ねらいに応じて，体の柔らかさ，巧みな動き，力強い動き，動きを持続する能力を高めるための運動を行うとともに，それらを組み合わせること」を踏まえて，運動不足を解消する，体調を維持するなどの健康に生活するための体力や運動を行うための調和のとれた体力を高めていく運動の計画を立てて取り組むことである。

指導に際しては，①ねらいは何か，②いつ，どこで運動するのか，③どのような運動を選ぶのか，④どの程度の運動強度，時間，回数で行うかなどに着目して運動を組み合わせ，計画を立てて取り組めるようにすることが大切である。

また，一部の能力のみの向上を図るのではなく，総合的に体の動きを高め

ることで調和のとれた体力の向上が図られるよう配慮する必要がある。

その上で，新体力テストなどの測定結果を利用する際には，例えば，測定項目の長座体前屈は体の柔らかさの一部を測定するものではあるが，これ以外にも体の柔らかさを高める必要があることや，成長の段階によって発達に差があることなどを理解させ，測定項目の運動のみを行ったり，測定値の向上のために過度な競争をあおったりすることのないよう留意することなどが大切である。

〈実生活に生かす運動の計画の行い方の例〉

○健康に生活するための体力の向上を図る運動の計画と実践

・運動不足の解消や体調維持のために，食事や睡眠などの生活習慣の改善も含め，休憩時間や家庭などで日常的に行うことができるよう効率のよい組合せやバランスのよい組合せで運動の計画を立てて取り組むこと。

○運動を行うための体力の向上を図る運動の計画と実践

・調和のとれた体力の向上を図ったり，選択した運動やスポーツの場面で必要とされる体の動きを高めたりするために，効率のよい組合せやバランスのよい組合せで運動の計画を立てて取り組むこと。

(2) 思考力，判断力，表現力等

体つくり運動について，次の事項を身に付けることができるよう指導する。

---

(2) 自己や仲間の課題を発見し，合理的な解決に向けて運動の取り組み方を工夫するとともに，自己や仲間の考えたことを他者に伝えること。

運動に関する領域における思考力，判断力，表現力等とは，学習した内容を，学習場面に適用したり，応用したりし，言語や文章などで表現することである。

第3学年では，実生活に生かす運動の計画をつくることに学習が広がることから自己や仲間の課題を発見し，これまで学習した知識や技能を活用して，学習課題への取り組み方を工夫できるようにしたり，自己や仲間の課題の発見や解決に向けて考えたりしたことを，他者にわかりやすく伝えられるようにする。

自己や仲間の課題を発見しとは，体つくり運動の特性を踏まえて，運動の計画の改善についてのポイントを発見したり，仲間との関わり合いや健康・安全についての自己や仲間の取り組み方などの課題を発見したりすることを示している。

合理的な解決に向けて運動の取り組み方を工夫するとは，運動の計画，仲間

との関わり方，健康・安全の確保の仕方，運動の継続の仕方などの発見した課題を，合理的に解決できるよう知識を活用したり，応用したりすることを示している。

自己や仲間の考えたことを他者に伝えるとは，自己や仲間の課題について，自己や仲間が思考し判断したことを，言葉や文章などで表したり，他者にわかりやすく伝えたりすることを示している。

なお，第3学年では，「運動に関する思考力，判断力，表現力等」，「体力，健康・安全に関する思考力，判断力，表現力等」，「運動実践につながる態度に関する思考力，判断力，表現力等」及び「生涯スポーツの実践に関する思考力，判断力，表現力等」の中から，領域の特性に応じた思考力，判断力，表現力等の例を重点化して示している。

指導に際しては，第3学年においては，習得した知識を基に，よりよい解決方法を比較したり，活動を振り返ったりするなどによって，学習成果を分析する活動の提示の仕方を工夫することが大切である。

〈例示〉

・ねらいや体力の程度を踏まえ，自己や仲間の課題に応じた強度，時間，回数，頻度を設定すること。

・健康や安全を確保するために，体力や体調に応じた運動の計画等について振り返ること。

・課題を解決するために仲間と話し合う場面で，合意形成するための関わり方を見付け，仲間に伝えること。

・体力の程度や性別等の違いに配慮して，仲間とともに体つくり運動を楽しむための活動の方法や修正の仕方を見付けること。

・体つくり運動の学習成果を踏まえて，実生活で継続しやすい運動例や運動の組合せの例を見付けること。

(3) 学びに向かう力，人間性等

体つくり運動について，次の事項を身に付けることができるよう指導する。

---

(3) 体つくり運動に自主的に取り組むとともに，互いに助け合い教え合おうとすること，一人一人の違いに応じた動きなどを大切にしようとすること，話合いに貢献しようとすることなどや，健康・安全を確保すること。

体つくり運動に自主的に取り組むとは，自己や仲間の課題に応じた運動を選択する学習などに自主的に取り組むことなどを示している。そのため，心と体

をほぐし，運動の計画を実生活に生かすには，自らの生活を見直し，改善を図ろうとする意思が大切であることなどを理解し，取り組めるようにする。

互いに助け合い教え合おうとするとは，運動を行う際，互いの心の変化に気付いたり，仲間の動きをよく見たりして，仲間に課題を伝え合いながら取り組もうとすることを示している。そのため，互いに助け合い教え合うことは，安全を確保したり，課題の解決に役立つなど自主的な学習を行いやすくしたりすることを理解し，取り組めるようにする。

一人一人の違いに応じた動きなどを大切にしようとするとは，体の動きには，体力や性別，障害の有無等に応じた違いがあることを受け入れ，大切にしようとすることを示している。そのため，様々な違いを超えて体つくり運動を楽しむことができる配慮をすることで，体つくり運動のよりよい環境づくりに貢献すること，違いに応じた配慮の仕方があることなどを理解し，取り組めるようにする。

話合いに貢献しようとするとは，自己や仲間の課題の解決の場面で，自己の考えを述べたり相手の話を聞いたりするなど，話合いに責任をもって関わろうとすることを示している。そのため，相互の信頼関係を深めるためには，相手の感情に配慮しながら発言したり，提案者の発言に同意したりして話合いを進めることなどが大切であることを理解し，取り組めるようにする。

などの例には，自己の責任を果たそうとすることがある。仲間と互いに合意した役割に責任をもって自主的に取り組もうとすることを示している。そのため，自己の責任を果たすことは，体つくり運動の学習を円滑に進めることにつながることや，社会生活を過ごす上で必要な責任感を身に付けることにつながることを理解し，取り組めるようにする。

健康・安全を確保するとは，用具を目的に応じて使用すること，場所の安全を確認しながら運動を行うこと，体の状態のみならず心の状態も捉え，自己や仲間の体調や体力に応じて段階的に運動することなどを通して，健康を維持したり自己や仲間の安全を保持したりすることを示している。そのため，用具の使用における修正や確認，運動開始時における体の状態の確認や調整，けがを防止するための留意点などを理解し，取り組めるようにする。

指導に際しては，生徒自身が公正，協力，責任，参画，共生の意義や価値を認識し取り組もうとする意欲を高めることが求められることから，意義や価値の理解とその具体的な取り組み方を結び付けて指導することが大切である。また，学びに向かう力，人間性等に関する意義や価値については，各領域で繰り返し伝えることも大切である。

〈例示〉
　　・体つくり運動の学習に自主的に取り組もうとすること。
　　・仲間に課題を伝え合うなど，互いに助け合い教え合おうとすること。
　　・一人一人に応じた動きなどの違いを大切にしようとすること。
　　・自己や仲間の課題解決に向けた話合いに貢献しようとすること。
　　・健康・安全を確保すること。

内容の取扱い

(2) 内容の「A体つくり運動」から「H体育理論」までに示す事項については，次のとおり取り扱うものとする。

ア 「A体つくり運動」の(1)のアの運動については，「B器械運動」から「Gダンス」までにおいても関連を図って指導することができるとともに，心の健康など保健分野との関連を図って指導すること。また，「A体つくり運動」の(1)のイの運動については，第1学年及び第2学年においては，動きを持続する能力を高めるための運動に重点を置いて指導することができるが，調和のとれた体力を高めることに留意すること。その際，音楽に合わせて運動をするなどの工夫を図ること。第3学年においては，日常的に取り組める運動例を取り上げるなど指導方法の工夫を図ること。

(ｱ) 体つくり運動の領域は，各学年において，全ての生徒に履修させることとしている。また，「指導計画の作成と内容の取扱い」において，授業時数を各学年で7単位時間以上を配当することとしているため，この点を十分考慮して指導計画を作成する必要がある。

(ｲ) (1)のアの「体ほぐしの運動」については，全ての学年で取り扱うこととし，さらに，器械運動からダンスまでの運動に関する領域においても関連を図って指導することができることとしている。体ほぐしの運動は，手軽な運動を行い，心と体は互いに影響し変化することや心身の状態に気付き，仲間と自主的に関わり合うことなどをねらいとしていることから，各運動領域において学習の初めに扱う際は，誰もが取り組むことができ，仲間と関わりながら運動に取り組むことができるよう留意する。また，心の健康など保健分野との関連を図ることとしている。

(ｳ) (1)のイ第1学年及び第2学年の「体の動きを高める運動」では，体の柔らかさ，巧みな動き，力強い動き，動きを持続する能力を高めるための運動を示しているが，これらの全てを取り扱うこととする。必要に応じて，「動きを持続する能力を高めるための運動」に重点を置いて指導することができるが，総合的に体の動きを高めることで調和のとれた体力を高めることに留意することとしている。

また，第3学年の「実生活に生かす運動の計画」においては，これらの運動を組み合わせて，健康の保持増進や調和のとれた体力の向上を図るための運動の計画を立て取り組むこととしているが，学校教育活動全体や実生活で生かすことができるよう日常的に取り組める簡単な運動の組合せを取り上げるなど指

導方法の工夫を図ることに留意することとしている。

（エ）主体的・対話的で深い学びの実現に向けた授業改善を推進する観点から，必要な知識及び運動の定着を図る学習とともに，生徒の思考を深めるために発言を促したり，気付いていない視点を提示したりするなど，学びに必要な指導の在り方を追究し，生徒の学習状況を捉えて指導を改善していくことが大切である。

その際，互いに教え合う時間を確保するなどの工夫をするとともに，指導事項の精選を図ったり，運動観察のポイントを明確にしたり，ICT を効果的に活用するなどして，体を動かす機会を適切に確保することが大切である。

体つくり運動の行い方などの例

「体ほぐしの運動」

	小学校5・6年	中学校1・2年	中学校3年
	運動の行い方	運動の行い方	運動の行い方
気付き 交流	・伸び伸びとした動作で全身を動かしたり，ボール，なわ，体操棒，輪などの用具を用いた運動を行ったりすること ・リズムに乗って，心が弾むような動作での運動を行うこと ・ペアになって背中合わせに座り，体を前後左右に揺らし，リラックスできる運動を行うこと ・動作や人数などの条件を変えて，歩いたり走ったりする運動を行うこと ・グループや学級の仲間と力を合わせて挑戦する運動を行うこと ・伝承遊びや集団による運動を行うこと	・のびのびとした動作で用具などを用いた運動を行うことを通して，気付いたり関わり合ったりすること ・リズムに乗って心が弾むような運動を行うことを通して，気付いたり関わり合ったりすること ・緊張したり緊張を解いて脱力したりする運動を行うことを通して，気付いたり関わり合ったりすること ・いろいろな条件で，歩いたり走ったり跳びはねたりする運動を行うことを通して，気付いたり関わり合ったりすること ・仲間と協力して課題を達成するなど，集団で挑戦するような運動を行うことを通して，気付いたり関わり合ったりすること	・のびのびとした動作で用具などを用いた運動を行うことを通して，気付いたり関わり合ったりすること ・リズムに乗って心が弾むような運動を行うことを通して，気付いたり関わり合ったりすること ・緊張したり緊張を解いて脱力したりする運動を行うことを通して，気付いたり関わり合ったりすること ・いろいろな条件で，歩いたり走ったり跳びはねたりする運動を行うことを通して，気付いたり関わり合ったりすること ・仲間と協力して課題を達成するなど，集団で挑戦するような運動を行うことを通して，気付いたり関わり合ったりすること

「体の動きを高める運動」，「実生活に生かす運動の計画」

	小学校5・6年	中学校1・2年		中学校3年
	運動の行い方	運動の行い方	運動の組合せ方	運動の計画の行い方
体の柔らかさ	・体の各部位を大きく広げたり曲げたりする姿勢を維持する ・全身や各部位を振ったり，回したり，ねじったりする ・ゴムひもを張りめぐらせて作った空間や，棒の下や輪の中をくぐり抜ける	・大きくリズミカルに全身や体の各部位を振ったり，回したり，ねじったり，曲げ伸ばしたりすること ・体の各部位をゆっくり伸展し，そのままの状態で約10秒間維持すること	・体の柔らかさ，巧みな動き，力強い動き，動きを持続する能力を高めるための運動の中から，一つのねらいを取り上げ，それを高めるための運動を効率よく組み合わせて行うこと ・体の柔らかさ，巧みな動き，力強い動き，動きを持続する能力を高めるための運動の中から，ねらいが異なる運動をバランスよく組み合わせて行うこと	○健康に生活するための体力の向上を図る運動の計画と実践 ・運動不足の解消や体調維持のために，食事や睡眠などの生活習慣の改善も含め，休憩時間や家庭などで日常的に行うことができるよう効率のよい組合せやバランスのよい組合せで運動の計画を立てて取り組むこと ○運動を行うための体力の向上を図る運動の計画と実践 ・調和のとれた体力の向上を図ったり，選択した運動やスポーツの場面で必要とされる体の動きを高めたりするために，効率のよい組合せやバランスのよい組合せで運動の計画を立てて取り組むこと
巧みな動き	・長座姿勢で座り，足を開いたり閉じたりする相手の動きに応じ，開脚や閉脚を繰り返しながら跳ぶ ・マーカーをタッチしながら，素早く往復走をする ・短なわや長なわを使って様々な跳び方をしたり，なわ跳びをしながらボールを操作したりする ・フープを転がし，回転しているフープの中をくぐり抜けたり，跳び越したりする	・いろいろなフォームで様々な用具を用いて，タイミングよく跳んだり，転がしたりすること ・大きな動作で，ボールなどの用具を，力を調整して投げたり受けたりすること ・人と組んだり，用具を利用したりしてバランスを保持すること ・床やグラウンドに設定した様々な空間をリズミカルに歩いたり，走ったり，跳んだり，素早く移動したりすること		
力強い動き	・二人組，三人組で互いに持ち上げる，運ぶなどの運動をする	・自己の体重を利用して腕や脚を屈伸したり，腕や脚を上げたり下ろしたり，同じ姿勢を維持したりすること ・二人組で上体を起こしたり，脚を上げたり，背負って移動したりすること ・重い物を押したり，引いたり，投げたり，受けたり，振ったり，回したりすること		
動きを持続する能力	・短なわ，長なわを使っての跳躍やエアロビクスなどの全身運動を続ける ・無理のない速さで5～6分程度の持久走をする	・走や縄跳びなどを，一定の時間や回数，又は，自己で決めた時間や回数を持続して行うこと ・ステップやジャンプなど複数の異なる運動を組み合わせて，時間や回数を決めて，エアロビクス(有酸素運動)などを持続して行うこと		

B　器械運動

［第１学年及び第２学年］

　器械運動は，マット運動，鉄棒運動，平均台運動及び跳び箱運動で構成され，器械の特性に応じて多くの「技」がある。これらの技に挑戦し，その技ができる楽しさや喜びを味わうことのできる運動である。

　小学校では，技ができることや技を繰り返したり組み合わせたりすることを学習している。

　中学校では，これらの学習を受けて，技がよりよくできることや自己に適した技で演技することが求められる。

　したがって，第１学年及び第２学年では，技ができる楽しさや喜びを味わい，器械運動の特性や成り立ち，技の名称や行い方，その運動に関連して高まる体力などを理解するとともに，技がよりよくできるようにする。その際，技などの自己の課題を発見し，合理的な解決に向けて運動の取り組み方を工夫するとともに，自己の考えたことを他者に伝えることができるようにすることが大切である。また，器械運動の学習に積極的に取り組み，よい演技を認めることや一人一人の違いに応じた課題や挑戦を認めることなどに意欲をもち，健康や安全に気を配ることができるようにすることが大切である。

　なお，指導に際しては，知識の理解を基に運動の技能を身に付けたり，運動の技能を身に付けることで一層知識を深めたりするなど，知識と技能を関連させて学習させることや，「知識及び技能」，「思考力，判断力，表現力等」，「学びに向かう力，人間性等」の内容をバランスよく学習させるようにすることが大切である。

(1) 知識及び技能

　器械運動について，次の事項を身に付けることができるよう指導する。

> (1) 次の運動について，技ができる楽しさや喜びを味わい，器械運動の特性や成り立ち，技の名称や行い方，その運動に関連して高まる体力などを理解するとともに，技をよりよく行うこと。
>
> 　ア　マット運動では,回転系や巧技系の基本的な技を滑らかに行うこと,条件を変えた技や発展技を行うこと及びそれらを組み合わせること。
>
> 　イ　鉄棒運動では，支持系や懸垂系の基本的な技を滑らかに行うこと，条件を変えた技や発展技を行うこと及びそれらを組み合わせること。
>
> 　ウ　平均台運動では，体操系やバランス系の基本的な技を滑らかに行うこ

と，条件を変えた技や発展技を行うこと及びそれらを組み合わせること。
　エ　跳び箱運動では，切り返し系や回転系の基本的な技を滑らかに行うこ
　　と，条件を変えた技や発展技を行うこと。

　器械運動の各種目には多くの技があることから，これらの技を，運動の構造
に基づいて，系，技群及びグループの視点によって系統的に分類した。系とは
各種目の特性を踏まえて技の課題の視点から大きく分類したものである。技群
とは類似の課題や技術の視点から分類したものである。グループとは類似の課
題や技術に加えて，運動の方向や運動の経過の視点から分類したものである。さ
らに，各系統の技は，発展性を考慮して示している。なお，平均台運動と跳び
箱運動については，技の数が少ないことから系とグループのみで分類している。
この分類については，小学校から高等学校までの一貫性を図ったものである。
　器械運動では，生徒の技能・体力の程度に応じて条件を変えた技，発展技な
どに挑戦するとともに，学習した基本となる技の出来映えを高めることも器械
運動の特性や魅力に触れる上で大切であることから，発展技の例示を示すとと
もに，技の出来映えの質的変化を含めた指導内容の整理をしている。それによ
って自己の技能・体力の程度に適した技を選ぶための目安をより一層明らかに
し，学習に取り組みやすくしようとしたものである。

○　**知識**

　器械運動の特性や成り立ちでは，器械運動は，マット運動，鉄棒運動，平
均台運動及び跳び箱運動で構成され，種目に応じて多くの「技」があり，技
の出来映えを競うことを楽しむ運動として多くの人々に親しまれてきた成り
立ちがあること，オリンピック競技大会の種目では体操競技として行われて
おり，主要な競技として発展してきたことを理解できるようにする。

　技の名称や行い方では，技の名称は，運動の構造と関連して，懸垂・支持・
上がり・回転などの運動の基本形態を示す名称と，運動の経過における，方
向・姿勢・運動などの課題を示す名称によって成り立っていることを理解で
きるようにする。例えば，マット運動の「前方倒立回転とび」では，前方（方
向課題）・倒立回転（運動の基本形態）・跳び（運動の課題）が示されている。
技の行い方は，技の課題を解決するための合理的な動き方のポイントがある
ことを理解できるようにする。

　その運動に関連して高まる体力では，器械運動は，それぞれの種目や系，技
群，グループにより主として高まる体力要素が異なることを理解できるよう

にする。例えば，器械運動を継続することで，筋力や柔軟性，平衡性などが種目や技の動きに関連して高められることを理解できるようにする。

　　などの例には，発表会のねらいや行い方がある。学習の段階によって，発表会のねらいや行い方に違いがあることを理解できるようにする。例えば，初期の段階の発表会では，技能の状況や課題を確認し合うねらいがあり，後期の段階では学習の成果を認め合うねらいがあることを理解できるようにする。また，発表会の行い方では，技能の状況に応じて，補助をつけたり，易しい場を用いたりして行うことができることを理解できるようにする。

　　なお，指導に際しては，動きの獲得を通して一層知識の大切さを実感できるようにすることや，知識を活用し課題を発見・解決するなどの「思考力，判断力，表現力等」を育む学習につながるよう，汎用性のある知識を精選した上で，知識を基盤とした学習の充実を図ることが大切である。

　　また，器械運動においては，難易度の高い技のみに興味をもつのではなく，基本的な技の出来映えを高めることも大切であることや，技の課題を解決するための合理的な動き方を理解して練習に取り組むことなどを，学習場面に応じて効果的に指導することが大切である。

〈例示〉
　　・器械運動には多くの「技」があり，これらの技に挑戦し，その技ができる楽しさや喜びを味わうことができること。
　　・器械運動は，種目に応じて多くの「技」があり，技の出来映えを競うことを楽しむ運動として多くの人々に親しまれてきた成り立ちがあること。
　　・技の名称は，運動の基本形態を示す名称と，運動の経過における課題を示す名称によって名づけられていること。
　　・技の行い方は技の課題を解決するための合理的な動き方のポイントがあること。
　　・器械運動は，それぞれの種目や系などにより主として高まる体力要素が異なること。
　　・発表会には，学習の段階に応じたねらいや行い方があること。

○　**技能**
　　基本的な技とは，各種目の系の技の中で基本的な運動課題をもつ技を示している。平均台以外の種目では，小学校第５学年及び第６学年で学習される技を含んでいる。
　　滑らかに行うとは，その技に求められる動きが途切れずに続けてできることである。

　条件を変えた技を行うとは，同じ技でも，開始姿勢や終末姿勢を変えて行う，その技の前や後に動きを組み合わせて行う，手の着き方や握りを変えて行うことなどを示している。

　例えば，マット運動の回転系のうち，接転技群の前転グループでは前転が基本的な技にあたる。その動き方は，両足をそろえたしゃがみ立ちの開始姿勢から手の平をマットに着いて一回転し，再び両足をそろえたしゃがみ立ちの終末姿勢になることである。条件を変えた技では，その前転を，足を前後に開いた直立の開始姿勢からや歩行から組み合わせて行ったり，回転後の終末姿勢を片足立ちに変えたり，両足で立ち上がった直後にジャンプしたりするなど，動きを組み合わせて行うことを示している。

　指導に際しては，条件を変えた技を行うことにより動き方に変化を生じさせ，発展技への準備状態をつくり出した上で，発展技を行わせるようにすることが大切である。

　発展技を行うとは，系，技群，グループの基本的な技から発展した技を行うことを示している。

　指導に際しては，自己の技能・体力の程度の高まりに応じて，学習した基本的な技の中からいくつかの技を選択して行うことができるようにすることが大切である。

　組み合わせるとは，学習した基本的な技，条件を変えた技，発展技の中から，いくつかの技を「はじめ―なか―おわり」に組み合わせて行うことを示している。

ア　マット運動

　回転系や巧技系の基本的な技とは，回転系の接転技群，ほん転技群の基本的な技，巧技系の平均立ち技群の基本的な技を示している。

〈回転系の例示〉

　○　接転技群（背中をマットに接して回転する）

　　・体をマットに順々に接触させて回転するための動き方や回転力を高めるための動き方で，基本的な技の一連の動きを滑らかにして回ること。

　　・開始姿勢や終末姿勢，組合せの動きや手の着き方などの条件を変えて回ること。

　　・学習した基本的な技を発展させて，一連の動きで回ること。

　○　ほん転技群（手や足の支えで回転する）

　　・全身を支えたり突き放したりするための着手の仕方，回転力を高め

るための動き方，起き上がりやすくするための動き方で，基本的な
技の一連の動きを滑らかにして回転すること。
・開始姿勢や終末姿勢，手の着き方や組合せの動きなどの条件を変え
て回転すること。
・学習した基本的な技を発展させて，一連の動きで回転すること。
〈巧技系の例示〉
○　平均立ち技群（バランスをとりながら静止する）
・バランスよく姿勢を保つための力の入れ方，バランスの崩れを復元
させるための動き方で，基本的な技の一連の動きを滑らかにして静
止すること。
・姿勢，体の向きなどの条件を変えて静止すること。
・学習した基本的な技を発展させて，バランスをとり静止すること。

それらを組み合わせるとは，同じグループや異なるグループの基本的な
技，条件を変えた技，発展技の中から，いくつかの技を「はじめ—なか—
おわり」に組み合わせて行うことを示している。

マット運動の主な技の例示

系	技群	グループ	基本的な技 （主に小5・6で例示）	発展技
回転系	接転	前転	前転 →開脚前転 →補助倒立前転　倒立前転 　　　　　　　跳び前転	→伸膝前転
回転系	接転	後転	後転 → 開脚後転 →	伸膝後転 → 後転倒立
回転系	ほん転	倒立回転・ 倒立回転跳び	側方倒立回転 → 倒立ブリッジ →	側方倒立回転跳び1/4ひねり（ロンダート） → 前方倒立回転 → 前方倒立回転跳び
回転系	ほん転	はねおき	頭はねおき	
巧技系	平均立ち	片足平均立ち	片足平均立ち	片足正面水平立ち Y字バランス
巧技系	平均立ち	倒立	頭倒立 補助倒立 →	倒立

イ　鉄棒運動

支持系や懸垂系の基本的な技とは，支持系の前方支持回転技群，後方支
持回転技群の基本的な技，懸垂系の懸垂技群の基本的な技を示している。

〈支持系の例示〉

○ 前方支持回転技群（支持体勢から前方に回転する）

・回転の勢いをつくるための動き方，再び支持体勢に戻るために必要な鉄棒の握り直しの仕方で，基本的な技の一連の動きを滑らかにして前方に回転すること。

・開始姿勢や終末姿勢，組合せの動きや鉄棒の握り方などの条件を変えて前方に回転すること。

・学習した基本的な技を発展させて，一連の動きで前方に回転すること。

○ 後方支持回転技群（支持体勢から後方に回転する）

・回転の勢いをつくるための動き方，バランスよく支持体勢になるための動き方で，基本的な技の一連の動きを滑らかにして後方に回転すること。

・開始姿勢や終末姿勢，組合せの動きなどの条件を変えて後方に回転すること。

・学習した基本的な技を発展させて，一連の動きで後方に回転すること。

〈懸垂系の例示〉

○ 懸垂技群（懸垂体勢で行う）

・振動の幅を大きくするための動き方，安定した振動を行うための鉄棒の握り方で，基本的な技の一連の動きを滑らかにして体を前後に振ること。

・組合せの動きや握り方などの条件を変えて体を前後に振ること。

・学習した基本的な技を発展させて，ひねったり跳び下りたりすること。

それらを組み合わせるとは，同じグループや異なるグループの基本的な技，条件を変えた技，発展技の中から，いくつかの技を「上がる―回る―下りる」に組み合わせて行うことを示している。

鉄棒運動の主な技の例示

系	技群	グループ	基本的な技 （支持系は主に小5・6で例示）	発展技
支持系	前方支持回転	前転	前方かかえ込み回り → 前方支持回転 → 転向前下り → 踏み越し下り →	前方伸膝支持回転 支持跳び越し下り
		前方足掛け回転	膝掛け振り上がり → 前方膝かけ回転 → 膝掛け上がり →	前方もも掛け回転 もも掛け上がり → け上がり
	後方支持回転	後転	逆上がり → 後方支持回転 後ろ振り跳びひねり下り	後方伸膝支持回転 → 後方浮き 支持回転 棒下振り出し下り
		後方足掛け回転	膝掛け振り逆上がり → 後方膝掛け回転 →	後方もも掛け回転
懸垂系	懸垂	懸垂	懸垂振動 → 後ろ振り跳び下り （順手・片逆手）	懸垂振動ひねり 前振り跳び下り

各分野の目標
及び内容

ウ　平均台運動

　　体操系やバランス系の基本的な技とは，体操系の歩走グループ，跳躍グループの基本的な技，バランス系のポーズグループ，ターングループの基本的な技を示している。

〈体操系の例示〉

　　○　歩走グループ（台上を歩いたり走ったりして移動する）

　　　・台の位置を確認しながら振り出す足の動かし方や重心を乗せバランスよく移動する動き方で，基本的な技の一連の動きを滑らかにして台上を移動すること。

　　　・姿勢，動きのリズムなどの条件を変えて台上を移動すること。

　　　・学習した基本的な技を発展させて，台上を移動すること。

　　○　跳躍グループ（台上へ跳び上がる，台上で跳躍する，台上から跳び下りるなど）

　　　・跳び上がるための踏み切りの仕方，空中で姿勢や動きを変化させて安定した着地を行うための動き方で，基本的な技の一連の動きを滑らかにして跳躍すること。

　　　・姿勢や組合せの動きなどの条件を変えて跳躍すること。

　　　・学習した基本的な技を発展させて，跳躍すること。

〈バランス系の例示〉

　　○　ポーズグループ（台上でいろいろな姿勢でポーズをとる）

　　　・バランスよく姿勢を保つための力の入れ方，バランスの崩れを復元

させるための動き方で，台上でポーズをとること。

・姿勢などの条件を変えて台上でポーズをとること。

・学習した基本的な技を発展させて，台上でポーズをとること。

○　ターングループ（台上で方向転換する）

・バランスよく姿勢を保つための力の入れ方，回転をコントロールするための動き方で，台上で方向転換すること。

・姿勢などの条件を変えて，台上で方向転換すること。

・学習した基本的な技を発展させて，一連の動きで，台上で方向転換すること。

　　それらを組み合わせるとは，同じグループや異なるグループの基本的な技，条件を変えた技，発展技の中から，いくつかの技を「上がる―なかの技―下りる」に組み合わせて行うことを示している。

平均台運動の主な技の例示

系	グループ	基本的な技	発展技
体操系	歩走	前方歩 ————→ 後方歩 ————→	前方ツーステップ，前方走 後方ツーステップ
体操系	跳躍	伸身跳び（両足踏切） 開脚跳び（片足踏切）	かかえ込み跳び 開脚跳び下り，かかえ込み跳び下り 前後開脚跳び 片手支持跳び上がり
バランス系	ポーズ	立ちポーズ ————→ （両足・片足） 座臥・支持ポーズ ————→	片足水平バランス V字ポーズ，片膝立ち水平支持ポーズ
バランス系	ターン	両足ターン ————→	片足ターン（振り上げ型，回し型）

エ　跳び箱運動

　　切り返し系や回転系の基本的な技とは，切り返し系の切り返し跳びグループの基本的な技，回転系の回転跳びグループの基本的な技を示している。

〈切り返し系の例示〉

○　切り返し跳びグループ（跳び箱上に支持して回転方向を切り替えて跳び越す）

・踏み切りから上体を前方に振り込みながら着手する動き方，突き放しによって直立体勢に戻して着地するための動き方で，基本的な技の一連の動きを滑らかにして跳び越すこと。

・着手位置，姿勢などの条件を変えて跳び越すこと。

・学習した基本的な技を発展させて，一連の動きで跳び越すこと。
〈回転系の例示〉
○　回転跳びグループ（跳び箱上を回転しながら跳び越す）
・着手後も前方に回転するための勢いを生み出す踏み切りの動き方，突き放しによって空中に飛び出して着地するための動き方で，基本的な技の一連の動きを滑らかにして跳び越すこと。
・着手位置，姿勢などの条件を変えて跳び越すこと。
・学習した基本的な技を発展させて，一連の動きで跳び越すこと。

跳び箱運動の主な技の例示

系	グループ	基本的な技 （主に小5・6で例示）	発展技
切り返し系	切り返し跳び	開脚跳び ⟶ かかえ込み跳び ⟶	開脚伸身跳び 屈身跳び
回転系	回転跳び	頭はね跳び ⟶	前方屈腕倒立回転跳び ⟶ 前方倒立回転跳び

(2) 思考力，判断力，表現力等

器械運動について，次の事項を身に付けることができるよう指導する。

---

(2) 技などの自己の課題を発見し，合理的な解決に向けて運動の取り組み方を工夫するとともに，自己の考えたことを他者に伝えること。

運動に関する領域における思考力，判断力，表現力等とは，学習した内容を，学習場面に適用したり，応用したりし，言語や文章などで表現することである。

第1学年及び第2学年では，自己の課題を発見し，基礎的な知識や技能を活用して，学習課題への取り組み方を工夫できるようにしたり，自己の課題の発見や解決に向けて考えたりしたことを，他者にわかりやすく伝えられるようにする。

技などの自己の課題を発見しとは，器械運動の特性を踏まえて，技や技の組合せ方などの改善についてのポイントを発見したり，仲間との関わり合いや健康・安全などについての自己の取り組み方の課題を発見したりすることを示している。

合理的な解決に向けて運動の取り組み方を工夫するとは，技や技の組合せ方，仲間との関わり方，安全上の留意点などの発見した課題を，合理的に解決できるよう知識を活用したり，応用したりすることを示している。

自己の考えたことを他者に伝えるとは，自己の課題について，思考し判断したことを，言葉や文章などで表したり，他者にわかりやすく伝えたりすることを示している。

　なお，第1学年及び第2学年では，「運動に関する思考力，判断力，表現力等」，「体力，健康・安全に関する思考力，判断力，表現力等」及び「運動実践につながる態度に関する思考力，判断力，表現力等」の中から，領域の特性に応じた思考・判断・表現の例を重点化して示している。

　指導に際しては，第1学年及び第2学年においては，習得した知識を用いて仲間に課題や出来映えを伝えるなど，生徒が習得した知識を基に解決が可能な課題の提示の仕方を工夫することが大切である。

〈例示〉

・提示された動きのポイントやつまずきの事例を参考に，仲間の課題や出来映えを伝えること。

・提供された練習方法から，自己の課題に応じて，技の習得に適した練習方法を選ぶこと。

・学習した安全上の留意点を，他の学習場面に当てはめ，仲間に伝えること。

・仲間と協力する場面で，分担した役割に応じた活動の仕方を見付けること。

・体力や技能の程度，性別等の違いを踏まえて，仲間とともに楽しむための練習や発表を行う方法を見付け，仲間に伝えること。

(3)　学びに向かう力，人間性等

器械運動について，次の事項を身に付けることができるよう指導する。

---

(3) 器械運動に積極的に取り組むとともに，よい演技を認めようとすること，仲間の学習を援助しようとすること，一人一人の違いに応じた課題や挑戦を認めようとすることなどや，健康・安全に気を配ること。

　器械運動に積極的に取り組むとは，発達の段階や学習の段階に適した課題を設定したり，練習の進め方や場づくりの方法を選んだりする学習などに積極的に取り組むことを示している。そのため，人には誰でも学習によって体力や技能が向上する可能性があるといった挑戦することの意義を理解し，取り組めるようにする。

　よい演技を認めようとするとは，仲間の課題となる技や演技がよりよくできた際に，称賛の声をかけることや，繰り返し練習している仲間の努力を認めよ

うとすることを示している。そのため，仲間の技や演技を認め合って学習することは，相互の運動意欲が高まることを理解し，取り組めるようにする。

　仲間の学習を援助しようとするとは，練習の際に，仲間の試技に対して補助したり，挑戦する技の行い方などの学習課題の解決に向けて仲間に助言したりしようとすることなどを示している。そのため，仲間の学習を援助することは，自己の能力を高めたり，仲間との連帯感を高めて気持ちよく活動したりすることにつながることを理解し，取り組めるようにする。

　一人一人の違いに応じた課題や挑戦を認めようとするとは，体力や技能の程度，性別や障害の有無等に応じて，自己の状況に合った実現可能な課題の設定や挑戦を認めようとすることを示している。個々の体力や技能の違いに応じた技や技の出来映え，技の繰り返しや組合せに挑戦することを認めようとすることを示している。そのため，運動やスポーツを行う際は，様々な違いを超えて，参加者全員が楽しんだり達成感を味わったりするための工夫や調整が求められる場合があることなどを理解し，取り組めるようにする。

　などの例には，分担した役割を果たそうとすることがある。練習などを行う際に，器械や器具の出し入れなどの分担した役割に積極的に取り組もうとすることを示している。そのため，分担した役割を果たすことは，活動時間の確保につながることや，グループの人間関係がよくなることにつながることを理解し，取り組めるようにする。

　健康・安全に気を配るとは，体調の変化などに気を配ること，器械や器具や練習場所などの自己や仲間の安全に留意して練習や演技を行うこと，体力や技能の程度に応じた技や条件を変えた技及び発展技を選んで挑戦することなどを示している。そのため，体調に異常を感じたら運動を中止すること，器械や器具の安全な設置の仕方や滑り止めなどの使い方，技の行い方と起こりやすいけがの事例などを理解し，取り組めるようにする。

　なお，指導に際しては，生徒自身が公正，協力，責任，参画，共生の意義や価値を認識し取り組もうとする意欲を高めることが求められることから，意義や価値の理解とその具体的な取り組み方を結び付けて指導することが大切である。また，態度に関する意義や価値については，各領域で繰り返し指導することが大切である。

〈例示〉
　・器械運動の学習に積極的に取り組もうとすること。
　・よい技や演技に称賛の声をかけるなど，仲間の努力を認めようとすること。
　・練習の補助をしたり仲間に助言したりして，仲間の学習を援助しようとすること。

・一人一人の違いに応じた課題や挑戦を認めようとすること。

・健康・安全に留意すること。

［第3学年］

第1学年及び第2学年の技をよりよく行うことをねらいとした学習を受けて，第3学年では，自己に適した技で演技することを学習のねらいとしている。

したがって，第3学年では，技ができる楽しさや喜びを味わい，運動観察の方法や体力の高め方などを理解するとともに，自己に適した技で演技することができるようにする。その際，技などの自己や仲間の課題を発見し，合理的な解決に向けて運動の取り組み方を工夫するとともに，自己の考えたことを他者に伝えることができるようにすることが大切である。また，器械運動の学習に自主的に取り組み，よい演技を讃えることや一人一人の違いに応じた課題や挑戦を大切にすることなどに意欲をもち，健康や安全を確保することができるようにすることが大切である。

なお，指導に際しては，知識の理解を基に運動の技能を身に付けたり，運動の技能を身に付けることで一層知識を深めたりするなど，知識と技能を関連させて学習させることや，「知識及び技能」，「思考力，判断力，表現力等」，「学びに向かう力，人間性等」の内容をバランスよく学習させるようにすることが大切である。

(1) 知識及び技能

器械運動について，次の事項を身に付けることができるよう指導する。

---

(1) 次の運動について，技ができる楽しさや喜びを味わい，技の名称や行い方，運動観察の方法，体力の高め方などを理解するとともに，自己に適した技で演技すること。

ア　マット運動では，回転系や巧技系の基本的な技を滑らかに安定して行うこと，条件を変えた技や発展技を行うこと及びそれらを構成し演技すること。

イ　鉄棒運動では，支持系や懸垂系の基本的な技を滑らかに安定して行うこと，条件を変えた技や発展技を行うこと及びそれらを構成し演技すること。

ウ　平均台運動では，体操系やバランス系の基本的な技を滑らかに安定して行うこと，条件を変えた技や発展技を行うこと及びそれらを構成し演技すること。

エ　跳び箱運動では，切り返し系や回転系の基本的な技を滑らかに安定して行うこと，条件を変えた技や発展技を行うこと。

○　**知識**

　技の名称や行い方では，第1学年及び第2学年の学習を踏まえ，新たに学習する技や系，技群，グループの名称を理解できるようにする。また，技の行い方では，技の課題を解決するための合理的な動き方のポイントがあり，同じ系統（技群，グループ）の技には共通性があることを理解できるようにする。

　運動観察の方法では，自己の動きや仲間の動き方を分析するには，自己観察や他者観察などの方法があることを理解できるようにする。例えば，仲間の演技からよい動き方を見付けたり，ビデオなどの映像を通して自己の演技と仲間の演技の違いを比較したりすることで，自己の取り組むべき技術的な課題が明確になり，学習の成果を高められることを理解できるようにする。

　体力の高め方では，器械運動のパフォーマンスは，体力要素の中でも，それぞれの種目や系，技群，グループにより種目や技の動きに関連して筋力や柔軟性，平衡性などに強く影響される。そのため，技と関連させた補助運動や部分練習を取り入れ，繰り返したり，継続して行ったりすることで，結果として体力を高めることができることを理解できるようにする。

　などの例には，発表会や競技会の行い方がある。発表会での評価方法，競技会での競技方法や採点方法，運営の仕方などがあることを理解できるようにする。

　指導に際しては，第1学年及び第2学年に示したことに加え，領域の特性や魅力を一層味わい，自主的な学習を促すための知識を効果的に理解できるよう指導の機会を工夫することが大切である。

〈例示〉
・技の行い方は技の課題を解決するための合理的な動き方のポイントがあり，同じ系統の技には共通性があること。
・自己の動きや仲間の動き方を分析するには，自己観察と他者観察などの方法があること。
・技と関連させた補助運動や部分練習を取り入れることにより，結果として体力を高めることができること。
・発表会や競技会の行い方があり，発表会での評価方法，競技会での競技方法や採点方法，運営の仕方などがあること。

○　技能

基本的な技とは，各種目の系の技の中で基本的な運動課題をもつ技を示している。ここでは，第１学年及び第２学年で学習した技を示している。

滑らかに安定して行うとは，技を繰り返し行っても，その技に求められる動き方が，いつでも動きが途切れずに続けてできることを示している。

構成し演技するとは，基本的な技，条件を変えた技，発展技の中から，技の静止や組合せの流れに着目して「はじめ―なか―おわり」に用いる技を構成し，演技できるようにするといった組合せの質的な発展を示している。

なお，これらの指導に際しては，系，技群，グループの視点を踏まえて，自己に適した技を選び，挑戦させるようにすることが大切である。また，発展技に挑戦する際には，条件を変えた技を行うことにより動き方に変化を生じさせ，発展技への準備状態をつくり出した上で発展技を行わせるようにするなどの工夫をすることが大切である。

ア　マット運動

回転系や巧技系の基本的な技とは，回転系の接転技群，ほん転技群の基本的な技，巧技系の平均立ち技群の基本的な技を示している。

〈回転系の例示〉

○　接転技群（背中をマットに接して回転する）

・体をマットに順々に接触させて回転するための動き方，回転力を高めるための動き方で，基本的な技の一連の動きを滑らかに安定させて回ること。

・開始姿勢や終末姿勢，組合せの動きや支持の仕方などの条件を変えて回ること。

・学習した基本的な技を発展させて，一連の動きで回ること。

○　ほん転技群（手や足の支えで回転する）

・全身を支えたり，突き放したりするための着手の仕方，回転力を高めるための動き方，起き上がりやすくするための動き方で，基本的な技の一連の動きを滑らかに安定させて回転すること。

・開始姿勢や終末姿勢，支持の仕方や組合せの動きなどの条件を変えて回転すること。

・学習した基本的な技を発展させて，一連の動きで回転すること。

〈巧技系の例示〉

○　平均立ち技群（バランスをとりながら静止する）

・バランスよく姿勢を保つための力の入れ方，バランスの崩れを復元

させるための動き方で，基本的な技の一連の動きを滑らかに安定さ
せて静止すること。

・姿勢，体の向きなどの条件を変えて静止すること。

・学習した基本的な技を発展させて，一連の動きで静止すること。

それらを構成し演技するとは，同じグループや異なるグループの基本的
な技，条件を変えた技，発展技の中から，技の組合せの流れや技の静止に
着目して「はじめ—なか—おわり」に構成し演技することを示している。

なお，これらの指導に際しては，体力や技能の程度に応じて，上記に示
している技以外に，腕立て支持臥や片足旋回などの支持技，伸身跳びひね
りや前後開脚跳びなどの跳躍技を加えて，より変化に富んだ組合せにも取
り組ませるようにすることが大切である。

マット運動の主な技の例示

系	技群	グループ	基本的な技 （主に中1・2で例示）	発展技
回転系	接転	前転	開脚前転 ————→ ————→ 倒立前転 ————————→	伸膝前転 跳び前転
		後転	開脚後転	伸膝後転 ——————→ 後転倒立
	ほん転	倒立回転・倒立回転跳び	側方倒立回転 ——→ 倒立ブリッジ ——→	側方倒立回転跳び1/4ひねり（ロンダート） 前方倒立回転 ——→ 前方倒立回転跳び
		はねおき	頭はねおき	
巧技系	平均立ち	片足平均立ち	片足正面水平立ち ——→	片足側面水平立ち，Y字バランス
		倒立	倒立 ——————→	倒立ひねり

イ　鉄棒運動

支持系や懸垂系の基本的な技とは，支持系の前方支持回転技群，後方支
持回転技群の基本的な技，懸垂系の懸垂技群の基本的な技を示している。

〈支持系の例示〉

○　前方支持回転技群（支持体勢から前方に回転する）

・前方に回転の勢いをつくるための動き方，再び支持体勢に戻るため
に必要な鉄棒の握り直しの仕方で，基本的な技の一連の動きを滑ら
かに安定させて前方に回転すること。

・開始姿勢や組合せの動き，鉄棒の握り方などの条件を変えて前方に
回転すること。

・学習した基本的な技を発展させて，一連の動きで前方に回転すること。

○　後方支持回転技群（支持体勢から後方に回転する）

・後方に回転の勢いをつくるための動き方，バランスよく支持体勢になるための動き方で，基本的な技の一連の動きを滑らかに安定させて後方に回転すること。

・開始姿勢や終末姿勢，組合せの動きなどの条件を変えて後方に回転すること。

・学習した基本的な技を発展させて，一連の動きで後方に回転すること。

〈懸垂系の例示〉

○　懸垂技群（懸垂体勢で行う）

・振動の幅を大きくするための動き方，安定した振動を行うための鉄棒の握り方で，学習した基本的な技の一連の動きを滑らかに安定させて体を前後に振ること。

・組合せの動きや握り方などの条件を変えて体を前後に振ること。

・学習した基本的な技を発展させて，一連の動きでひねったり跳び下りたりすること。

それらを構成し演技するとは，同じグループや異なるグループの基本的な技，条件を変えた技，発展技の中から，技の組合せの流れに着目して「上がる―回る―下りる」に構成し演技することを示している。

鉄棒運動の主な技の例示

系	技群	グループ	基本的な技 （主に中1・2で例示）	発展技
支持系	前方支持回転	前転	前方支持回転 ─────────→ 踏み越し下り ─────────→	前方伸膝支持回転 支持跳び越し下り
		前方足掛け回転	前方膝掛け回転 ─────────→ 膝掛け上がり ─────────→	前方もも掛け回転 もも掛け上がり ──→ け上がり
	後方支持回転	後転	後方支持回転 後ろ振り跳びひねり下り	後方伸膝支持回転 ──→ 後方浮き 支持回転 棒下振り出し下り
		後方足掛け回転	後方膝掛け回転 ─────────→	後方もも掛け回転
懸垂系	懸垂	懸垂	懸垂振動 ──→ 後ろ振り跳び下り （順手・片逆手）	懸垂振動ひねり 前振り跳び下り

ウ　平均台運動

　体操系やバランス系の基本的な技とは，体操系の歩走グループ，跳躍グループの基本的な技，バランス系のポーズグループ，ターングループの基本的な技を示している。

〈体操系の例示〉

　○　歩走グループ（台上を歩いたり走ったりして移動する）

　　・台の位置を確認しながら振り出す足の動かし方，重心を乗せバランスよく移動する動き方で，基本的な技の一連の動きを滑らかに安定させて移動すること。

　　・姿勢，動きのリズムなどの条件を変えて移動すること。

　　・学習した基本的な技を発展させて，一連の動きで移動すること。

　○　跳躍グループ（台上へ跳び上がる，台上で跳躍する，台上から跳び下りるなど）

　　・跳び上がるための踏み切りの動き方，空中で姿勢や動きを変化させて安定した着地を行うための動き方で，基本的な技の一連の動きを滑らかに安定させて跳躍すること。

　　・姿勢，組合せの動きなどの条件を変えて跳躍すること。

　　・学習した基本的な技を発展させて，一連の動きで跳躍すること。

〈バランス系の例示〉

　○　ポーズグループ（台上でいろいろな姿勢でポーズをとる）

　　・バランスよく姿勢を保つための力の入れ方とバランスの崩れを復元させるための動き方で，基本的な技の一連の動きを滑らかに安定させてポーズをとること。

　　・姿勢の条件を変えてポーズをとること。

　　・学習した基本的な技を発展させて，一連の動きでポーズをとること。

　○　ターングループ（台上で方向転換する）

　　・バランスよく姿勢を保つための力の入れ方，回転をコントロールするための動き方で，基本的な技の一連の動きを滑らかに安定させて方向転換すること。

　　・姿勢の条件を変えて方向転換すること。

　　・学習した基本的な技を発展させて，一連の動きで方向転換すること。

　それらを構成し演技するとは，同じグループや異なるグループの基本的な技，条件を変えた技，発展技の中から，技の組合せの流れや技の静止に着目して「上がる―なかの技―下りる」に構成し演技することを示している。

平均台運動の主な技の例示

系	グループ	基本的な技	発展技
体操系	歩走	前方歩 ⟶ 後方歩 ⟶	前方ツーステップ，前方走 後方ツーステップ
体操系	跳躍	伸身跳び（両足踏切） 開脚跳び（片足踏切）	かかえ込み跳び 開脚跳び下り，かかえ込み跳び下り 前後開脚跳び 片足踏み切り跳び上がり
バランス系	ポーズ	立ちポーズ ⟶ （両足・片足） 座臥・支持ポーズ ⟶	片足水平バランス V字ポーズ，片膝立ち水平支持ポーズ
バランス系	ターン	両足ターン ⟶	片足ターン（振り上げ型，回し型）

エ　跳び箱運動

切り返し系や回転系の基本的な技とは，切り返し系の切り返し跳びグループの基本的な技，回転系の回転跳びグループの基本的な技を示している。

〈切り返し系の例示〉

○　切り返し跳びグループ（跳び箱上に支持して回転方向を切り替えて跳び越す）

・踏み切りから上体を前方に振り込みながら着手する動き方，突き放しによって直立体勢に戻して着地するための動き方で，基本的な技の一連の動きを滑らかに安定させて跳び越すこと。

・着手位置，姿勢などの条件を変えて跳び越すこと。

・学習した基本的な技を発展させて，一連の動きで跳び越すこと。

〈回転系の例示〉

○　回転跳びグループ（跳び箱上を回転しながら跳び越す）

・着手後も前方に回転するための勢いを生み出す踏み切りの動き方，突き放しによって空中に飛び出して着地するための動き方で，基本的な技の一連の動きを滑らかに安定させて跳び越すこと。

・着手位置，姿勢などの条件を変えて跳び越すこと。

・学習した基本的な技を発展させて，一連の動きで跳び越すこと。

跳び箱運動の主な技の例示

系	グループ	基本的な技 （主に中1・2で例示）	発展技
切り返し系	切り返し跳び	開脚跳び ⟶ かかえ込み跳び ⟶	開脚伸身跳び 屈身跳び
回転系	回転跳び	前方屈腕倒立回転跳び ⟶	前方倒立回転跳び ⟶ 側方倒立回転跳び

(2) 思考力，判断力，表現力等

器械運動について，次の事項を身に付けることができるよう指導する。

> (2) 技などの自己や仲間の課題を発見し，合理的な解決に向けて運動の取り組み方を工夫するとともに，自己の考えたことを他者に伝えること。

運動に関する領域における思考力，判断力，表現力等とは，学習した内容を，学習場面に適用したり，応用したりし，言語や文章などで表現することである。

第3学年では，領域及び運動の選択の幅が広がることから，自己や仲間の課題を発見し，これまで学習した知識や技能を活用して，学習課題への取り組み方を工夫できるようにしたり，自己や仲間の課題の発見や解決に向けて考えたりしたことを，他者にわかりやすく伝えられるようにする。

技などの自己や仲間の課題を発見しとは，器械運動の特性を踏まえて，技や演技などの改善についてのポイントを発見したり，仲間との関わり合いや健康・安全についての自己や仲間の取り組み方などの課題を発見したりすることを示している。

合理的な解決に向けて運動の取り組み方を工夫するとは，技や演技，仲間との関わり方，健康・安全の確保の仕方，運動の継続の仕方などの発見した課題を，合理的に解決できるよう知識を活用したり，応用したりすることを示している。

自己の考えたことを他者に伝えるとは，自己や仲間の課題について，思考し判断したことを，言葉や文章などで表したり，他者にわかりやすく伝えたりすることを示している。

なお，第3学年では，「運動に関する思考力，判断力，表現力等」，「体力，健康・安全に関する思考力，判断力，表現力等」，「運動実践につながる態度に関する思考力，判断力，表現力等」及び「生涯スポーツの実践に関する思考力，判断力，表現力等」の中から，領域の特性に応じた思考力，判断力，表現力等の例を重点化して示している。

指導に際しては，第3学年においては，習得した知識を基に，よりよい解決方法を比較したり，活動を振り返ったりするなどによって，学習成果を分析する活動の提示の仕方を工夫することが大切である。

〈例示〉
- 選択した技の行い方や技の組合せ方について，合理的な動きと自己や仲間の動きを比較して，成果や改善すべきポイントとその理由を仲間に伝えること。

・自己や仲間の技術的な課題やその課題解決に有効な練習方法の選択について，自己の考えを伝えること。

・選択した技に必要な準備運動や自己が取り組む補助運動を選ぶこと。

・健康や安全を確保するために，体調や環境に応じた適切な練習方法等について振り返ること。

・仲間やグループで分担した役割に関する成果や改善すべきポイントについて自己の活動を振り返ること。

・体力や技能の程度，性別等の違いに配慮して，仲間とともに器械運動を楽しむための活動の方法や修正の仕方を見付けること。

・器械運動の学習成果を踏まえて，自己に適した「する，みる，支える，知る」などの運動を継続して楽しむための関わり方を見付けること。

(3) 学びに向かう力，人間性等

器械運動について，次の事項を身に付けることができるよう指導する。

> (3) 器械運動に自主的に取り組むとともに，よい演技を讃えようとすること，互いに助け合い教え合おうとすること，一人一人の違いに応じた課題や挑戦を大切にしようとすることなどや，健康・安全を確保すること。

器械運動に自主的に取り組むとは，自己や仲間の課題に応じた練習方法を選択する学習などに自主的に取り組むことなどを示している。そのため，上達していくためには繰り返し粘り強く取り組むことが大切であることなどを理解し，取り組めるようにする。

よい演技を讃えようとするとは，仲間の技のよい動きやよい演技を客観的な立場から，自己の技の出来映えや状況にかかわらず，讃えようとすることを示している。そのため，仲間のよい演技を称賛することは，コミュニケーションを深めること，互いに讃え合うことで運動を継続する意欲が高まることを理解し，取り組めるようにする。

互いに助け合い教え合おうとするとは，技や演技の練習を行う際に，互いに仲間の動きを観察して動きの様子や課題を伝え合ったり，不足している勢いや力を補助し合ったりしながら取り組もうとすることを示している。そのため，互いに助け合い教え合うことは，安全を確保したり，課題の解決に役立つなど自主的な学習を行いやすくしたりすることを理解し，取り組めるようにする。

一人一人の違いに応じた課題や挑戦を大切にしようとするとは，体力や技能の程度，性別や障害の有無等に応じて，自己の状況に合った実現可能な課題の

設定や挑戦を大切にしようとすることを示している。そのため，様々な違いを超えてスポーツを楽しむことができる配慮をすることで，スポーツのよりよい環境づくりに貢献すること，違いに応じた配慮の仕方があることなどを理解し，取り組めるようにする。

　などの例には，自己の責任を果たそうとすることがある。これは，練習や発表会などで，仲間と互いに合意した役割に責任をもって自主的に取り組もうとすることを示している。そのため，自己の責任を果たすことは，器械運動の学習を円滑に進めることにつながることや，社会生活を過ごす上で必要な責任感を身に付けることにつながることを理解し，取り組めるようにする。

　健康・安全を確保するとは，器械や器具を目的に応じて使用すること，練習場所の安全を確認しながら練習や演技を行うこと，自己の体調，体力や技能の程度に応じた技を選んで段階的に挑戦することなどを通して，健康を維持したり自己や仲間の安全を保持したりすることを示している。そのため，器械・器具等の試技前の確認や修正，準備運動時の体の状態の確認や調整の仕方，補助の仕方やけがを防止するための留意点などを理解し，取り組めるようにする。

　指導に際しては，生徒自身が公正，協力，責任，参画，共生の意義や価値を認識し取り組もうとする意欲を高めることが求められることから，意義や価値の理解とその具体的な取り組み方を結び付けて指導することが大切である。また，学びに向かう力，人間性等に関する意義や価値については，各領域で繰り返し伝えることも大切である。

〈例示〉

・器械運動の学習に自主的に取り組もうとすること。

・自己の状況にかかわらず，互いに讃え合おうとすること。

・仲間に課題を伝え合ったり補助し合ったりして，互いに助け合い教え合おうとすること。

・一人一人の違いに応じた課題や挑戦を大切にしようとすること。

・健康・安全を確保すること。

内容の取扱い

(2) 内容の「A体つくり運動」から「H体育理論」までに示す事項については，次のとおり取り扱うものとする。

イ 「B器械運動」の(1)の運動については，第1学年及び第2学年においては，アからエまでの中からアを含む二を選択して履修できるようにすること。第3学年においては，アからエまでの中から選択して履修できるようにすること。

(ア) 器械運動の領域は，第1学年及び第2学年においては，全ての生徒に履修させることとしているが，第3学年においては，器械運動，陸上競技，水泳及びダンスのまとまりの中から1領域以上を選択して履修できるようにすることとしている。

したがって，指導計画を作成するに当たっては，3年間の見通しをもって決めることが必要である。

(イ) 器械運動の運動種目は，第1学年及び第2学年において，マット運動，鉄棒運動，平均台運動及び跳び箱運動の中からマット運動を含む二種目を選択して履修できるようにすることとしている。

また，第3学年においては，マット運動，鉄棒運動，平均台運動及び跳び箱運動の中から選択して履修できるようにすることとしているため，これらの中から自己に適した運動を選択できるようにするとともに，第1学年及び第2学年の学習を一層深められるよう配慮することが必要である。

(ウ) 主体的・対話的で深い学びの実現に向けた授業改善を推進する観点から，必要な知識及び技能の定着を図る学習とともに，生徒の思考を深めるために発言を促したり，気付いていない視点を提示したりするなど，学びに必要な指導の在り方を追究し，生徒の学習状況を捉えて指導を改善していくことが大切である。

その際，互いに教え合う時間を確保するなどの工夫をするとともに，指導事項の精選を図ったり，運動観察のポイントを明確にしたり，ICTを効果的に活用するなどして，体を動かす機会を適切に確保することが大切である。

C　陸上競技

［第1学年及び第2学年］

　陸上競技は，「走る」，「跳ぶ」及び「投げる」などの運動で構成され，記録に挑戦したり，相手と競争したりする楽しさや喜びを味わうことのできる運動である。

　小学校では，低学年の「走・跳の運動遊び」，中学年の「走・跳の運動」，高学年の「陸上運動」で幅広い走・跳に関する運動の動きの学習をしている。

　中学校では，これらの学習を受けて，陸上競技に求められる基本的な動きや効率のよい動きを発展させて，各種目特有の技能を身に付けることができるようにすることが求められる。

　したがって，第1学年及び第2学年では，記録の向上や競争の楽しさや喜びを味わい，技術の名称や行い方などを理解し，基本的な動きや効率のよい動きを身に付けることができるようにする。その際，動きなどの自己の課題を発見し，合理的な解決に向けて運動の取り組み方を工夫するとともに，自己の考えたことを他者に伝えることができるようにすることが大切である。また，陸上競技の学習に積極的に取り組み，ルールやマナーを守ることや一人一人の違いに応じた課題や挑戦を認めることなどに意欲をもち，健康や安全に気を配ることができるようにすることが大切である。

　なお，指導に際しては，知識の理解を基に運動の技能を身に付けたり，運動の技能を身に付けることで一層知識を深めたりするなど，知識と技能を関連させて学習させることや，「知識及び技能」，「思考力，判断力，表現力等」，「学びに向かう力，人間性等」の内容をバランスよく学習させるようにすることが大切である。

（1）知識及び技能

　陸上競技について，次の事項を身に付けることができるよう指導する。

（1）次の運動について，記録の向上や競争の楽しさや喜びを味わい，陸上競技の特性や成り立ち，技術の名称や行い方，その運動に関連して高まる体力などを理解するとともに，基本的な動きや効率のよい動きを身に付けること。

　ア　短距離走・リレーでは，滑らかな動きで速く走ることやバトンの受渡しでタイミングを合わせること，長距離走では，ペースを守って走ること，ハードル走では，リズミカルな走りから滑らかにハードルを越すこと。

イ　走り幅跳びでは，スピードに乗った助走から素早く踏み切って跳ぶこと，走り高跳びでは，リズミカルな助走から力強く踏み切って大きな動作で跳ぶこと。

　陸上競技は，走，跳及び投種目で構成するのが一般的であるが，安全や施設面などを考慮して，中学校では，投種目を除いて構成している。

○　知識

　陸上競技の特性や成り立ちでは，陸上競技は，「歩く」，「走る」，「跳ぶ」及び「投げる」といった基本的な運動で，自己の記録に挑戦したり，競争したりする楽しさや喜びを味わうことのできる運動であること，古代ギリシアのオリンピア競技やオリンピック・パラリンピック競技大会において主要な競技として発展した成り立ちがあることを理解できるようにする。

　技術の名称や行い方では，陸上競技の各種目において用いられる技術の名称があり，それぞれの技術で動きのポイントがあることを理解できるようにする。例えば，競走に用いられるスタート法には，クラウチングスタートとスタンディングスタートがあり，速くスタートするための技術として，前者は短距離走やハードル走などで，後者は長距離走で用いられており，それぞれに速く走るための腕や脚などの効果的な動かし方があることを理解できるようにする。

　その運動に関連して高まる体力では，陸上競技は，それぞれの種目で主として高まる体力要素が異なることを理解できるようにする。例えば，陸上競技を継続することで，短距離走や跳躍種目などでは主として敏捷性や瞬発力，長距離走では主として全身持久力が各種目の動きに関連して高められることを理解できるようにする。

　指導に際しては，動きの獲得を通して一層知識の大切さを実感できるようにすることや知識を活用し課題を発見・解決するなどの「思考力，判断力，表現力等」を育む学習につながるよう，汎用性のある知識を精選した上で，知識を基盤とした学習の充実を図ることが大切である。

〈例示〉

・陸上競技は，自己の記録に挑戦したり，競争したりする楽しさや喜びを味わうことができること。

・陸上競技は，古代ギリシアのオリンピア競技やオリンピック・パラリンピック競技大会において主要な競技として発展した成り立ちがあること。

・陸上競技の各種目において用いられる技術の名称があり，それぞれの技術で動きのポイントがあること。

・陸上競技は，それぞれの種目で主として高まる体力要素が異なること。

○ 技能

ア 短距離走・リレー

短距離走・リレーでは，自己の最大スピードを高めたり，バトンの受渡しでタイミングを合わせたりして，個人やチームのタイムを短縮したり，競走したりできるようにする。

滑らかな動きとは，腕振りと脚の動きを調和させた全身の動きである。

タイミングを合わせるとは，次走者が前走者の走るスピードを考慮してスタートするタイミングを合わせたり，前走者と次走者がバトンの受渡しでタイミングを合わせたりすることである。

指導に際しては，走る距離は，短距離走では 50〜100 m 程度，リレーでは一人 50〜100 m 程度を目安とするが，生徒の体力や技能の程度やグラウンドの大きさに応じて弾力的に扱うようにする。

〈例示〉

・クラウチングスタートから徐々に上体を起こしていき加速すること。

・自己に合ったピッチとストライドで速く走ること。

・リレーでは，次走者がスタートするタイミングやバトンを受け渡すタイミングを合わせること。

イ 長距離走

長距離走では，自己のスピードを維持できるフォームでペースを守りながら，一定の距離を走り通し，タイムを短縮したり，競走したりできるようにする。

ペースを守って走るとは，設定した距離をあらかじめ決めたペースで走ることである。

指導に際しては，「体つくり運動」領域に，「動きを持続する能力を高めるための運動」として長く走り続けることに主眼をおく持久走があるが，ここでは，長距離走の特性を捉え，取り扱うようにする。

また，走る距離は，1,000〜3,000 m 程度を目安とするが，生徒の体力や技能の程度や気候等に応じて弾力的に扱うようにする。

〈例示〉

・腕に余分な力を入れないで，リラックスして走ること。

・自己に合ったピッチとストライドで，上下動の少ない動きで走ること。

・ペースを一定にして走ること。

ウ　ハードル走

ハードル走では，ハードルを越えながらインターバルを一定のリズムで走り，タイムを短縮したり，競走したりできるようにする。

リズミカルな走りとは，インターバルにおける素早いピッチの走りのことである。

滑らかにハードルを越すとは，インターバルで得たスピードで踏み切って，余分なブレーキをかけずそのままのスピードでハードルを走り越えることである。

指導に際しては，ハードル走の距離は50～80m程度，その間にハードルを5～8台程度置くことを目安とするが，生徒の体力や技能の程度やグラウンドの大きさに応じて弾力的に扱うようにする。

〈例示〉

・遠くから踏み切り，勢いよくハードルを走り越すこと。

・抜き脚の膝を折りたたんで前に運ぶなどの動作でハードルを越すこと。

・インターバルを3又は5歩でリズミカルに走ること。

エ　走り幅跳び

走り幅跳びでは，助走スピードを生かして素早く踏み切り，より遠くへ跳んだり，競争したりできるようにする。

スピードに乗った助走とは，最大スピードでの助走ではなく，踏み切りに移りやすい範囲でスピードを落とさないように走ることである。

素早く踏み切ってとは，助走のスピードを維持したまま，走り抜けるように踏み切ることである。

指導に際しては，学習の始めの段階では，踏切線に足を合わせることを強調せずに行うようにし，技能が高まってきた段階で，助走マークを用いて踏切線に足を合わせるようにすることが大切である。

〈例示〉

・自己に適した距離，又は歩数の助走をすること。

・踏切線に足を合わせて踏み切ること。

・かがみ跳びなどの空間動作からの流れの中で着地すること。

オ　走り高跳び

走り高跳びは，リズミカルな助走から力強く踏み切り，より高いバーを越えたり，競争したりできるようにする。

リズミカルな助走とは，スピードよりもリズムを重視した踏み切りに移りやすい助走のことである。

力強く踏み切ってとは，助走スピードを効率よく上昇する力に変えるために，足裏全体で強く地面を押すようにキックすることである。

大きな動作とは，はさみ跳びでバーを越える際の両脚の大きなはさみ動作のことである。

〈例示〉

・リズミカルな助走から力強い踏み切りに移ること。

・跳躍の頂点とバーの位置が合うように，自己に合った踏切位置で踏み切ること。

・脚と腕のタイミングを合わせて踏み切り，大きなはさみ動作で跳ぶこと。

〈用語の説明〉

走り幅跳びにおける「かがみ跳び」とは，踏み切った後も前に振り上げた足を前方に出したままの姿勢を保ち，そのまま両足で着地する跳び方のことである。

走り高跳びにおける「はさみ跳び」とは，バーに対して斜め後方や正面から助走し，踏み切った後，振り上げ足から順にバーをまたいで越えるまたぎ跳びや，両足を交差させて大きく開き，上体を横に倒しながらバーを越える正面跳びなどの跳び方のことである。

(2) 思考力，判断力，表現力等

陸上競技について，次の事項を身に付けることができるよう指導する。

---

(2) 動きなどの自己の課題を発見し，合理的な解決に向けて運動の取り組み方を工夫するとともに，自己の考えたことを他者に伝えること。

運動に関する領域における思考力，判断力，表現力等とは，学習した内容を，学習場面に適用したり，応用したりし，言語や文章などで表現することである。

第1学年及び第2学年では，自己の課題を発見し，基礎的な知識や技能を活用して，学習課題への取り組み方を工夫できるようにしたり，自己の課題の発

見や解決に向けて考えたりしたことを，他者にわかりやすく伝えられるようにする。

動きなどの自己の課題を発見しとは，陸上競技の特性を踏まえて，動きなどの改善についてのポイントを発見したり，仲間との関わり合いや健康・安全などについての自己の取り組み方の課題を発見したりすることを示している。

合理的な解決に向けて運動の取り組み方を工夫するとは，基本的な動きや効率的な動き，仲間との関わり方，安全上の留意点などの発見した課題を，合理的に解決できるよう知識を活用したり，応用したりすることを示している。

自己の考えたことを他者に伝えるとは，自己の課題について，思考し判断したことを，言葉や文章などで表したり，他者にわかりやすく伝えたりすることを示している。

なお，第1学年及び第2学年では，「運動に関する思考力，判断力，表現力等」，「体力，健康・安全に関する思考力，判断力，表現力等」及び「運動実践につながる態度に関する思考力，判断力，表現力等」の中から，領域の特性に応じた思考力，判断力，表現力等の例を重点化して示している。

指導に際しては，第1学年及び第2学年においては，習得した知識を用いて仲間に課題や出来映えを伝えるなど，生徒が習得した知識を基に解決が可能な課題の提示の仕方を工夫することが大切である。

〈例示〉

・提示された動きのポイントやつまずきの事例を参考に，仲間の課題や出来映えを伝えること。

・提供された練習方法から，自己の課題に応じて，動きの習得に適した練習方法を選ぶこと。

・練習や競争する場面で，最善を尽くす，勝敗を受け入れるなどのよい取組を見付け，理由を添えて他者に伝えること。

・学習した安全上の留意点を，他の学習場面に当てはめ，仲間に伝えること。

・体力や技能の程度，性別等の違いを踏まえて，仲間とともに楽しむための練習や競争を行う方法を見付け，仲間に伝えること。

（3）学びに向かう力，人間性等

陸上競技について，次の事項を身に付けることができるよう指導する。

(3) 陸上競技に積極的に取り組むとともに，勝敗などを認め，ルールやマナーを守ろうとすること，分担した役割を果たそうとすること，一人一人の

違いに応じた課題や挑戦を認めようとすることなどや，健康・安全に気を配ること。

陸上競技に積極的に取り組むとは，発達の段階や学習の段階に適した課題を設定したり，練習の進め方や場づくりの方法を選んだりする学習などに積極的に取り組むことを示している。そのため，人には誰でも学習によって体力や技能が向上する可能性があるといった挑戦することの意義を理解し，取り組めるようにする。

勝敗などを認めとは，勝敗や個人の記録などの良し悪しにかかわらず全力を尽くした結果を受け入れ，仲間の健闘を認めようとすることを示している。また，**ルールやマナーを守ろうとする**とは，陸上競技は相手と距離やタイムなどを競い合う特徴があるため，規定の範囲で勝敗を競うといったルールや，相手を尊重するといったマナーを守り，フェアに競うことに取り組もうとすることを示している。そのため，仲間の健闘を認めることで，互いを尊重する気持ちが強くなること，ルールやマナーを守ることで，陸上競技の独自の楽しさや安全性，公平性が確保されることを理解し，取り組めるようにする。

分担した役割を果たそうとするとは，練習や競争を行う際に，用具の準備や後片付け，測定結果の記録などの分担した役割に積極的に取り組もうとすることなどを示している。そのため，分担した役割を果たすことは，活動時間の確保につながることやグループの人間関係がよくなることにつながることを理解し，取り組めるようにする。

一人一人の違いに応じた課題や挑戦を認めようとするとは，体力や技能の程度，性別や障害の有無等に応じて，自己の状況に合った実現可能な課題の設定や挑戦を認めようとすることを示している。そのため，運動やスポーツを行う際は，様々な違いを超えて，参加者全員が楽しんだり達成感を味わったりするための工夫や調整が求められる場合があることなどを理解し，取り組めるようにする。

などの例には，仲間の学習を援助しようとすることがある。これは，練習の際に，仲間の記録を計るなど学習を補助したり，技術の行い方などの学習課題の解決に向けて仲間に助言したりしようとすることなどを示している。そのため，仲間の学習を援助することは，自己の能力を高めたり，仲間との連帯感を高めて気持ちよく活動したりすることにつながることを理解し，取り組めるようにする。

健康・安全に気を配るとは，体調の変化などに気を配ること，ハードルや走

り高跳びの安全マットなどの用具や走路や砂場などの練習場所に関する安全に留意して練習や競争を行うこと，体力に見合った運動量で練習することを示している。そのため，体調に異常を感じたら運動を中止すること，器具の設置の仕方や用具の扱い方，けがの事例などを理解し，取り組めるようにする。

指導に際しては，生徒自身が公正，協力，責任，参画，共生の意義や価値を認識し取り組もうとする意欲を高めることが求められることから，意義や価値の理解とその具体的な取り組み方を結び付けて指導することが大切である。また，態度に関する意義や価値については，各領域で繰り返し指導することが大切である。

〈例示〉

・陸上競技の学習に積極的に取り組もうとすること。

・勝敗などを認め，ルールやマナーを守ろうとすること。

・用具等の準備や後片付け，記録などの分担した役割を果たそうとすること。

・一人一人の違いに応じた課題や挑戦を認めようとすること。

・健康・安全に留意すること。

［第3学年］

第1学年及び第2学年の基本的な動きや効率のよい動きを身に付けることをねらいとした学習を受けて，第3学年では，各種目特有の技能を身に付けることを学習のねらいとしている。

したがって，第3学年では，記録の向上や競争の楽しさや喜びを味わい，体力の高め方や運動観察の方法などを理解するとともに，各種目特有の技能を身に付けることができるようにする。その際，動きなどの自己や仲間の課題を発見し，合理的な解決に向けて運動の取り組み方を工夫するとともに，自己の考えたことを他者に伝えることができるようにすることが大切である。また，陸上競技の学習に自主的に取り組み，ルールやマナーを大切にすることや一人一人の違いに応じた課題や挑戦を大切にすることなどに意欲をもち，健康や安全を確保することができるようにすることが大切である。

なお，指導に際しては，知識の理解を基に運動の技能を身に付けたり，運動の技能を身に付けることで一層知識を深めたりするなど，知識と技能を関連させて学習させることや，「知識及び技能」，「思考力，判断力，表現力等」，「学びに向かう力，人間性等」の内容をバランスよく学習させるようにすることが大切である。

(1) 知識及び技能

陸上競技について，次の事項を身に付けることができるよう指導する。

(1) 次の運動について，記録の向上や競争の楽しさや喜びを味わい，技術の
　名称や行い方，体力の高め方，運動観察の方法などを理解するとともに，各
　種目特有の技能を身に付けること。
　ア　短距離走・リレーでは，中間走へのつなぎを滑らかにして速く走るこ
　　とやバトンの受渡しで次走者のスピードを十分高めること，長距離走で
　　は，自己に適したペースを維持して走ること，ハードル走では，スピー
　　ドを維持した走りからハードルを低く越すこと。
　イ　走り幅跳びでは，スピードに乗った助走から力強く踏み切って跳ぶこ
　　と，走り高跳びでは，リズミカルな助走から力強く踏み切り滑らかな空
　　間動作で跳ぶこと。

○　**知識**

　　技術の名称や行い方では，陸上競技の各種目で用いられる技術の名称があ
り，それぞれの技術には，記録の向上につながる重要な動きのポイントがあ
ることを理解できるようにする。例えば，走り幅跳びには「かがみ跳び」，「そ
り跳び」など，走り高跳びには，「はさみ跳び」，「背面跳び」などの跳び方が
あり，それぞれの跳び方で留意すべき特有の動きのポイントがあることを理
解できるようにする。

　　体力の高め方では，陸上競技のパフォーマンスは，体力要素の中でも，短
距離走や跳躍種目などでは主として敏捷性や瞬発力に，長距離走では主とし
て全身持久力などに強く影響される。そのため，技術と関連させた補助運動
や部分練習を取り入れ，繰り返したり，継続して行ったりすることで，結果
として体力を高めることができることを理解できるようにする。

　　運動観察の方法では，自己の動きや仲間の動き方を分析するには，自己観
察や他者観察などの方法があることを理解できるようにする。例えば，二人
組などでお互いの動きを観察したり，ICTを活用して自己のフォームを観察
したりすることで，自己の取り組むべき技術的な課題が明確になり，学習の
成果を高められることを理解できるようにする。

　　指導に際しては，第1学年及び第2学年に示したことに加え，領域の特性
や魅力を一層味わい，自主的な学習を促すための知識を効果的に理解できる
よう指導の機会を工夫することが大切である。

〈例示〉
　・陸上競技の各種目で用いられる技術の名称があり，それぞれの技術には，

記録の向上につながる重要な動きのポイントがあること。

・技術と関連させた運動や練習を繰り返したり，継続して行ったりすることで，結果として体力を高めることができること。

・自己の動きや仲間の動き方を分析するには，自己観察や他者観察などの方法があること。

○　技能

ア　短距離走・リレー

短距離走・リレーでは，合理的なフォームを身に付けたり，バトンの受渡しで次走者のスピードを十分高めたりして，個人やリレーチームのタイムを短縮したり，競走したりできるようにする。

中間走とは，スタートダッシュでの加速を終え，ほぼ定速で走る区間の走りのことである。

つなぎを滑らかにしてとは，スタートダッシュからの加速に伴って動きを変化させ滑らかに中間走につなげることである。

次走者のスピードを十分高めるとは，前走者と次走者がスピードにのった状態でバトンの受渡しをするために，次走者のスピードを十分高めることである。

指導に際しては，走る距離は，短距離走で100～200 m 程度，リレーでは一人50～100 m 程度を目安とするが，生徒の体力や技能の程度やグラウンドの大きさに応じて弾力的に扱うようにする。

〈例示〉

・スタートダッシュでは地面を力強くキックして，徐々に上体を起こしていき加速すること。

・後半でスピードが著しく低下しないよう，力みのないリズミカルな動きで走ること。

・リレーでは，次走者はスタートを切った後スムーズに加速して，スピードを十分に高めること。

イ　長距離走

長距離走では，自己に適したペースを維持して，一定の距離を走り通し，タイムを短縮したり，競走したりできるようにする。

自己に適したペースを維持して走るとは，目標タイムを達成するペース配分を自己の技能・体力の程度に合わせて設定し，そのペースに応じたスピードを維持して走ることである。

指導に際しては，走る距離は，1,000〜3,000 m 程度を目安とするが，生徒の体力や技能の程度や気候等の状況に応じて弾力的に扱うようにする。

〈例示〉

・リズミカルに腕を振り，力みのないフォームで軽快に走ること。

・呼吸を楽にしたり，走りのリズムを作ったりする呼吸法を取り入れて走ること。

・自己の体力や技能の程度に合ったペースを維持して走ること。

ウ　ハードル走

　ハードル走では，ハードルを低く素早く越えながらインターバルをリズミカルにスピードを維持して走り，タイムを短縮したり，競走したりできるようにする。

　スピードを維持した走りからハードルを低く越すとは，インターバルのスピードを維持して勢いよく低くハードルを走り越すことである。

　指導に際しては，ハードル走の距離は 50〜100 m 程度，その間にハードルを 5〜10 台程度置くことを目安とするが，生徒の体力や技能の程度やグラウンドの大きさに応じて弾力的に扱うようにする。

〈例示〉

・スタートダッシュから 1 台目のハードルを勢いよく走り越すこと。

・遠くから踏み切り，振り上げ脚をまっすぐに振り上げ，ハードルを低く走り越すこと。

・インターバルでは，3 又は 5 歩のリズムを最後のハードルまで維持して走ること。

エ　走り幅跳び

　走り幅跳びでは，助走のスピードとリズミカルな動きを生かして力強く踏み切り，より遠くへ跳んだり，競争したりできるようにする。

　力強く踏み切ってとは，速い助走から適切な角度で跳び出すために地面を強くキックすることである。

〈例示〉

・踏み切り前 3〜4 歩からリズムアップして踏み切りに移ること。

・踏み切りでは上体を起こして，地面を踏みつけるようにキックし，振り上げ脚を素早く引き上げること。

・かがみ跳びやそり跳びなどの空間動作からの流れの中で，脚を前に投げ出す着地動作をとること。

オ　走り高跳び

　　走り高跳びでは，リズミカルな助走から力強く踏み切り，はさみ跳びや背面跳びなどの跳び方で，より高いバーを越えたり，競争したりできるようにする。

　　リズミカルな助走から力強く踏み切りとは，第１学年及び第２学年と同じである。

　　滑らかな空間動作には，流れよく行われるはさみ跳びや背面跳びなどの一連の空間での動きがある。

　　なお，「背面跳び」は競技者の間に広く普及している合理的な跳び方であるが，全ての生徒を対象とした学習では，中学生の技能レベル，器具や用具等の面から危険な場合もあると考えられる。したがって，指導に際しては，個々の生徒の技能，器具や用具等の安全性などの条件が十分に整っており，さらに生徒が安全を考慮した段階的な学び方を身に付けている場合に限って実施することとする。

〈例示〉

・リズミカルな助走から真上に伸び上がるように踏み切り，はさみ跳びや背面跳びなどの空間動作で跳ぶこと。

・背面跳びでは踏み切り前の３〜５歩で弧を描くように走り，体を内側に倒す姿勢を取るようにして踏み切りに移ること。

〈用語の説明〉

　　走り幅跳びにおける「そり跳び」とは，踏み切った後に空中で体全体を反らせた状態になり，その後，両腕を下ろしながら両足を前方に出して着地する跳び方のことである。

　　走り高跳びにおける「背面跳び」とは，バーに対して斜め後方から助走し，助走後半は曲線を描くように走り，踏み切った後，身体を仰向けにして上体を大きく反り，バーを越えた後に背部や肩からマットに着地する跳び方のことである。

(2) 思考力，判断力，表現力等

陸上競技について，次の事項を身に付けることができるよう指導する。

---

(2) 動きなどの自己や仲間の課題を発見し，合理的な解決に向けて運動の取り組み方を工夫するとともに，自己の考えたことを他者に伝えること。

運動に関する領域における思考力，判断力，表現力等とは，学習した内容を，学習場面に適用したり応用したりし，言語や文章などで表現することである。

第3学年では，領域及び運動の選択の幅が広がることから，自己や仲間の課題を発見し，これまで学習した知識や技能を活用して，学習課題への取り組み方を工夫できるようにしたり，自己や仲間の課題の発見や解決に向けて考えたりしたことを，他者にわかりやすく伝えられるようにする。

動きなどの自己や仲間の課題を発見しとは，陸上競技の特性を踏まえて，動きなどの改善についてのポイントを発見したり，仲間との関わり合いや健康・安全についての自己や仲間の取り組み方などの課題を発見したりすることを示している。

合理的な解決に向けて運動の取り組み方を工夫するとは，合理的な動き，仲間との関わり方，健康・安全の確保の仕方，運動の継続の仕方などの発見した課題を，合理的に解決できるよう知識を活用したり，応用したりすることを示している。

自己の考えたことを他者に伝えるとは，自己や仲間の課題について，思考し判断したことを，言葉や文章などで表したり，他者にわかりやすく伝えたりすることを示している。

なお，第3学年では，「運動に関する思考力，判断力，表現力等」，「体力，健康・安全に関する思考力，判断力，表現力等」，「運動実践につながる態度に関する思考力，判断力，表現力等」及び「生涯スポーツの実践に関する思考力，判断力，表現力等」の中から，領域の特性に応じた思考力，判断力，表現力等の例を重点化して示している。

指導に際しては，第3学年においては，習得した知識を基に，よりよい解決方法を比較したり，活動を振り返ったりするなどによって，学習成果を分析する活動の提示の仕方を工夫することが大切である。

〈例示〉

・選択した運動について，合理的な動きと自己や仲間の動きを比較して，成果や改善すべきポイントとその理由を仲間に伝えること。

・自己や仲間の技術的な課題やその課題解決に有効な練習方法の選択について，自己の考えを伝えること。

・選択した運動に必要な準備運動や自己が取り組む補助運動を選ぶこと。

・健康や安全を確保するために，体調や環境に応じた適切な練習方法等について振り返ること。

・ルールを守り競争したり勝敗を受け入れたりする場面で，よりよいマナーや行為について，自己の活動を振り返ること。

・体力や技能の程度，性別等の違いに配慮して，仲間とともに陸上競技を楽しむための活動の方法や修正の仕方を見付けること。

・陸上競技の学習成果を踏まえて，自己に適した「する，みる，支える，知る」などの運動を継続して楽しむための関わり方を見付けること。

(3) 学びに向かう力，人間性等

陸上競技について，次の事項を身に付けることができるよう指導する。

---

(3) 陸上競技に自主的に取り組むとともに，勝敗などを冷静に受け止め，ルールやマナーを大切にしようとすること，自己の責任を果たそうとすること，一人一人の違いに応じた課題や挑戦を大切にしようとすることなどや，健康・安全を確保すること。

陸上競技に自主的に取り組むとは，自己や仲間の課題に応じた練習方法を選択する学習などに自主的に取り組むことなどを示している。そのため，上達していくためには繰り返し粘り強く取り組むことが大切であることなどを理解し，取り組めるようにする。

勝敗などを冷静に受け止めとは，単に勝敗や個人の記録の良し悪しだけではなく，学習に取り組んできた過程と関連付けて受け止めようとすることを示している。また，**ルールやマナーを大切にしようとする**とは，単に決められたルールやマナーを守るだけではなく，自らの意思で大切にしようとすることを示している。そのため，勝敗の結果から自己の課題を見付け，新たな課題追究につなげることが大切であること，ルールやマナーを大切にすることは，友情を深めたり連帯感を高めたりするなど，生涯にわたって運動を継続するための重要な要素となることを理解し，取り組めるようにする。

自己の責任を果たそうとするとは，練習や記録会などで，仲間と互いに合意した役割に責任をもって自主的に取り組もうとすることを示している。そのため，自己の責任を果たすことは，陸上競技の学習を円滑に進めることにつながることや，社会生活を過ごす上で必要な責任感を身に付けることにつながることを理解し，取り組めるようにする。

一人一人の違いに応じた課題や挑戦を大切にしようとするとは，体力や技能の程度，性別や障害の有無等に応じて，自己の状況に合った実現可能な課題の設定や挑戦を大切にしようとすることを示している。そのため，様々な違いを超えてスポーツを楽しむことができるよう配慮することで，スポーツのよりよい環境づくりに貢献すること，違いに応じた配慮の仕方があることなどを理解

し，取り組めるようにする。

　などの例には，互いに助け合い教え合おうとすることがある。これは，練習の際に，互いに補助し合ったり，運動観察を通して仲間の課題を指摘するなど教え合ったりしながら取り組もうとすることを示している。そのため，互いに助け合い教え合うことは，安全を確保したり，課題の解決に役立つなど自主的な学習を行いやすくしたりすることを理解し，取り組めるようにする。

　健康・安全を確保するとは，器具・用具等を目的に応じて使用すること，練習場所の安全を確認しながら練習や競争を行うこと，自己の体調や技能の程度に応じた目標や課題に挑戦することなどを通して，健康を維持したり自己や仲間の安全を保持したりすることを示している。そのため，用具等の試技前の修正や確認，準備運動時の体の状態の確認や調整の仕方，けがを防止するための留意点などを理解し，取り組めるようにする。

　指導に際しては，生徒自身が公正，協力，責任，参画，共生の意義や価値を認識し取り組もうとする意欲を高めることが求められることから，意義や価値の理解とその具体的な取り組み方を結び付けて指導することが大切である。また，学びに向かう力，人間性等に関する意義や価値については，各領域で繰り返し伝えることも大切である。

〈例示〉

　・陸上競技の学習に自主的に取り組もうとすること。

　・勝敗などを冷静に受け止め，ルールやマナーを大切にしようとすること。

　・仲間と互いに合意した役割について自己の責任を果たそうとすること。

　・一人一人の違いに応じた課題や挑戦を大切にしようとすること。

　・健康・安全を確保すること。

内容の取扱い

(2) 内容の「A体つくり運動」から「H体育理論」までに示す事項については，次のとおり取り扱うものとする。

ウ 「C陸上競技」の(1)の運動については，ア及びイに示すそれぞれの運動の中から選択して履修できるようにすること。

(ア) 陸上競技の領域は，第1学年及び第2学年においては，全ての生徒に履修させることとしているが，第3学年においては，器械運動，陸上競技，水泳及びダンスのまとまりの中から1領域以上を選択して履修できるようにすることとしている。

　したがって，指導計画を作成するに当たっては，3年間の見通しをもって決めることが必要である。

(イ) 陸上競技の運動種目は，競走種目（短距離走・リレー，長距離走又はハードル走）から一以上を，跳躍種目（走り幅跳び又は走り高跳び）から一以上をそれぞれから選択して履修できるようにすることとしている。特に，第3学年では，これらの中から自己に適した運動種目を選択できるようにするとともに，第1学年及び第2学年の学習を一層深められるよう配慮することが必要である。

(ウ) 主体的・対話的で深い学びの実現に向けた授業改善を推進する観点から，必要な知識及び技能の定着を図る学習とともに，生徒の思考を深めるために発言を促したり，気付いていない視点を提示したりするなど，学びに必要な指導の在り方を追究し，生徒の学習状況を捉えて指導を改善していくことが大切である。

　その際，互いに教え合う時間を確保するなどの工夫をするとともに，指導事項の精選を図ったり，運動観察のポイントを明確にしたり，ICTを効果的に活用したりするなどして，体を動かす機会を適切に確保することが大切である。

陸上運動・陸上競技の動きの例

種目	小学校5・6年	中学校1・2年	中学校3年
短距離走・リレー	・スタンディングスタートから，素早く走り始める ・体を軽く前傾させて全力で走る ・テークオーバーゾーン内で，減速の少ないバトンの受渡しをする	・クラウチングスタートから徐々に上体を起こしていき加速すること ・自己に合ったピッチとストライドで速く走ること ・リレーでは，次走者がスタートするタイミングやバトンを受け渡すタイミングを合わせること	・スタートダッシュでは地面を力強くキックして，徐々に上体を起こしていき加速すること ・後半でスピードが著しく低下しないよう，力みのないリズミカルな動きで走ること ・リレーでは，次走者はスタートを切った後スムーズに加速して，スピードを十分に高めること
長距離走		・腕に余分な力を入れないで，リラックスして走ること ・自己に合ったピッチとストライドで，上下動の少ない動きで走ること ・ペースを一定にして走ること	・リズミカルに腕を振り，力みのないフォームで軽快に走ること ・呼吸を楽にしたり，走りのリズムを作ったりする呼吸法を取り入れて走ること ・自己の体力や技能の程度に合ったペースを維持して走ること
ハードル走	・第1ハードルを決めた足で踏み切って走り越える ・スタートから最後まで，体のバランスをとりながら真っ直ぐ走る ・インターバルを3歩または5歩で走る	・遠くから踏み切り，勢いよくハードルを走り越すこと ・抜き脚の膝を折りたたんで前に運ぶなどの動作でハードルを越すこと ・インターバルを3又は5歩でリズミカルに走ること	・スタートダッシュから1台目のハードルを勢いよく走り越すこと ・遠くから踏み切り，振り上げ脚をまっすぐに振り上げ，ハードルを低く走り越すこと ・インターバルでは，3又は5歩のリズムを最後のハードルまで維持して走ること
走り幅跳び	・7～9歩程度のリズミカルな助走をする ・幅30～40cm程度の踏み切りゾーンで力強く踏み切る ・かがみ跳びから両足で着地する	・自己に適した距離，又は歩数の助走をすること ・踏切線に足を合わせて踏み切ること ・かがみ跳びなどの空間動作からの流れの中で着地すること	・踏み切り前3～4歩からリズムアップして踏み切りに移ること ・踏み切りでは上体を起こして，地面を踏みつけるようにキックし，振り上げ脚を素早く引き上げること ・かがみ跳びやそり跳びなどの空間動作からの流れの中で，脚を前に投げ出す着地動作をとること
走り高跳び	・5～7歩程度のリズミカルな助走をする ・上体を起こして力強く踏み切る ・はさみ跳びで，足から着地する	・リズミカルな助走から力強い踏み切りに移ること ・跳躍の頂点とバーの位置が合うように，自己に合った踏切位置で踏み切ること ・脚と腕のタイミングを合わせて踏み切り，大きなはさみ動作で跳ぶこと	・リズミカルな助走から真上に伸び上がるように踏み切り，はさみ跳びや背面跳びなどの空間動作で跳ぶこと ・背面跳びでは踏み切り前の3～5歩で弧を描くように走り，体を内側に倒す姿勢を取るようにして踏み切りに移ること

2
各分野の目標
及び内容

101

D　水泳

［第1学年及び第2学年］

　水泳は，クロール，平泳ぎ，背泳ぎ，バタフライなどから構成され，浮く，呼吸をする，進むなどのそれぞれの技能の組合せによって成立している運動で，それぞれの泳法を身に付け，続けて長く泳いだり，速く泳いだり，競い合ったりする楽しさや喜びを味わうことのできる運動である。

　小学校では，低学年の「水の中を移動する運動遊び，もぐる・浮く運動遊び」，中学年の「浮いて進む運動，もぐる・浮く運動」，高学年の「クロール，平泳ぎ，安全確保につながる運動」で幅広い水泳に関する動きの学習をしている。

　中学校では，これらの学習を受けて，泳法を身に付け，効率的に泳ぐことができるようにすることが求められる。

　したがって，第1学年及び第2学年では，記録の向上や競争の楽しさや喜びを味わい，技術の名称や行い方などを理解し，泳法を身に付けることができるようにする。その際，泳法などの自己の課題を発見し，合理的な解決に向けて運動の取り組み方を工夫するとともに，自己の考えたことを他者に伝えることができるようにすることが大切である。また，水泳の学習に積極的に取り組み，分担した役割を果たすことや一人一人の違いに応じた課題や挑戦を認めることなどに意欲をもち，健康や水中の安全確保に気を配ることができるようにすることが大切である。

　なお，指導に際しては，知識の理解を基に運動の技能を身に付けたり，運動の技能を身に付けることで一層知識を深めたりするなど，知識と技能を関連させて学習させることや，「知識及び技能」，「思考力，判断力，表現力等」，「学びに向かう力，人間性等」の内容をバランスよく学習させるようにすることが大切である。

(1) 知識及び技能

　水泳について，次の事項を身に付けることができるよう指導する。

> (1) 次の運動について，記録の向上や競争の楽しさや喜びを味わい，水泳の特性や成り立ち，技術の名称や行い方，その運動に関連して高まる体力などを理解するとともに，泳法を身に付けること。
>
> 　ア　クロールでは，手と足の動き，呼吸のバランスをとり速く泳ぐこと。
> 　イ　平泳ぎでは，手と足の動き，呼吸のバランスをとり長く泳ぐこと。
> 　ウ　背泳ぎでは，手と足の動き，呼吸のバランスをとり泳ぐこと。
> 　エ　バタフライでは，手と足の動き，呼吸のバランスをとり泳ぐこと。

○　**知識**

　　水泳の特性や成り立ちでは，水泳は，陸上での運動と比較して，水の物理的特性である浮力，抵抗，水圧などの影響を受けながら，浮く，呼吸をする，進むという，それぞれの技術の組合せによって泳法が成立している運動であり，泳法を身に付け，続けて長く泳いだり，速く泳いだり，競い合ったりする楽しさや喜びを味わうことのできる運動であることを理解できるようにする。

　　また，水泳の歴史として，イギリス産業革命以後，顔を水面に出す護身用の泳ぎから，タイムを競うために工夫された近代泳法が完成されたこと，オリンピック・パラリンピック競技大会において主要な競技として発展した成り立ちがあることを理解できるようにする。

　　技術の名称や行い方では，各種目において用いられる技術の名称や運動局面の名称があり，それぞれの技術や局面で，動きを高めるための技術的なポイントがあることを理解できるようにする。例えば，各泳法には，泳法に応じた，手のかき（プル）や足のけり（キック）と呼吸動作を合わせた一連の動き（コンビネーション）があることを理解できるようにする。

　　その運動に関連して高まる体力では，水泳は，それぞれの種目で主として高まる体力要素が異なることを理解できるようにする。例えば，水泳を継続することで，短距離泳では主として瞬発力，長距離泳では主として全身持久力などが各泳法に関連して高められることを理解できるようにする。

　　指導に際しては，動きの獲得を通して一層知識の大切さを実感できるようにすることや知識を活用し課題を発見・解決するなどの「思考力，判断力，表現力等」を育む学習につながるよう，汎用性のある知識を精選した上で，知識を基盤とした学習の充実を図ることが大切である。

〈例示〉

・水泳は，泳法を身に付け，続けて長く泳いだり，速く泳いだり，競い合ったりする楽しさや喜びを味わうことのできる運動であること。

・水泳は，近代オリンピック・パラリンピック競技大会において主要な競技として発展した成り立ちがあること。

・水泳の各種目において用いられる技術の名称や運動局面の名称があり，それぞれの技術や局面で，動きを高めるための技術的なポイントがあること。

・水泳は，それぞれの種目で主として高まる体力要素が異なること。

○ 技能

　小学校第5学年及び第6学年からのクロール，平泳ぎを発展させて泳ぐこと，背泳ぎ，バタフライを身に付けることができるようにする。

　泳法は，伏し浮きの姿勢で泳ぐクロール，平泳ぎ，バタフライ及び背浮きの姿勢で泳ぐ背泳ぎの4種目を取り上げている。これらの泳法を身に付けるためには，泳法に応じた，手のかき（プル）や足のけり（キック）と呼吸動作を合わせた一連の動き（コンビネーション）ができるようにする。

　また，水泳では，続けて長く泳ぐことや速く泳ぐことに学習のねらいがあるため，相互の関連を図りながら学習を進めていくことができるようにする。

[泳法]

ア　クロール

　速く泳ぐとは，一定の距離を，大きな推進力を得るための力強い手の動きと，安定した推進力を得るための力強い足の動き，ローリングを利用した呼吸動作で，速度を速めて泳ぐことである。

　指導に際しては，クロールの距離は，25〜50m程度を目安とするが，生徒の体力や技能の程度などに応じて弾力的に扱うようにする。

〈例示〉

　・一定のリズムで強いキックを打つこと。

　・水中で肘を曲げて腕全体で水をキャッチし，S字やI字を描くようにして水をかくこと。

　・プルとキック，ローリングの動作に合わせて横向きで呼吸をすること。

イ　平泳ぎ

　長く泳ぐとは，余分な力を抜いた，大きな推進力を得るための手の動きと安定した推進力を得るための足の動き，その動きに合わせた呼吸動作で，バランスを保ち泳ぐことである。

　指導に際しては，平泳ぎの距離は，50〜100m程度を目安とするが，生徒の体力や技能の程度などに応じて弾力的に扱うようにする。

〈例示〉

　・蹴り終わりで長く伸びるキックをすること。

　・肩より前で，両手で逆ハート型を描くように水をかくこと。

　・プルのかき終わりに合わせて顔を水面上に出して息を吸い，キックの蹴り終わりに合わせて伸び（グライド）をとり進むこと。

ウ　背泳ぎ

バランスをとり泳ぐとは，リラックスした背浮きの姿勢で，手と足の動作と，呼吸のタイミングを合わせて泳ぐことである。

指導に際しては，背泳ぎの距離は，25～50ｍ程度を目安とするが，生徒の体力や技能の程度などに応じて弾力的に扱うようにする。

〈例示〉

- 両手を頭上で組んで，腰が「く」の字に曲がらないように背中を伸ばし，水平に浮いてキックをすること。
- 水中では，肘が肩の横で60～90度程度曲がるようにしてかくこと。
- 水面上の腕は，手と肘を高く伸ばした直線的な動きをすること。
- 呼吸は，プルとキックの動作に合わせて行うこと。

エ　バタフライ

バランスをとり泳ぐとは，リラックスした伏し浮きの姿勢で，手と足の動作と，呼吸動作のタイミングを合わせて泳ぐことである。

指導に際しては，バタフライの距離は，25～50ｍ程度を目安とするが，生徒の体力や技能の程度などに応じて弾力的に扱うようにする。

〈例示〉

- 気をつけの姿勢やビート板を用いて，ドルフィンキックをすること。
- 両手を前方に伸ばした状態から，鍵穴（キーホール）の形を描くように水をかくこと。
- 手の入水時とかき終わりのときに，それぞれキックをすること。
- プルのかき終わりと同時にキックを打つタイミングで，顔を水面上に出して呼吸をすること。

［スタート及びターン］

各泳法において，スタート及びターンは，続けて長く泳いだり，速く泳いだりする上で，重要な技能の一部であることから，内容の取扱いにおいて，「泳法との関連において水中からのスタート及びターンを取り上げる」こととしている。これは，スタートについては，安全の確保が重要となることから，「水中からのスタート」を取り上げることとしたものである。

ア　スタート

水中からのスタートとは，水中でプールの壁を蹴り，抵抗の少ない流線型の姿勢で，浮き上がりのためのキックを用いて，速い速度で泳ぎ始める

ことができるようにすることである。

〈例示〉

・クロール，平泳ぎ，バタフライでは，水中で両足あるいは左右どちらかの足をプールの壁につけた姿勢から，スタートの合図と同時に顔を水中に沈め，抵抗の少ない流線型の姿勢をとって壁を蹴り泳ぎだすこと。

・背泳ぎでは，両手でプールの縁やスターティンググリップをつかんだ姿勢から，スタートの合図と同時に両手を前方に伸ばし，抵抗の少ない仰向けの姿勢をとって壁を蹴り泳ぎだすこと。

イ ターン

ターンとは，プールの壁を用いて進行方向を転換することである。

指導に際しては，壁を蹴って素早く折り返すことに重点を置くとともに，生徒の技能に応じて，各泳法のターン技術を段階的に学習することができるようにする。また，クロールのクイックターンを取り扱う場合は水深に十分注意して行うようにする。

〈例示〉

・クロールと背泳ぎでは，片手でプールの壁にタッチし，膝を抱えるようにして体を反転し蹴りだすこと。

・平泳ぎとバタフライでは，両手で同時に壁にタッチし，膝を抱えるようにして体を反転し蹴りだすこと。

(2) 思考力，判断力，表現力等

水泳について，次の事項を身に付けることができるよう指導する。

> (2) 泳法などの自己の課題を発見し，合理的な解決に向けて運動の取り組み方を工夫するとともに，自己の考えたことを他者に伝えること。

運動に関する領域における思考力，判断力，表現力等とは，学習した内容を，学習場面に適用したり，応用したりし，言語や文章などで表現することである。

第1学年及び第2学年では，自己の課題を発見し，基礎的な知識や技能を活用して，学習課題への取り組み方を工夫できるようにしたり，自己の課題の発見や解決に向けて考えたりしたことを，他者にわかりやすく伝えられるようにする。

泳法などの自己の課題を発見しとは，水泳の特性を踏まえて，泳法などの改

善についてのポイントを発見したり，仲間との関わり合いや健康・安全などについての自己の取り組み方の課題を発見したりすることを示している。

　合理的な解決に向けて運動の取り組み方を工夫するとは，泳法，仲間との関わり方，安全上の留意点などの発見した課題を，合理的に解決できるよう知識を活用したり，応用したりすることを示している。

　自己の考えたことを他者に伝えるとは，自己の課題について，思考し判断したことを，言葉や文章などで表したり，他者にわかりやすく伝えたりすることを示している。

　なお，第1学年及び第2学年では，「運動に関する思考力，判断力，表現力等」，「体力，健康・安全に関する思考力，判断力，表現力等」及び「運動実践につながる態度に関する思考力，判断力，表現力等」の中から，領域の特性に応じた思考・判断・表現の例を重点化して示している。

　指導に際しては，第1学年及び第2学年においては，習得した知識を用いて仲間に課題や出来映えを伝えるなど，生徒が習得した知識を基に解決が可能な課題の提示の仕方を工夫することが大切である。

〈例示〉

- ・提示された動きのポイントやつまずきの事例を参考に，仲間の課題や出来映えを伝えること。
- ・提供された練習方法から，自己の課題に応じて，泳法の習得に適した練習方法を選ぶこと。
- ・学習した安全上の留意点を，他の学習場面に当てはめ，仲間に伝えること。
- ・仲間と協力する場面で，分担した役割に応じた活動の仕方を見付けること。
- ・体力や技能の程度，性別等の違いを踏まえて，仲間とともに楽しむための練習や競争を行う方法を見付け，仲間に伝えること。

(3) 学びに向かう力，人間性等

水泳について，次の事項を身に付けることができるよう指導する。

> (3) 水泳に積極的に取り組むとともに，勝敗などを認め，ルールやマナーを守ろうとすること，分担した役割を果たそうとすること，一人一人の違いに応じた課題や挑戦を認めようとすることなどや，水泳の事故防止に関する心得を遵守するなど健康・安全に気を配ること。

　水泳に積極的に取り組むとは，発達の段階や学習の段階に適した課題を設定したり，練習の進め方や場づくりの方法を選んだりする学習などに積極的に取

り組むことを示している。そのため，人には誰でも学習によって体力や技能が向上する可能性があるといった挑戦することの意義を理解し，取り組めるようにする。

勝敗などを認めとは，勝敗や個人の記録などの良し悪しにかかわらず全力を尽くした結果を受け入れ，仲間の健闘を認めようとすることを示している。また，**ルールやマナーを守ろうとする**とは，水泳は相手とタイムなどを競い合う特徴があるため，規定の泳法で勝敗を競うといったルールや，相手を尊重するといったマナーを守り，フェアに競うことに取り組もうとすることを示している。そのため，仲間の泳ぎを認めることで，互いを尊重する気持ちが強くなること，また，ルールやマナーを守ることで水泳独自の楽しさや安全性，公平性が確保されることを理解し，取り組めるようにする。

分担した役割を果たそうとするとは，練習や競争を行う際に，用具の準備や後片付けをしたり，タイムを計測したりするなどの分担した役割に積極的に取り組もうとすることを示している。そのため，分担した役割を果たすことは，活動時間の確保につながることや仲間同士の人間関係がよくなることにつながることを理解し，取り組めるようにする。

一人一人の違いに応じた課題や挑戦を認めようとするとは，体力や技能の程度，性別や障害の有無等に応じて，自己の状況に合った実現可能な課題の設定や挑戦を認めようとすることを示している。そのため，運動やスポーツを行う際は，様々な違いを超えて，参加者全員が楽しんだり達成感を味わったりするための行い方やルールなどの工夫や調整が求められる場合があることなどを理解し，取り組めるようにする。

などの例には，仲間の学習を援助しようとすることがある。これは，練習の際に，水中での姿勢を補助するなど仲間の学習を援助したり，泳法の行い方などの学習課題の解決に向けて仲間に助言したりしようとすることなどを示している。そのため，仲間の学習を援助することは，自己の能力を高めたり，仲間との連帯感を高めて気持ちよく活動したりすることにつながることを理解し，取り組めるようにする。

水泳の事故防止に関する心得とは，体の調子を確かめてから泳ぐ，プールなど水泳場での注意事項を守って泳ぐ，水深が浅い場所での飛び込みは行わないなどの健康・安全の心得を示している。

健康・安全に気を配るとは，水温や気温が低いときは水に入る時間に配慮しながら活動するなど体調の変化に気を配ること，用具の取り扱い方などの安全に留意すること，自己の体力や技能の程度に見合った運動量で練習をすることを示している。そのため，体調に異常を感じたら運動を中止すること，用具の

扱い方，けがの事例などを理解し，取り組めるようにする。

　なお，着衣のまま水に落ちた場合の対処の仕方については，安全への理解を一層深めるため，各学校の実態に応じて取り扱うことができるものとする。

　指導に際しては，生徒自身が公正，協力，責任，参画，共生の意義や価値を認識し取り組もうとする意欲を高めることが求められることから，意義や価値の理解とその具体的な取り組み方を結び付けて指導することが大切である。また，態度に関する意義や価値については，各領域で繰り返し指導することが大切である。

〈例示〉

- 水泳の学習に積極的に取り組もうとすること。
- 勝敗などを認め，ルールやマナーを守ろうとすること。
- 用具等の準備や後片付け，計測などの分担した役割を果たそうとすること。
- 一人一人の違いに応じた課題や挑戦を認めようとすること。
- 水の安全に関する事故防止の心得を遵守するなど，健康・安全に留意すること。

［第3学年］

　第1学年及び第2学年の泳法を身に付けることをねらいとした学習を受けて，第3学年では，効率的に泳ぐことを学習のねらいとしている。

　したがって，第3学年では，記録の向上や競争の楽しさや喜びを味わい，体力の高め方や運動観察の方法などを理解するとともに，効率的に泳ぐことができるようにする。その際，泳法などの自己や仲間の課題を発見し，合理的な解決に向けて運動の取り組み方を工夫するとともに，自己の考えたことを他者に伝えることができるようにすることが大切である。また，水泳の学習に自主的に取り組み，自己の責任を果たすことや一人一人の違いに応じた課題や挑戦を大切にすることなどに意欲をもち，健康や水中での安全を確保することができるようにすることが大切である。

　なお，指導に際しては，知識の理解を基に運動の技能を身に付けたり，運動の技能を身に付けることで一層知識を深めたりするなど，知識と技能を関連させて学習させることや，「知識及び技能」，「思考力，判断力，表現力等」，「学びに向かう力，人間性等」の内容をバランスよく学習させるようにすることが大切である。

(1) 知識及び技能

　水泳について，次の事項を身に付けることができるよう指導する。

(1) 次の運動について，記録の向上や競争の楽しさや喜びを味わい，技術の名称や行い方，体力の高め方，運動観察の方法などを理解するとともに，効率的に泳ぐこと。

　ア　クロールでは，手と足の動き，呼吸のバランスを保ち，安定したペースで長く泳いだり速く泳いだりすること。

　イ　平泳ぎでは，手と足の動き，呼吸のバランスを保ち，安定したペースで長く泳いだり速く泳いだりすること。

　ウ　背泳ぎでは，手と足の動き，呼吸のバランスを保ち，安定したペースで泳ぐこと。

　エ　バタフライでは，手と足の動き，呼吸のバランスを保ち，安定したペースで泳ぐこと。

　オ　複数の泳法で泳ぐこと，又はリレーをすること。

○　**知識**

　技術の名称や行い方では，水泳の各種目で用いられる技術の名称があり，それぞれの技術には，効率的に泳ぐためのポイントがあることを理解できるようにする。例えば，抵抗を減らすために，クロールと背泳ぎには「ローリングをする」ことなどが，平泳ぎには「流線型の姿勢を意識したグライド姿勢をとる」ことなどがあり，それぞれで留意すべき特有の技術的なポイントがあることを理解できるようにする。

　体力の高め方では，水泳のパフォーマンスは，体力要素の中でも，短距離泳では主として瞬発力，長距離泳では主として全身持久力などに強く影響される。そのため，泳法と関連させた補助運動や部分練習を取り入れ，繰り返したり，継続して行ったりすることで，結果として体力を高めることができることを理解できるようにする。

　運動観察の方法では，自己の動きや仲間の動き方を分析するには，自己観察や他者観察などの方法があることを理解できるようにする。例えば，バディシステムなどで仲間の動きを観察したり，ICTを活用して自己のフォームを観察したりすることで，自己の取り組むべき技術的な課題が明確になり，学習の成果を高められることを理解できるようにする。

　指導に際しては，第1学年及び第2学年に示したことに加え，領域の特性や魅力を一層味わい，自主的な学習を促すための知識を効果的に理解できるよう指導の機会を工夫することが大切である。

〈例示〉

・水泳の各種目で用いられる技術の名称があり，それぞれの技術には，効率的に泳ぐためのポイントがあること。

・泳法と関連させた補助運動や部分練習を繰り返したり，継続して行ったりすることで，結果として体力を高めることができること。

・自己の動きや仲間の動き方を分析するには，自己観察や他者観察などの方法があること。

○　技能

第3学年では，クロール，平泳ぎ，背泳ぎ及びバタフライの4種目の泳法と「複数の泳法で泳ぐこと，又はリレーをすること」を取り上げている。

[泳法]

ア　クロール

手と足の動き，呼吸のバランスを保ちとは，プルとキックのタイミングに合わせて呼吸を行い，ローリングをしながら伸びのある泳ぎをすることを示している。

安定したペースで長く泳いだり速く泳いだりするとは，プル，キック及び呼吸動作のタイミングを合わせた無理のない一定のスピードで，続けて長く泳ぐこと，力強いプルとキックで全力を出して，スピードに乗って泳ぐこと示している。

指導に際しては，クロールの距離は，50～200m程度を目安とするが，生徒の体力や技能の程度などに応じて弾力的に扱うようにする。

〈例示〉

・水面上の腕は，ローリングの動きに合わせてリラックスして前方へ動かすこと。

・泳ぎの速さに応じて，顔を横に向ける大きさを調節して呼吸動作を行うこと。

イ　平泳ぎ

手と足の動き，呼吸のバランスを保ちとは，プルとキックのタイミングに合わせて呼吸1回ごとに大きな伸びのある泳ぎをすることである。

安定したペースで長く泳いだり速く泳いだりするとは，プル，キック，呼吸動作のタイミングを合わせた無理のない一定のスピードで，続けて長く泳ぐこと，力強いプルとキックで全力を出して，スピードに乗って

111

泳ぐことを示している。

　指導に際しては，平泳ぎの距離は，50〜200m程度を目安とするが，生徒の体力や技能の程度などに応じて弾力的に扱うようにする。

〈例示〉

・肩より前で，両手で逆ハート型を描くように強くかくこと。
・プルのかき終わりに合わせて顔を水面上に出して呼吸を行い，キックの蹴り終わりに合わせて伸び（グライド）をとり，1回のストロークで大きく進むこと。

ウ　背泳ぎ

　手と足の動き，呼吸のバランスを保ちとは，プルとキックのタイミングに合わせて呼吸を行い，ローリングをしながら伸びのある泳ぎをすることである。

　安定したペースで泳ぐとは，プル，キック，呼吸のタイミングを合わせて，無理のない一定のスピードで泳ぐことを示している。

　指導に際しては，背泳ぎの距離は，25〜50m程度を目安とするが，生徒の体力や技能の程度などに応じて弾力的に扱うようにする。

〈例示〉

・水面上の腕は肘を伸ばし，肩を支点にして肩の延長線上に小指側からまっすぐ入水（にゅう）すること。
・一連のストロークで，肩をスムーズにローリングさせること。

エ　バタフライ

　手と足の動き，呼吸のバランスを保ちとは，プルとキック，呼吸動作のタイミングを常に合わせて，1回のストロークごとに大きな伸びのある泳ぎをすることである。

　安定したペースで泳ぐとは，プル，キック，呼吸動作のタイミングが崩れない程度の無理のない一定のスピードで泳ぐことを示している。

　指導に際しては，バタフライの距離は，25〜50m程度を目安とするが，生徒の体力や技能の程度などに応じて弾力的に扱うようにする。

〈例示〉

・腕を前方に伸ばし，手のひらが胸の前を通るようなキーホールの形を描くようにして腰や太ももくらいまで大きくかく動き（ロングアームプル）で進むこと。
・手の入水（にゅう）時のキック，かき終わりの時のキック及び呼吸動作を一定

のリズムで行うこと。

オ　複数の泳法で泳ぐこと，又はリレーをすること

　　複数の泳法で泳ぐとは，これまで学習したクロール，平泳ぎ，背泳ぎ，バタフライの４種目から２〜４種目を選択し，続けて泳ぐことである。

　　リレーをするとは，競泳的なリレー種目として，単一の泳法や複数の泳法を使ってチームで競い合うことである。

　　指導に際しては，リレーを行う場合は，**水中からのスタート**との関連から，引継ぎは水中で行わせるようにする。また，複数の泳法で泳ぐ場合の距離は25〜50m程度を目安とし，リレーの距離はチームで100〜200m程度を目安とするが，生徒の体力や技能の程度などに応じて弾力的に扱うようにする。

［スタート及びターン］

ア　スタート

　　第１学年及び第２学年と同様に水中から行うようにする。その際，壁を蹴った後の水中での抵抗の少ない流線型の姿勢をとり，失速する前に力強い浮き上がりのためのキックを打ち，より速い速度で泳ぎ始めることができるようにする。特に，スタートの局面として，「壁に足をつける」，「力強く蹴りだす」，「泳ぎ始める」といった各局面を各種の泳法に適した，手と足の動きで素早く行い，これらの局面を一連の動きでできるようにする。

〈例示〉

- クロール，平泳ぎ，バタフライでは，水中で両足あるいは左右どちらかの足をプールの壁につけた姿勢から，スタートの合図と同時に顔を水中に沈め，抵抗の少ない流線型の姿勢をとって力強く壁を蹴り，各泳法に適した水中における一連の動きから，泳ぎだすこと。
- 背泳ぎでは，両手でプールの縁やスターティンググリップをつかんだ姿勢から，スタートの合図と同時に頭を水中に沈めながら力強く壁を蹴り，水中で抵抗の少ない仰向けの姿勢にする一連の動きから，泳ぎだすこと。

イ　ターン

　　生徒の技能の程度に応じて段階的に学ぶことができるようにする。特に，ターンの局面として，「壁に手や足をつけるまで」，「抵抗の少ない姿

勢を取り，体を丸くして膝を引き付け回転を行う」，「壁を蹴り泳ぎ始める」などの各局面を各種の泳法に適した手と足の動きで素早く行うとともに，これらの局面を一連の動きでできるようにする。

〈例示〉

- クロールと背泳ぎでは，プールの壁から5m程度離れた場所からタイミングを計りながら，泳ぎの速度を落とさずに，片手でプールの壁にタッチし，膝を抱えるようにして体を反転させ蹴りだすこと。
- 平泳ぎとバタフライでは，プールの壁から5m程度離れた場所からタイミングを計りながら，泳ぎの速度を落とさずに，両手で同時に壁にタッチし，膝を抱えるようにして体を反転させ蹴りだすこと。

(2) 思考力，判断力，表現力等

水泳について，次の事項を身に付けることができるよう指導する。

---

(2) 泳法などの自己や仲間の課題を発見し，合理的な解決に向けて運動の取り組み方を工夫するとともに，自己の考えたことを他者に伝えること。

　運動に関する領域における思考力，判断力，表現力等とは，学習した内容を，学習場面に適用したり，応用したりし，言語や文章などで表現することである。

　第3学年では，領域及び運動の選択の幅が広がることから，自己や仲間の課題を発見し，これまで学習した知識や技能を活用して，学習課題への取り組み方を工夫できるようにしたり，自己や仲間の課題の発見や解決に向けて考えたりしたことを，他者にわかりやすく伝えられるようにする。

　泳法などの自己や仲間の課題を発見しとは，水泳の特性を踏まえて，泳法などの改善についてのポイントを発見したり，仲間との関わり合いや健康・安全についての自己や仲間の取り組み方などの課題を発見したりすることを示している。

　合理的な解決に向けて運動の取り組み方を工夫するとは，効率的な泳ぎ，仲間との関わり方，健康・安全の確保の仕方，運動の継続の仕方などの発見した課題を，合理的に解決できるよう知識を活用したり，応用したりすることを示している。

　自己の考えたことを他者に伝えるとは，自己や仲間の課題について，思考し判断したことを，言葉や文章などで表したり，他者にわかりやすく伝えたりすることを示している。

　なお，第3学年では，「運動に関する思考力，判断力，表現力等」，「体力，健

康・安全に関する思考力，判断力，表現力等」，「運動実践につながる態度に関する思考力，判断力，表現力等」及び「生涯スポーツの実践に関する思考力，判断力，表現力等」の中から，領域の特性に応じた思考力，判断力，表現力等の例を重点化して示している。

　指導に際しては，第3学年においては，習得した知識を基に，よりよい解決方法を比較したり，活動を振り返ったりするなどによって，学習成果を分析する活動の提示の仕方を工夫することが大切である。

〈例示〉

・選択した泳法について，合理的な動きと自己や仲間の動きを比較して，成果や改善すべきポイントとその理由を仲間に伝えること。

・自己や仲間の技術的な課題やその課題解決に有効な練習方法の選択について，自己の考えを伝えること。

・選択した泳法に必要な準備運動や自己が取り組む補助運動を選ぶこと。

・健康や安全を確保するために，体調や環境に応じた適切な練習方法等について振り返ること。

・バディやグループで分担した役割に関する成果や改善すべきポイントについて自己の活動を振り返ること。

・体力や技能の程度，性別等の違いに配慮して，仲間とともに水泳を楽しむための活動の方法や修正の仕方を見付けること。

・水泳の学習成果を踏まえて，自己に適した「する，みる，支える，知る」などの運動を継続して楽しむための関わり方を見付けること。

(3) 学びに向かう力，人間性等

水泳について，次の事項を身に付けることができるよう指導する。

---

(3) 水泳に自主的に取り組むとともに，勝敗などを冷静に受け止め，ルールやマナーを大切にしようとすること，自己の責任を果たそうとすること，一人一人の違いに応じた課題や挑戦を大切にしようとすることなどや，水泳の事故防止に関する心得を遵守するなど健康・安全を確保すること。

　水泳に自主的に取り組むとは，自己や仲間の課題に応じた練習方法を選択する学習などに自主的に取り組むことなどを示している。そのため，上達していくためには繰り返し粘り強く取り組むことが大切であることなどを理解し，取り組めるようにする。

　勝敗などを冷静に受け止めとは，単に勝敗や個人の記録などの良し悪しだけ

ではなく，学習に取り組んできた過程と関連付けて受け止めようとすることを示している。また，**ルールやマナーを大切にしようとする**とは，単に決められたルールやマナーを守るだけでなく，自らの意思で大切にしようとすることを示している。そのため，勝敗の結果から自己の課題を見付け，新たな課題追究につなげることが大切であること，ルールやマナーを大切にすることは，友情を深めたり連帯感を高めたりするなど，生涯にわたって運動を継続するための重要な要素となることを理解し，取り組めるようにする。

自己の責任を果たそうとするとは，練習や記録会などで，仲間と互いに合意した役割に責任をもって自主的に取り組もうとすることを示している。そのため，自己の責任を果たすことは，水泳の学習を円滑に進めることにつながることや社会生活を過ごす上で必要な責任感を身に付けることにつながることを理解し，取り組めるようにする。

一人一人の違いに応じた課題や挑戦を大切にしようとすることとは，体力や技能の程度，性別や障害の有無等に応じて，自己の状況に合った実現可能な課題の設定や挑戦を大切にしようとすることを示している。そのため，様々な違いを超えてスポーツを楽しむことができるよう配慮することで，スポーツのよりよい環境づくりに貢献すること，違いに応じた配慮の仕方があることなどを理解し，取り組めるようにする。

などの例には，互いに助け合い教え合おうとすることがある。これは，練習の際に，互いに補助し合ったり，運動観察などを通して仲間の課題を指摘するなど教え合ったりしながら取り組もうとすることを示している。そのため，互いに助け合い教え合うことは，安全を確保したり，課題の解決に役立つなど自主的な学習を行いやすくしたりすることを理解し，取り組めるようにする。

水泳の事故防止に関する心得とは，自己の体力や技能の程度に応じて泳ぐ，無理な潜水は意識障害の危険があるため行わない，溺れている人を見付けたときの対処としての救助の仕方と留意点を確認するなどといった健康・安全の心得を示している。

健康・安全を確保するとは，水温や気温の低いときは活動の仕方や水に入る時間に配慮して活動する，自己の体調や技能の程度に応じて段階的に練習するなどを通して，健康を維持したり自己や仲間の安全を保持したりすることを示している。そのため，プールや用具に関する取り扱い方，また練習場所に関する安全や体調に留意して運動するなどの留意点などを理解し，取り組めるようにする。

なお，着衣のまま水に落ちた場合の対処の仕方については，安全への理解を一層深めるため，各学校の実態に応じて取り扱うことができるものとする。

指導に際しては，生徒自身が公正，協力，責任，参画，共生の意義や価値を認識し取り組もうとする意欲を高めることが求められることから，意義や価値の理解とその具体的な取り組み方を結び付けて指導することが大切である。また，学びに向かう力，人間性等に関する意義や価値については，各領域で繰り返し伝えることも大切である。

〈例示〉

・水泳の学習に自主的に取り組もうとすること。

・勝敗などを冷静に受け止め，ルールやマナーを大切にしようとすること。

・仲間と互いに合意した役割について自己の責任を果たそうとすること。

・一人一人の違いに応じた課題や挑戦を大切にしようとすること。

・水の事故防止の心得を遵守するなど健康・安全を確保すること。

内容の取扱い

(2) 内容の「A体つくり運動」から「H体育理論」までに示す事項については, 次のとおり取り扱うものとする。

エ 「D水泳」の(1)の運動については, 第1学年及び第2学年においては, ア からエまでの中からア又はイのいずれかを含む二を選択して履修できるよ うにすること。第3学年においては, アからオまでの中から選択して履修 できるようにすること。なお, 学校や地域の実態に応じて, 安全を確保す るための泳ぎを加えて履修させることができること。また, 泳法との関連 において水中からのスタート及びターンを取り上げること。なお, 水泳の 指導については, 適切な水泳場の確保が困難な場合にはこれを扱わないこ とができるが, 水泳の事故防止に関する心得については, 必ず取り上げる こと。また, 保健分野の応急手当との関連を図ること。

(ア) 水泳の領域は, 第1学年及び第2学年においては, 全ての生徒に履修させる こととしているが, 第3学年においては, 器械運動, 陸上競技, 水泳及びダン スのまとまりの中から1領域以上を選択して履修できるようにすることとして いる。

したがって, 指導計画を作成するに当たっては, 3年間の見通しをもって決 めることが必要である。なお, 水泳は, 季節的な運動であるとともに, 水中で 体を安全に保つための能力を養うという特性を考慮して指導計画を工夫するこ とが大切である。

(イ) 水泳の運動種目は, 第1学年及び第2学年において, クロール, 平泳ぎ, 背 泳ぎ及びバタフライの中からクロール又は平泳ぎを含む二を選択して履修でき るようにすることとしている。また, 第3学年において, これまでの泳法に加 え, それらを活用して楽しむことができるよう「複数の泳法で泳ぐこと, 又は リレーをすること」を示していることから, 生徒の体力や技能の程度に応じた 学習指導が必要である。なお, 学校や地域の実態に応じて, 安全を確保するた めの泳ぎを加えて履修させることができることとしているが, 安全を確保する ための泳ぎを取り上げる場合は, 背浮きや浮き沈みを活用して, 長く浮き続け る学習ができるようにすることが大切である。

(ウ) 水泳では, バディシステムなどの適切なグループのつくり方を工夫したり, 見 学の場合も, 状況によっては, 安全の確保や練習に対する協力者として参加さ せたりするなどの配慮をするようにする。また, 水泳の学習は気候条件に影響 を受けやすいため, 教室での学習としてICTを活用して泳法を確かめたり, 課

題を検討したりする学習や，保健分野の応急手当と関連させた学習などを取り入れるなどの指導計画を工夫することが大切である。

(エ) 主体的・対話的で深い学びの実現に向けた授業改善を推進する観点から，必要な知識及び技能の定着を図る学習とともに，生徒の思考を深めるために発言を促したり，気付いていない視点を提示したりするなど，学びに必要な指導の在り方を追究し，生徒の学習状況を捉えて指導を改善していくことが大切である。

その際，互いに教え合う時間を確保するなどの工夫をするとともに，指導事項の精選を図ったり，運動観察のポイントを明確にしたり，ICT を効果的に活用するなどして，体を動かす機会を適切に確保することが大切である。

各泳法の動きの例

種目	小学校5・6年	中学校1・2年	中学校3年
クロール	・手を交互に前方に伸ばして水に入れ，かく ・リズミカルなばた足をする ・顔を横に上げて呼吸をする ・両手を揃えた姿勢で片手ずつ大きく水をかく ・ゆっくりと動かすばた足をする	・一定のリズムの強いキック ・肘を曲げ，S字やI字を描くようなプル ・プルとキック，ローリングの動作に合わせた呼吸動作	・リラックスして前方へ動かすリカバリー ・泳ぎの速さに応じた大きさの呼吸動作
平泳ぎ	・円を描くように左右に開き水をかく ・足の裏や脚の内側で水を挟み出すかえる足をする ・水をかきながら，顔を前に上げて呼吸をする ・キックの後に顎を引いた伏し浮きの姿勢を保つ	・蹴り終わりで長く伸びるキック ・逆ハート型を描くようなプル ・かき終わりに合わせた呼吸 ・蹴り終わりに合わせたグライド	・逆ハート型を描くような強いプル ・かき終わりに合わせた呼吸 ・1回のストロークで大きく進むこと
背泳ぎ	・顔以外の部位が水中に入った姿勢を維持する ・姿勢を崩さず手や足をゆっくり動かす （安全確保につながる運動） ※学校の実態に応じて加えて背泳ぎを指導することができる	・両手を頭上で組んで，背中を伸ばし，水平に浮いてキック ・肘を肩の横で曲げたプル ・手と肘を高く伸ばした直線的なリカバリー ・プルとキックの動作に合わせた呼吸	・肘を伸ばし，肩の延長線上に小指側からのリカバリー ・肩のスムーズなローリング
バタフライ	・浮いてくる動きに合わせて両手を動かし，顔をあげて呼吸をした後，再び息を止めて浮いてくるまで姿勢を保つ （安全確保につながる運動）	・気をつけの姿勢やビート板を用いたドルフィンキック ・キーホールの形を描くようなプル ・手の入水時とかき終わりの時に行うキック ・プルのかき終わりとキックを打つタイミングで行う呼吸	・手のひらが胸の前を通るキーホールの形を描くロングアームプル ・手の入水時のキック，かき終わりの時のキック及び呼吸動作を一定のリズムで行うコンビネーション
スタート	・泳ぎにつなげる水中からのスタート	・足を壁につけた姿勢 ・合図と同時に壁を蹴ること ・抵抗の少ない流線型の姿勢 ・スターティンググリップをつかんだ姿勢	・合図と同時に力強く壁を蹴ること ・抵抗の少ない流線型の姿勢 ・各泳法に適した水中における一連の動き
ターン		・泳法に応じたタッチ ・膝を抱えるようにして体を反転し蹴りだすターン	・5m程度離れた場所からタイミングを計ること ・泳ぎの速度を落とさないタッチ ・膝を抱えるようにして体を反転し蹴りだすターン

E　球技

［第1学年及び第2学年］

　球技は，ゴール型，ネット型及びベースボール型などから構成され，個人やチームの能力に応じた作戦を立て，集団対集団，個人対個人で勝敗を競うことに楽しさや喜びを味わうことのできる運動である。

　小学校では，「ゲーム」と「ボール運動」で簡易化されたゲームでルールを工夫したり，チームの特徴に応じた作戦を立てたりして攻防を展開できるようにすることをねらいとした学習に取り組んでいる。

　中学校では，これらの学習を受けて，基本的な技能や仲間と連携した動きを発展させて，作戦に応じた技能で仲間と連携しゲームが展開できるようにすることが求められる。

　したがって，第1学年及び第2学年では，勝敗を競う楽しさや喜びを味わい，球技の特性や成り立ち，技術の名称や行い方，その運動に関連して高まる体力などを理解するとともに，基本的なボールや用具，バット操作と仲間と連携した動きで攻防を展開できるようにする。その際，攻防などの自己の課題を発見し，合理的な解決に向けて運動の取り組み方を工夫するとともに，自己や仲間の考えたことを他者に伝えることができるようにすることが大切である。また，球技の学習に積極的に取り組み，作戦などについての話合いに参加することや一人一人の違いに応じたプレイなどを認めることなどに意欲をもち，健康や安全に気を配ることができるようにすることが大切である。

　なお，指導に際しては，知識の理解を基に運動の技能を身に付けたり，運動の技能を身に付けることで一層知識を深めたりするなど，知識と技能を関連させて学習させることや，「知識及び技能」，「思考力，判断力，表現力等」，「学びに向かう力，人間性等」の内容をバランスよく学習させるようにすることが大切である。

（1）知識及び技能
　球技について，次の事項を身に付けることができるよう指導する。

> （1）次の運動について，勝敗を競う楽しさや喜びを味わい，球技の特性や成り立ち，技術の名称や行い方，その運動に関連して高まる体力などを理解するとともに，基本的な技能や仲間と連携した動きでゲームを展開すること。
> 　ア　ゴール型では，ボール操作と空間に走り込むなどの動きによってゴー

ル前での攻防をすること。
イ　ネット型では，ボールや用具の操作と定位置に戻るなどの動きによって空いた場所をめぐる攻防をすること。
ウ　ベースボール型では，基本的なバット操作と走塁での攻撃，ボール操作と定位置での守備などによって攻防をすること。・

○　**知識**

　球技の特性や成り立ちでは，球技は，個人やチームの能力に応じた作戦を立て，集団対集団，個人対個人で得失点をめぐる攻防を展開し，勝敗を競う楽しさや喜びを味わうことのできる運動であること，ゲームの行い方の特徴から，ゴール型，ネット型及びベースボール型などに大別できることを理解できるようにする。

　また，古代より世界各地で様々な球技が行われてきたこと，近代に入り学校で行う球技が開発され，普及してきたこと，今日ではオリンピック・パラリンピック競技大会においても主要な競技として行われているといった成り立ちがあることを理解できるようにする。

　技術の名称や行い方では，球技の各型の各種目において用いられる技術や戦術，作戦には名称があり，これらの具体的な行い方や活用方法を理解できるようにする。

　その運動に関連して高まる体力では，球技は，それぞれの型や運動種目で主として高まる体力要素が異なることを理解できるようにする。例えば，球技を継続することで，ゴール型では，主として巧緻性，敏捷性，スピード，全身持久力などが，ネット型では，巧緻性，敏捷性，スピード，筋持久力などが，ベースボール型では，巧緻性，敏捷性，瞬発力，筋力などが型に求められる動きに関連して高められることを理解できるようにする。

　などの例には，試合の行い方がある。簡易な試合におけるルール，審判や運営の仕方があることを理解できるようにする。

　指導に際しては，動きの獲得を通して一層知識の大切さを実感できるようにすることや知識を活用し課題を発見・解決するなどの「思考力，判断力，表現力等」を育む学習につながるよう，汎用性のある知識を精選した上で，知識を基盤とした学習の充実を図ることが大切である。

〈例示〉

　・球技には，集団対集団，個人対個人で攻防を展開し，勝敗を競う楽しさや喜びを味わえる特性があること。

・学校で行う球技は近代になって開発され，今日では，オリンピック・パラリンピック競技大会においても主要な競技として行われていること。
・球技の各型の各種目において用いられる技術には名称があり，それらを身に付けるためのポイントがあること。
・対戦相手との競争において，技能の程度に応じた作戦や戦術を選ぶことが有効であること。
・球技は，それぞれの型や運動種目によって主として高まる体力要素が異なること。

○　技能
ア　ゴール型
　　ゴール型とは，ドリブルやパスなどのボール操作で相手コートに侵入し，シュートを放ち，一定時間内に相手チームより多くの得点を競い合うゲームである。ゴール型の学習においては，ゴール型の種目に共通する動きを身に付けることが大切である。
　　第1学年及び第2学年では攻撃を重視し，空間に仲間と連携して走り込み，マークをかわしてゴール前での攻防を展開できるようにする。
　　指導に際しては，ゴール前の空間をめぐる攻防についての学習課題を追究しやすいようにプレイヤーの人数，コートの広さ，用具，プレイ上の制限を工夫したゲームを取り入れ，ボール操作とボールを持たないときの動きに着目させ，学習に取り組ませることが大切である。
　　ボール操作とは，手や足などを使ってシュートやパスをしたり，ボールをキープしたりすることなどである。シュートは，ドリブルで運び込んだボールや味方から受けたボールを，得点をねらって相手ゴールに放つことである。パスは，マークされていない味方にボールをつなぐことである。キープは，相手にボールを奪われないように保持することである。
　　指導に際しては，ボール操作では相手や味方の動きを捉えることが重要となるため，周囲を見ながらプレイさせることが大切である。
〈例示〉
　　・ゴール方向に守備者がいない位置でシュートをすること。
　　・マークされていない味方にパスを出すこと。
　　・得点しやすい空間にいる味方にパスを出すこと。
　　・パスやドリブルなどでボールをキープすること。

　　空間に走り込むなどの動きとは，攻撃の際のボールを持たないときに，得

点をねらってゴール前の空いている場所に走り込む動きや，守備の際に，シュートやパスをされないように，ボールを持っている相手をマークする動きのことである。

〈例示〉

・ボールとゴールが同時に見える場所に立つこと。

・パスを受けるために，ゴール前の空いている場所に動くこと。

・ボールを持っている相手をマークすること。

イ　ネット型

ネット型とは，コート上でネットを挟んで相対し，身体や用具を操作してボールを空いている場所に返球し，一定の得点に早く到達することを競い合うゲームである。ネット型の学習においては，ネット型の種目に共通する動きを身に付けることが大切である。

第1学年及び第2学年ではラリーを続けることを重視し，ボールや用具の操作と定位置に戻るなどの動きによって空いた場所をめぐる攻防を展開できるようにする。

指導に際しては，空いた場所への攻撃を中心としたラリーの継続についての学習課題を追究しやすいように，プレイヤーの人数，コートの広さ，用具，プレイ上の制限を工夫したゲームを取り入れ，ボールや用具の操作とボールを持たないときの動きに着目させ，学習に取り組ませることが大切である。

ボールや用具の操作とは，基本となる用具の握り方（グリップ），ボールを受ける前の身体や用具の構え方（準備姿勢）から，ボールを捉える位置への移動の仕方（ステップ），腕や用具の振り方（テイクバックやスイング），ボールの捉え方（インパクト），ボールを捉えた後の身体や用具の操作（フォロースルー）などで，身体や用具を操作してボールを味方につないだり，相手側のコートに打ち返したりすることである。

〈例示〉

・サービスでは，ボールやラケットの中心付近で捉えること。

・ボールを返す方向にラケット面を向けて打つこと。

・味方が操作しやすい位置にボールをつなぐこと。

・相手側のコートの空いた場所にボールを返すこと。

・テイクバックをとって肩より高い位置からボールを打ち込むこと。

定位置に戻るなどの動きとは，相手側のコートにボールを打ち返した後，基本的なステップなどを用いて自分のコートに空いた場所を作らないように定位置に戻り，次の攻撃に備えるなどのボールを持たないときの動きのことである。

〈例示〉

　・相手の打球に備えた準備姿勢をとること。
　・プレイを開始するときは，各ポジションの定位置に戻ること。
　・ボールを打ったり受けたりした後，ボールや相手に正対すること。

ウ　ベースボール型

　　ベースボール型とは，身体やバットの操作と走塁での攻撃，ボール操作と定位置での守備などによって攻守を規則的に交代し，一定の回数内で相手チームより多くの得点を競い合うゲームである。ベースボール型の学習においては，ベースボール型の種目に共通する動きを身に付けることが大切である。

　　第1学年及び第2学年では攻撃を重視し，易しい投球を打ち返したり，定位置で守ったりする攻防を展開できるようにする。

　　指導に際しては，易しい投球を打ち返したり，定位置で守ったりする攻防を中心とした学習課題を追究しやすいようにプレイヤーの人数，グラウンドの広さ，用具，プレイ上の制限を工夫したゲームを取り入れ，バット操作やボール操作とボールを持たないときの動きに着目させ，学習に取り組ませることが大切である。

　　基本的なバット操作とは，自らが出塁したり仲間を進塁させたりして得点を取るために，基本となるバットの握り方（グリップ）や構え方から，ボールを捉える際の体重移動（踏み込み），バットの振り方（テイクバックやスイング），ボールを捉えた後の身体や用具の操作（フォロースルー）などで，バットを振り抜きボールを打ち返すことである。

〈例示〉

　・投球の方向と平行に立ち，肩越しにバットを構えること。
　・地面と水平になるようにバットを振り抜くこと。

　　走塁とは，塁間を走ることであるが，ここでは，次の塁をねらって全力で塁を駆け抜けたり，打球の状況によって止まったりするなどのボールを持たないときの動きのことを示している。

〈例示〉

・スピードを落とさずに，タイミングを合わせて塁を駆け抜けること。
・打球の状況によって塁を進んだり戻ったりすること。

　ボール操作とは，ボールを受ける前の身体の構え方（準備姿勢）から，打球の通過コースや落下地点への移動の仕方（ステップ），基本となるグラブの使い方（キャッチング），ボールの握り方や投げ方（スローイング）などで，ゴロやフライを捕ったり，ねらった方向にボールを投げたり，味方からの送球を受けたりすることである。

〈例示〉

・ボールの正面に回り込んで，緩い打球を捕ること。
・投げる腕を後方に引きながら投げ手と反対側の足を踏み出し，体重を移動させながら，大きな動作でねらった方向にボールを投げること。
・守備位置から塁上へ移動して，味方からの送球を受けること。

　定位置での守備とは，投球ごとに，各ポジションの決められた位置に戻ったり，打球や送球などに備える姿勢で構えたりするなどのボールを持たないときの動きのことである。

〈例示〉

・決められた守備位置に繰り返し立ち，準備姿勢をとること。
・各ポジションの役割に応じて，ベースカバーやバックアップの基本的な動きをすること。

(2) 思考力，判断力，表現力等

球技について，次の事項を身に付けることができるよう指導する。

> (2) 攻防などの自己の課題を発見し，合理的な解決に向けて運動の取り組み方を工夫するとともに，自己や仲間の考えたことを他者に伝えること。

　運動に関する領域における思考力，判断力，表現力等とは，学習した内容を，学習場面に適用したり，応用したりし，言語や文章などで表現することである。
　第１学年及び第２学年では，自己の課題を発見し，基礎的な知識や技能を活用して，学習課題への取り組み方を工夫できるようにしたり，自己の課題の発見や解決に向けて考えたりしたことを，他者にわかりやすく伝えられるようにする。

攻防などの自己の課題を発見しとは，球技の特性を踏まえて，ボール操作やボールを持たないときの動き及び攻防などの改善についてのポイントを発見したり，仲間との関わり合いや健康・安全などについての自己の取り組み方の課題を発見したりすることを示している。

　　合理的な解決に向けて運動の取り組み方を工夫するとは，ボール操作やボールを持たないときの動き，攻防，仲間との関わり方，安全上の留意点などの発見した課題を，合理的に解決できるよう知識を活用したり，応用したりすることを示している。

　　自己や仲間の考えたことを他者に伝えるとは，自己の課題について，自己や仲間が思考し判断したことを，言葉や文章などで表したり，他者にわかりやすく伝えたりすることを示している。

　　なお，第1学年及び第2学年では，「運動に関する思考力，判断力，表現力等」，「体力，健康・安全に関する思考力，判断力，表現力等」及び「運動実践につながる態度に関する思考力，判断力，表現力等」の中から，領域の特性に応じた思考・判断・表現の例を重点化して示している。

　　指導に際しては，第1学年及び第2学年においては，習得した知識を用いて仲間に課題や出来映えを伝えるなど，生徒が習得した知識を基に解決が可能な課題の提示の仕方を工夫することが大切である。

〈例示〉

・提示された動きのポイントやつまずきの事例を参考に，仲間の課題や出来映えを伝えること。

・提供された練習方法から，自己やチームの課題に応じた練習方法を選ぶこと。

・学習した安全上の留意点を，他の学習場面に当てはめ，仲間に伝えること。

・練習やゲームの場面で，最善を尽くす，フェアなプレイなどのよい取組を見付け，理由を添えて他者に伝えること。

・仲間と協力する場面で，分担した役割に応じた活動の仕方を見付けること。

・仲間と話し合う場面で，提示された参加の仕方に当てはめ，チームへの関わり方を見付けること。

・体力や技能の程度，性別等の違いを踏まえて，仲間とともに楽しむための練習やゲームを行う方法を見付け，仲間に伝えること。

(3) 学びに向かう力，人間性等

球技について，次の事項を身に付けることができるよう指導する。

> （3）球技に積極的に取り組むとともに，フェアなプレイを守ろうとすること，
> 作戦などについての話合いに参加しようとすること，一人一人の違いに応
> じたプレイなどを認めようとすること，仲間の学習を援助しようとするこ
> となどや，健康・安全に気を配ること。

球技に積極的に取り組むとは，発達の段階や学習の段階に適した課題を設定
したり，練習の進め方や場づくりの方法を選んだりする学習などに積極的に取
り組むことを示している。そのため，人には誰でも学習によって体力や技能が
向上する可能性があるといった挑戦することの意義を理解し，取り組めるよう
にする。

フェアなプレイを守ろうとするとは，球技は，チームや個人で勝敗を競う特
徴があるため，規定の範囲で勝敗を競うといったルールや相手を尊重するとい
ったマナーを守ったり，相手や仲間の健闘を認めたりして，フェアなプレイに
取り組もうとすることを示している。そのため，ルールやマナーを守ることで
球技独自の楽しさや安全性，公平性が確保されること，また，相手や仲間のす
ばらしいプレイやフェアなプレイを認めることで，互いを尊重する気持ちが強
くなることを理解し，取り組めるようにする。

作戦などについての話合いに参加しようとすることとは，自己の課題の解決
に向けた練習方法や作戦について話し合う場面で，自らの考えを述べるなど積
極的に話合いに参加しようとすることを示している。そのため，作戦などにつ
いて意思決定をする際には，話合いを通して仲間の意見を聞くだけでなく自分
の意見も述べるなど，それぞれの考えを伝え合うことが大切であることを理解
し，取り組めるようにする。

一人一人の違いに応じたプレイなどを認めようとすることとは，体力や技能
の程度，性別や障害の有無等に応じて，自己の状況に合った実現可能な課題の
設定や挑戦を認めようとしたり，練習の仕方やゲームの修正を認めようとした
りしようとすることを示している。そのため，運動やスポーツを行う際は，様々
な違いを超えて，参加者全員が楽しんだり達成感を味わったりするための工夫
や調整が求められる場合があることなどを理解し，取り組めるようにする。

仲間の学習を援助しようとするとは，練習の際に，球出しなどの補助をした
り，チームの作戦や戦術などの学習課題の解決に向けて仲間に助言したりする
ことを示している。そのため，仲間の学習を援助することは，自己の能力を高
めたり仲間との連帯感を高めて気持ちよく活動したりすることにつながること
を理解し，取り組めるようにする。

などの例には，分担した役割を果たそうとすることがある。これは，練習や
ゲームの際に，用具の準備や後片付け，記録や審判などの分担した役割に積極
的に取り組もうとすることを示している。そのため，分担した役割を果たすこ
とは，活動時間の確保につながることやグループの人間関係がよくなることに
つながることを理解し，取り組めるようにする。

健康・安全に気を配るとは，体調の変化などに気を配ること，ボールやラケ
ット，バットなどの用具の扱い方や，ゴールやネットの設置状態，練習場所な
どの自己や仲間の安全に留意すること，技能の難易度や自己の体力や技能の程
度にあった運動をすることを示している。そのため，体調に異常を感じたら運
動を中止すること，用具の扱い方や設置の仕方，起きやすいけがの事例などを
理解し，取り組めるようにする。

指導に際しては，生徒自身が公正，協力，責任，参画，共生の意義や価値を
認識し取り組もうとする意欲を高めることが求められることから，意義や価値
の理解とその具体的な取り組み方を結び付けて指導することが大切である。ま
た，態度に関する意義や価値については，各領域で繰り返し指導することが大
切である。

〈例示〉

・球技の学習に積極的に取り組もうとすること。
・マナーを守ったり相手の健闘を認めたりして，フェアなプレイを守ろうと
　すること。
・作戦などについての話合いに参加しようとすること。
・一人一人の違いに応じた課題や挑戦及び修正などを認めようとすること。
・練習の補助をしたり仲間に助言したりして，仲間の学習を援助しようとす
　ること。
・健康・安全に留意すること。

［第3学年］

第1学年及び第2学年の基本的な技能や仲間と連携した動きでゲームを展開す
ることをねらいとした学習を受けて，第3学年では，作戦に応じた技能で仲間と
連携しゲームを展開することを学習のねらいとしている。

したがって，第3学年では，勝敗を競う楽しさや喜びを味わい，体力の高め方
や運動観察の方法などを理解するとともに，作戦に応じた技能で仲間と連携しゲ
ームを展開する。その際，攻防などの自己やチームの課題を発見し，合理的な解
決に向けて運動の取り組み方を工夫するとともに，自己や仲間の考えたことを他
者に伝えることができるようにすることが大切である。また，球技の学習に自主

的に取り組み，作戦などについての話合いに貢献することや一人一人の違いに応じた課題や挑戦を大切にすることなどに意欲をもち，健康や安全を確保することができるようにすることが大切である。

なお，指導に際しては，知識の理解を基に運動の技能を身に付けたり，運動の技能を身に付けることで一層知識を深めたりするなど，知識と技能を関連させて学習させることや，「知識及び技能」，「思考力，判断力，表現力等」，「学びに向かう力，人間性等」の内容をバランスよく学習させるようにすることが大切である。

(1) 知識及び技能

球技について，次の事項を身に付けることができるよう指導する。

---

(1) 次の運動について，勝敗を競う楽しさや喜びを味わい，技術の名称や行い方，体力の高め方，運動観察の方法などを理解するとともに，作戦に応じた技能で仲間と連携しゲームを展開すること。

ア　ゴール型では，安定したボール操作と空間を作りだすなどの動きによってゴール前への侵入などから攻防をすること。

イ　ネット型では，役割に応じたボール操作や安定した用具の操作と連携した動きによって空いた場所をめぐる攻防をすること。

ウ　ベースボール型では，安定したバット操作と走塁での攻撃，ボール操作と連携した守備などによって攻防をすること。

○　**知識**

　技術の名称や行い方では，球技の各型の各種目において用いられる技術や戦術，作戦には名称があり，それらをゲーム中に適切に発揮することが攻防のポイントであること，技術はボール操作とボールを持たないときの動きに大別できることを理解できるようにする。

　体力の高め方では，球技のパフォーマンスは，型や運動種目によって，様々な体力要素に強く影響される。そのため，ゲームに必要な技術と関連させた補助運動や部分練習を取り入れ，繰り返したり，継続して行ったりすることで，結果として体力を高めることができることを理解できるようにする。

　運動観察の方法では，ゲームの課題に応じて，練習やゲーム中の技能を観察したり分析したりするには，自己観察や他者観察などの方法があることを理解できるようにする。例えば，各型のゲームの課題に応じて，ボール操作とボールを持たないときの動き並びにそれらに関連したプレイの判断に着目し観察することで，個人やチームの学習課題が明確になり，学習成果を高め

られることを理解できるようにする。

などの例には，試合の行い方がある。ゲームのルール，審判及び運営の仕方があることを理解できるようにする。

指導に際しては，第1学年及び第2学年に示したことに加え，領域の特性や魅力を一層味わい，自主的な学習を促すための知識を効果的に理解できるよう指導の機会を工夫することが大切である。

〈例示〉

- 球技の各型の各種目において用いられる技術や戦術，作戦には名称があり，それらを身に付けるためのポイントがあること。
- 戦術や作戦に応じて，技能をゲーム中に適切に発揮することが攻防のポイントであること。
- ゲームに必要な技術と関連させた補助運動や部分練習を繰り返したり，継続して行ったりすることで，結果として体力を高めることができること。
- 練習やゲーム中の技能を観察したり分析したりするには，自己観察や他者観察などの方法があること。

○ 技能
ア ゴール型

第1学年及び第2学年のボール操作と空間に走り込むなどの動きによってゴール前での攻防をすることをねらいとした学習を受けて，第3学年においては，仲間と連携してゴール前の空間を使ったり，空間を作りだしたりして攻防を展開できるようにする。

指導に際しては，仲間と連携した動きによってゴール前に空間を作りだしてゴール前へと侵入する攻防を中心に自己のチームや相手チームの特徴を踏まえた作戦を立てて，得失点の攻防を重視した練習やゲームを展開し，ボール操作とボールを持たないときの動きに着目させ，学習に取り組ませることが大切である。

安定したボール操作とは，ゴールの枠内にコントロールしてシュートを打ったり，味方が操作しやすいパスを送ったり，相手から奪われず次のプレイがしやすいようにボールをキープしたりすることである。

〈例示〉

- ゴールの枠内にシュートをコントロールすること。
- 味方が操作しやすいパスを送ること。

・守備者とボールの間に自分の体を入れてボールをキープすること。

空間を作りだすなどの動きとは，攻撃の際は，味方から離れる動きや人のいない場所に移動する動きを示している。また，守備の際は，相手の動きに対して，相手をマークして守る動きと所定の空間をカバーして守る動きのことである。

〈例示〉

・ゴール前に広い空間を作りだすために，守備者を引きつけてゴールから離れること。

・パスを出した後に次のパスを受ける動きをすること。

・ボール保持者が進行できる空間を作りだすために，進行方向から離れること。

・ゴールとボール保持者を結んだ直線上で守ること。

・ゴール前の空いている場所をカバーすること。

イ ネット型

　第1学年及び第2学年のボールや用具の操作と定位置に戻るなどの動きによって空いた場所をめぐる攻防をすることをねらいとした学習を受けて，第3学年では，ポジションの役割に応じたボールや用具の操作によって，仲間と連携した「拾う，つなぐ，打つ」などの一連の流れで攻撃を組み立てたりして，相手側のコートの空いた場所をめぐる攻防を展開できるようにする。

　指導に際しては，仲間と連携した動きによって空いている場所を攻撃したり，空いている場所を作りだして攻撃したり，その攻撃に対応して守ることを中心に自己のチームや相手チームの特徴を踏まえた作戦を立てて，ボールや用具の操作とボールを持たないときの動きに着目させ，学習に取り組ませることが大切である。

　役割に応じたボール操作や安定した用具の操作とは，仲間と連携した効果的な攻防を展開するためにゲーム中に果たすべき役割に応じて，ボールを一連の動きで操作したり，ボールの返球に対応して安定した一連の動きで用具を操作したりして，味方や相手側のコートのねらった場所にボールをつないだり打ち返したりすることである。

〈例示〉

・サービスでは，ボールをねらった場所に打つこと。

- ボールを相手側のコートの空いた場所やねらった場所に打ち返すこと。
- 攻撃につなげるための次のプレイをしやすい高さと位置にボールを上げること。
- ネット付近でボールの侵入を防いだり，打ち返したりすること。
- 腕やラケットを強く振って，ネットより高い位置から相手側のコートに打ち込むこと。
- ポジションの役割に応じて，拾ったりつないだり打ち返したりすること。

連携した動きとは，空いた場所を埋める動きなどの仲間の動きに合わせて行うボールを持たないときの動きのことである。
〈例示〉
- ラリーの中で，味方の動きに合わせてコート上の空いている場所をカバーすること。
- 連携プレイのための基本的なフォーメーションに応じた位置に動くこと。

ウ　ベースボール型

　第1学年及び第2学年の基本的なバット操作と走塁での攻撃，ボール操作と定位置での守備などによって攻防をすることをねらいとした学習を受けて，第3学年では，易しい投球に対する安定したバット操作により出塁・進塁・得点する攻撃と仲間と連携した守備のバランスのとれた攻防を展開できるようにする。

　指導に際しては，連打を重ねるなどの攻撃や仲間と連携した守備を中心に，自己のチームや相手チームの特徴を踏まえた作戦を立てて練習やゲームを展開し，ボールや用具の操作とボールを持たないときの動きに着目させ，学習に取り組ませることが大切である。

安定したバット操作とは，身体の軸が安定した一連のスイング動作で，タイミングを合わせてボールを打ち返すバット操作のことである。
〈例示〉
- 身体の軸を安定させてバットを振りぬくこと。
- タイミングを合わせてボールを捉えること。
- ねらった方向にボールを打ち返すこと。

走塁とは，塁間を走ることであるが，ここではスピードを落とさずに円を描くように塁間を走り，打球や守備の状況に応じて次の塁への進塁をねらうなどのボールを持たないときの動きのことを示している。
〈例示〉
　　・スピードを落とさずに円を描くように塁間を走ること。
　　・打球や守備の状況に応じた塁の回り方で，塁を進んだり戻ったりすること。

　ボール操作とは，移動しながらボールを捕ること，一連の動きでねらった方向へステップを踏みながらボールを投げること，仲間からの送球を塁上でタイミングよく受けたり，仲間の送球を中継したりすることである。
〈例示〉
　　・捕球場所へ最短距離で移動して，相手の打ったボールを捕ること。
　　・ねらった方向へステップを踏みながら，一連の動きでボールを投げること。
　　・仲間の送球に対して塁上でタイミングよくボールを受けたり，中継したりすること。

　連携した守備とは，打者の出塁や走者の進塁や相手チームの得点を防ぐために，味方からの送球を受けるための中継プレイに備える動きなどのボールを持たないときの動きのことである。
〈例示〉
　　・味方からの送球を受けるために，走者の進む先の塁に動くこと。
　　・打球や走者の位置に応じて，中継プレイに備える動きをすること。

(2) 思考力，判断力，表現力等
球技について，次の事項を身に付けることができるよう指導する。

> (2) 攻防などの自己やチームの課題を発見し，合理的な解決に向けて運動の取り組み方を工夫するとともに，自己や仲間の考えたことを他者に伝えること。

　運動に関する領域における思考力，判断力，表現力等とは，学習した内容を，学習場面に適用したり，応用したりし，言語や文章などで表現することである。
　第3学年では，領域及び運動の選択の幅が広がることから，自己や仲間の課

題を発見し，これまで学習した知識や技能を活用して，学習課題への取り組み方を工夫できるようにしたり，自己や仲間の課題の発見や解決に向けて考えたりしたことを，他者にわかりやすく伝えられるようにする。

攻防などの自己やチームの課題を発見しとは，球技の特性を踏まえて，攻防やボール操作及びボールを持たないときの動きなどの改善についてのポイントを発見したり，仲間との関わり合いや健康・安全についての自己や仲間の取り組み方などの課題を発見したりすることを示している。

合理的な解決に向けて運動の取り組み方を工夫するとは，攻防，ボール操作やボールを持たないときの動き，仲間との関わり方，健康・安全の確保の仕方，運動の継続の仕方などの発見した課題を，合理的に解決できるよう知識を活用したり，応用したりすることを示している。

自己や仲間の考えたことを他者に伝えるとは，自己や仲間の課題について，自己や仲間が思考し判断したことを，言葉や文章などで表したり，他者にわかりやすく伝えたりすることを示している。

なお，第3学年では，「運動に関する思考力，判断力，表現力等」，「体力，健康・安全に関する思考力，判断力，表現力等」，「運動実践につながる態度に関する思考力，判断力，表現力等」及び「生涯スポーツの実践に関する思考力，判断力，表現力等」の中から，領域の特性に応じた思考力，判断力，表現力等の例を重点化して示している。

指導に際しては，第3学年においては，習得した知識を基に，よりよい解決方法を比較したり，活動を振り返ったりするなどによって，学習成果を分析する活動の提示の仕方を工夫することが大切である。

〈例示〉

・選択した運動について，合理的な動きと自己や仲間の動きを比較して，成果や改善すべきポイントとその理由を仲間に伝えること。

・自己や仲間の技術的な課題やチームの作戦・戦術についての課題や課題解決に有効な練習方法の選択について，自己の考えを伝えること。

・選択した運動に必要な準備運動や自己が取り組む補助運動を選ぶこと。

・健康や安全を確保するために，体調や環境に応じた適切な練習方法等について振り返ること。

・ルールを守り競争したり勝敗を受け入れたりする場面で，よりよいマナーや行為について，自己の活動を振り返ること。

・チームで分担した役割に関する成果や改善すべきポイントについて，自己の活動を振り返ること。

・作戦などの話合いの場面で，合意形成するための関わり方を見付け，仲間

に伝えること。

・体力や技能の程度，性別等の違いに配慮して，仲間とともに球技を楽しむ
　ための活動の方法や修正の仕方を見付けること。

・球技の学習成果を踏まえて，自己に適した「する，みる，支える，知る」
　などの運動を継続して楽しむための関わり方を見付けること。

(3) 学びに向かう力，人間性等

球技について，次の事項を身に付けることができるよう指導する。

> (3) 球技に自主的に取り組むとともに，フェアなプレイを大切にしようとす
> 　　ること，作戦などについての話合いに貢献しようとすること，一人一人の
> 　　違いに応じたプレイなどを大切にしようとすること，互いに助け合い教え
> 　　合おうとすることなどや，健康・安全を確保すること。

球技に自主的に取り組むとは，自己や仲間の課題に応じた練習方法を選択す
る学習などに自主的に取り組むことなどを示している。そのため，上達してい
くためには繰り返し粘り強く取り組むことが大切であることなどを理解し，取
り組めるようにする。

フェアなプレイを大切にしようとするとは，単に決められたルールやマナー
を守るだけではなく，練習やゲームで求められるフェアな行動を通して，相手
や仲間を尊重するなどのフェアなプレイを大切にしようとすることを示してい
る。そのため，ルールやマナーを大切にすることは，友情を深めたり連帯感を
高めたりするなど，生涯にわたって運動を継続するための重要な要素となるこ
とを理解し，取り組めるようにする。

作戦などについての話合いに貢献しようとするとは，自己やチームの課題の
解決の場面で，自己の考えを述べたり相手の話を聞いたりするなど，チームの
話合いに責任をもって関わろうとすることを示している。そのため，相互の信
頼関係を深めるためには，相手の感情に配慮しながら発言したり，提案者の発
言に同意したりして話合いを進めることなどが大切であることを理解し，取り
組めるようにする。

一人一人の違いに応じたプレイなどを大切にしようとすることとは，体力や
技能の程度，性別や障害の有無等に応じて，自己の状況に合った実現可能な課
題の設定や挑戦を大切にしようとしたり，練習の仕方やゲームの修正に合意し
たりしようとすることを示している。そのため，様々な違いを超えてスポーツ
を楽しむことができる配慮をすることで，スポーツのよりよい環境づくりに貢

献すること，違い応じて配慮の仕方があることなどを理解し，取り組めるようにする。

互いに助け合い教え合おうとするとは，練習の際，互いに練習相手になったり，運動観察などを通して仲間の課題を指摘するなど教え合ったりしながら取り組もうとすることを示している。そのため，互いに助け合い教え合うことは，安全を確保したり，課題の解決に役立つなど自主的な学習を行いやすくしたりすることを理解し，取り組めるようにする。

などの例には，自己の責任を果たそうとすることがある。これは，練習やゲームなどで，記録や審判，キャプテンなどの仲間と互いに合意した役割に責任をもって，自主的に取り組もうとすることを示している。そのため，自己の責任を果たすことは，球技の学習を円滑に進めることにつながることや，社会生活を過ごす上で必要な責任感を身に付けることにつながることを理解し，取り組めるようにする。

健康・安全を確保するとは，仲間や相手チームの技能の程度に応じて力を加減すること，ゴール，ネット，ボールなどの用具を目的に応じて使用すること，練習場所の安全を確認しながら練習やゲームを行うこと，気温の変化に応じて準備運動などを十分行うこと，自己の体調や技能の程度に応じて練習することなどを通して，健康を維持したり自己や仲間の安全を保持したりすることを示している。そのため，用具の安全確認の仕方，段階的な練習の仕方，けがを防止するための留意点などを理解し，取り組めるようにする。

指導に際しては，生徒自身が公正，協力，責任，参画，共生の意義や価値を認識し取り組もうとする意欲を高めることが求められることから，意義や価値の理解とその具体的な取り組み方を結び付けて指導することが大切である。また，学びに向かう力，人間性等に関する意義や価値については，各領域で繰り返し伝えることも大切である。

〈例示〉
- 球技の学習に自主的に取り組もうとすること。
- 相手を尊重するなどのフェアなプレイを大切にしようとすること。
- 作戦などについての話合いに貢献しようとすること。
- 一人一人の違いに応じた課題や挑戦及び修正などを大切にしようとすること。
- 互いに練習相手になったり仲間に助言したりして，互いに助け合い教え合おうとすること。
- 健康・安全を確保すること。

内容の取扱い

(2) 内容の「A体つくり運動」から「H体育理論」までに示す事項については，次のとおり取り扱うものとする。

オ 「E球技」の(1)の運動については，第1学年及び第2学年においては，アからウまでを全ての生徒に履修させること。第3学年においては，アからウまでの中から二を選択して履修できるようにすること。また，アについては，バスケットボール，ハンドボール，サッカーの中から，イについては，バレーボール，卓球，テニス，バドミントンの中から，ウについては，ソフトボールを適宜取り上げることとし，学校や地域の実態に応じて，その他の運動についても履修させることができること。なお，ウの実施に当たり，十分な広さの運動場の確保が難しい場合は指導方法を工夫して行うこと。

(ア) 球技の領域は，第1学年及び第2学年においては，全ての生徒に履修させることとしているが，第3学年においては，球技及び武道のまとまりの中から1領域以上を選択して履修できるようにすることとしている。

したがって，指導計画を作成するに当たっては，3年間の見通しをもって決めることが必要である。

(イ)「十分な広さの運動場の確保が難しい場合は指導方法を工夫して行う」とは，ベースボール型のゲームを取り扱うことが難しい場合にあっても，用具などの工夫を行い，基本的なバット操作や定位置での守備などの共通する動きを学習させ，ベースボール型の特性や魅力に触れさせるよう配慮することが必要である。

(ウ) 球技の運動種目は，「ゴール型」，「ネット型」，「ベースボール型」で示している。なお，取り扱う運動種目は，「ゴール型」については，バスケットボール，ハンドボール，サッカーの中から，「ネット型」については，バレーボール，卓球，テニス，バドミントンの中から，「ベースボール型」については，ソフトボールを適宜取り上げることとしている。第1学年及び第2学年のうちに，これらの三つの型を全て履修できるようにするとともに，第3学年では，三つの型の中から，自己に適した二つの型を選択できるようにするとともに，第1学年及び第2学年の学習を一層深められるよう配慮することが必要である。

なお，学校や地域の実態に応じて，タグラグビーなどの運動についても履修させることができることとしているが，原則として，その他の運動は，内容の取扱いに示された各運動種目に加えて履修させることとし，学校や地域の特別

の事情がある場合には，替えて履修させることもできることとする。

(エ) 主体的・対話的で深い学びの実現に向けた授業改善を推進する観点から，必要な知識及び技能の定着を図る学習とともに，生徒の思考を深めるために発言を促したり，気付いていない視点を提示したりするなど，学びに必要な指導の在り方を追究し，生徒の学習状況を捉えて指導を改善していくことが大切である。

　その際，互いに教え合う時間を確保するなどの工夫をするとともに，指導事項の精選を図ったり，運動観察のポイントを明確にしたり，ICTを効果的に活用したりするなどして，体を動かす機会を適切に確保することが大切である。

ゴール型のボール操作とボールを持たないときの動きの例

	小学校5・6年	中学校1・2年	中学校3年
ボール操作	・近くにいるフリーの味方へのパス ・相手に取られない位置でのドリブル ・得点しやすい場所への移動とパスを受けてからのシュート	・ゴール方向に守備者がいない位置でシュートをすること ・マークされていない味方にパスを出すこと ・得点しやすい空間にいる味方にパスを出すこと ・パスやドリブルなどでボールをキープすること	・ゴールの枠内にシュートをコントロールすること ・味方が操作しやすいパスを送ること ・守備者とボールの間に自分の体を入れてボールをキープすること
ボールを持たないときの動き	・ボール保持者と自分の間に守備者が入らない位置への移動 ・得点しやすい場所への移動とパスを受けてからのシュート ・ボール保持者とゴールの間に体を入れた守備	・ボールとゴールが同時に見える場所に立つこと ・パスを受けるために、ゴール前の空いている場所に動くこと ・ボールを持っている相手をマークすること	・ゴール前に広い空間を作りだすために，守備者を引きつけてゴールから離れること ・パスを出した後に次のパスを受ける動きをすること ・ボール保持者が進行できる空間を作りだすために，進行方向から離れること ・ゴールとボール保持者を結んだ直線上で守ること ・ゴール前の空いている場所をカバーすること

ネット型のボールや用具の操作とボールを持たないときの動きの例

	小学校5・6年	中学校1・2年	中学校3年
ボールや用具の操作	・自陣のコート（中央付近）から相手コートへのサービス ・味方が受けやすいようにボールをつなぐこと。 ・片手，両手，用具を使っての相手コートへの返球	・サービスでは，ボールやラケットの中心付近で捉えること。 ・ボールを返す方向にラケット面を向けて打つこと ・味方が操作しやすい位置にボールをつなぐこと ・相手側のコートの空いた場所にボールを返すこと ・テイクバックをとって肩より高い位置からボールを打ち込むこと	・サービスでは，ボールをねらった場所に打つこと ・ボールを相手側のコートの空いた場所やねらった場所に打ち返すこと ・攻撃につなげるための次のプレイをしやすい高さと位置にボールを上げること ・ネット付近でボールの侵入を防いだり，打ち返したりすること ・腕やラケットを強く振って，ネットより高い位置から相手側のコートに打ち込むこと ・ポジションの役割に応じて，拾ったりつないだり打ち返したりすること
ボールを持たないときの動き	・ボールの方向に体を向けることとボール方向への移動	・相手の打球に備えた準備姿勢をとること ・プレイを開始するときは，各ポジションの定位置に戻ること ・ボールを打ったり受けたりした後，ボールや相手に正対すること	・ラリーの中で，味方の動きに合わせてコート上の空いている場所をカバーすること ・連携プレイのための基本的なフォーメーションに応じた位置に動くこと

2
各分野の目標
及び内容

ベースボール型のバット操作やボール操作とボールを持たないときの動きの例

	小学校5・6年	中学校1・2年	中学校3年
バット操作やボール操作	・止まったボール，易しいボールをフェアグラウンド内に打つこと ・打球方向への移動と捕球 ・捕球する相手に向かって，投げること	〈バット操作〉 ・投球の方向と平行に立ち，肩越しにバットを構えること ・地面と水平になるようにバットを振り抜くこと 〈ボール操作〉 ・ボールの正面に回り込んで，緩い打球を捕る ・投げる腕を後方に引きながら投げ手と反対側の足を踏み出し，軸足から踏み込み足へ体重を移動させながら，大きな動作でねらった方向にボールを投げること ・守備位置から塁上へ移動して，味方からの送球を受けること	〈バット操作〉 ・身体の軸を安定させてバットを振りぬくこと ・タイミングを合わせてボールを打ち返すこと ・ねらった方向にボールを打ち返すこと 〈ボール操作〉 ・捕球場所へ最短距離で移動して，相手の打ったボールを捕ること ・ねらった方向へステップを踏みながら一連の動きでボールを投げること ・仲間の送球に対して塁上でタイミングよくボールを受けたり，中継したりすること
ボールを持たないときの動き	・簡易化されたゲームにおける全力での塁間の走塁 ・打球方向への移動と捕球 ・守備の隊形をとって得点を与えないようにすること	〈走塁〉 ・スピードを落とさずに，タイミングを合わせて塁を駆け抜けること ・打球の状況によって塁を進んだり戻ったりすること 〈連携した守備〉 ・決められた守備位置に繰り返し立ち，準備姿勢をとること ・各ポジションの役割に応じて，ベースカバーやバックアップの基本的な動きをすること	〈走塁〉 ・スピードを落とさずに円を描くように塁間を走ること ・打球や守備の状況に応じた塁の回り方で，塁を進んだり戻ったりすること 〈連携した守備〉 ・味方からの送球を受けるために，走者の進む先の塁に動くこと ・打球や走者の位置に応じて，中継プレイに備える動きをすること

F　武道

［第1学年及び第2学年］

　武道は，武技，武術などから発生した我が国固有の文化であり，相手の動きに応じて，基本動作や基本となる技を身に付け，相手を攻撃したり相手の技を防御したりすることによって，勝敗を競い合い互いに高め合う楽しさや喜びを味わうことのできる運動である。また，武道に積極的に取り組むことを通して，武道の伝統的な考え方を理解し，相手を尊重して練習や試合ができるようにすることを重視する対人的な技能を基にした運動である。

　武道は，中学校で初めて学習する内容であるため，基本動作と基本となる技を確実に身に付け，それらを用いて，相手の動きの変化に対応した攻防を展開することができるようにすることが求められる。

　したがって，第1学年及び第2学年では，技ができる楽しさや喜びを味わい，武道の特性や成り立ち，技の名称や行い方，その運動に関連して高まる体力などを理解するとともに，基本動作や基本となる技を用いて簡易な攻防を展開することができるようにする。その際，攻防などの自己の課題を発見し，合理的な解決に向けて運動の取り組み方を工夫するとともに，自己の考えたことを他者に伝えることができるようにすることが大切である。また，武道の学習に積極的に取り組み，相手を尊重し，伝統的な行動の仕方を守ろうとすることや一人一人の違いに応じた課題や挑戦を認めようとすることなどに意欲をもち，禁じ技を用いないなど健康や安全に気を配ることができるようにすることが大切である。

　なお，指導に際しては，知識の理解を基に運動の技能を身に付けたり，運動の技能を身に付けることで一層知識を深めたりするなど，知識と技能を関連させて学習させることや，「知識及び技能」，「思考力，判断力，表現力等」，「学びに向かう力，人間性等」の内容をバランスよく学習させるようにすることが大切である。

(1) 知識及び技能
　武道について，次の事項を身に付けることができるよう指導する。

---

(1) 次の運動について，技ができる楽しさや喜びを味わい，武道の特性や成り立ち，伝統的な考え方，技の名称や行い方，その運動に関連して高まる体力などを理解するとともに，基本動作や基本となる技を用いて簡易な攻防を展開すること。

　ア　柔道では，相手の動きに応じた基本動作や基本となる技を用いて，投

げたり抑えたりするなどの簡易な攻防をすること。
イ　剣道では，相手の動きに応じた基本動作や基本となる技を用いて，打ったり受けたりするなどの簡易な攻防をすること。
ウ　相撲では，相手の動きに応じた基本動作や基本となる技を用いて，押したり寄ったりするなどの簡易な攻防をすること。

○　知識

　武道の特性や成り立ちでは，武道は，技を身に付けたり，身に付けた技を用いて相手と攻防したりする楽しさや喜びを味わうことのできる運動であること，武技，武術などから発生した我が国固有の文化として，今日では世界各地に普及していることを理解できるようにする。例えば，柔道は，オリンピック・パラリンピック競技大会においても主要な競技として行われていること，剣道や相撲でも，世界選手権大会が開催されていることなどを理解できるようにする。

　伝統的な考え方では，武道は，単に試合の勝敗を目指すだけではなく，技能の習得などを通して，人間形成を図るという考え方があることを理解できるようにする。例えば，武道は，相手を尊重する礼の考え方から受け身を取りやすいように相手を投げたり，勝敗が決まった後でも，相手に配慮して感情の表出を控えたりするなどの考え方があることを理解できるようにする。

　技の名称や行い方では，武道の各種目で用いられる技には名称があり，それぞれの技を身に付けるための技術的なポイントがあることを理解できるようにする。例えば，柔道には体落としという技があり，技をかけるためには崩しと体さばきの仕方があること，剣道には面抜き胴という技があり，技をかけるためにはしかけと体さばきの仕方があること，相撲には出し投げという技があり，技をかけるためには寄りといなしの仕方があることを理解できるようにする。

　その運動に関連して高まる体力では，武道は，それぞれの種目で主として高まる体力要素が異なることを理解できるようにする。例えば，武道を継続することで，柔道では主として瞬発力，筋持久力，巧緻性など，剣道では主として瞬発力，敏捷性，巧緻性など，相撲では主として，瞬発力，巧緻性，柔軟性などがそれぞれの技に関連して高められることを理解できるようにする。

　などの例には，試合の行い方がある。試合の行い方については，自由練習の延長として，ごく簡易な試合におけるルール，審判及び運営の仕方があることを理解できるようにする。

指導に際しては，動きの獲得を通して一層知識の大切さを実感できるようにすることや知識を活用し課題を発見・解決するなどの「思考力，判断力，表現力等」を育む学習につながるよう，汎用性のある知識を精選した上で，知識を基盤とした学習の充実を図ることが大切である。

また，武道においては「礼に始まり礼に終わる」といわれるように，「礼法」を重視していること，「礼」を重んじ，その形式にしたがうことは，自分を律するとともに相手を尊重する態度を形に表すことであることを，技の習得と関連付けて指導することが大切である。

〈例示〉
・武道は対人的な技能を基にした運動で，我が国固有の文化であること。
・武道には技能の習得を通して，人間形成を図るという伝統的な考え方があること。
・武道の技には名称があり，それぞれの技を身に付けるための技術的なポイントがあること。
・武道はそれぞれの種目で，主として高まる体力要素が異なること。
・試合の行い方には，ごく簡易な試合におけるルール，審判及び運営の仕方があること。

○　技能
ア　柔道

柔道は相手と直接組み合って，基本動作や基本となる技，連絡技を用いて相手と攻防をしながら，互いに「一本」を目指して勝敗を競い合う運動である。第１学年及び第２学年では，相手の動きに応じた基本動作や基本となる技を用いて簡易な攻防を展開できるようにする。

相手の動きに応じた基本動作とは，相手の動きに応じて行う姿勢と組み方，進退動作，崩しと体さばき及び受け身のことである。受け身には，横受け身，後ろ受け身及び前回り受け身があるが，初歩の段階では，横受け身と後ろ受け身を習熟させることが大切である。

指導に際しては，これらは相手の動きに応じた動作であるため，「崩し」から相手の不安定な体勢を捉えて技をかけやすい状態をつくる「体さばき」と「技のかけ」をまとまった技能として捉え，対人的な技能として一体的に扱うようにする。特に，「受け身」は，投げられた際に安全に身を処するために，崩しや体さばきと関連させてできるようにし，相手の投げ技と結び付けてあらゆる場面に対応して受け身がとれるようにすることが大切である。

〈例示〉

○　基本動作

・姿勢と組み方では，相手の動きに応じやすい自然体で組むこと。

・崩しでは，相手の動きに応じて相手の体勢を不安定にし，技をかけやすい状態をつくること。

・進退動作では，相手の動きに応じたすり足，歩み足及び継ぎ足で，体の移動をすること。

○　受け身

・横受け身では，体を横に向け下側の脚を前方に，上側の脚を後方にして，両脚と一方の腕全体で畳を強くたたくこと。

・後ろ受け身では，あごを引き，頭をあげ，両方の腕全体で畳を強くたたくこと。

・前回り受け身では，前方へ体を回転させ，背中側面が畳に着く瞬間に，片方の腕と両脚で畳を強くたたくこと。

基本となる技とは，投げ技の基本となる技と固め技の基本となる技のことである。投げ技の基本となる技とは，取（技をかける人）と受（技を受ける人）の双方が比較的安定して投げたり，受け身をとったりすることのできる技のことである。また，固め技の基本となる技とは，取と受の双方が，比較的安定して抑えたり，応じたり（逃れたり）することのできる技のことである。

指導に際しては，投げ技では，二人一組の対人で，崩し，体さばき，受け身を用いて，投げ技の基本となる技を扱うようにするとともに，膝車や支え釣り込み足などの支え技系，大外刈りなどの刈り技系，体落としや大腰などのまわし技系など系統別にまとめて扱うようにする。なお，大外刈りの指導に際しては，特に安全に留意し，受が安全に受け身を取れるようになるまで，膝をついた姿勢で技を受けるなど，段階的に指導するように配慮することとする。

また，固め技では，固め技の姿勢や体さばきを用いながら，けさ固めや横四方固めなどの固め技の基本となる技や簡易な技の入り方や返し方ができるようにするなど，重点的に取り扱うことが大切である。

なお，固め技には，抑え技，絞め技及び関節技があるが，生徒の心身の発達の段階から抑え技のみを扱うこととする。

〈例示〉
○ 投げ技
・取は膝車をかけて投げ，受は受け身をとること。
・取は支え釣り込み足をかけて投げ，受は受け身をとること。
・取は体落としをかけて投げ，受は受け身をとること。
・取は大腰をかけて投げ，受は受け身をとること。
・取は大外刈りをかけて投げ，受は受け身をとること。
○ 固め技
・取は，「抑え込みの条件」を満たして相手を抑えること。
・取はけさ固めや横四方固めで相手を抑えること。
・受はけさ固めや横四方固めで抑えられた状態から，相手を体側や頭方向に返すこと。

　投げたり抑えたりするなどの簡易な攻防をするとは，自由練習やごく簡易な試合で，相手の動きに応じた基本動作や投げ技の基本となる技を用いて，投げたり受けたりする攻防の展開や，固め技の基本となる技を用いて抑えたり返したりする攻防を展開することである。

　指導に際しては，投げ技では，対人でのかかり練習，約束練習及び自由練習を通して技の動きを正しく行えるようにすること，相手との動きの中で相手を崩して自由に技をかけるようにすることが大切である。さらに，生徒の技能の程度や安全を十分に確保するなどに配慮した，ごく簡易な試合を自由練習の延長として1分程度行うことができるようにする。

　また，固め技では，「抑え込みの条件」を満たして相手を抑えること，けさ固めや横四方固めなどの基本となる技で相手を抑えることや，片方が仰向けの姿勢や膝つきの組み合った姿勢から，相手を固め技で10秒〜15秒程度抑える簡易な試合をすることなどがねらいとなるが，技能の上達の程度に応じて指導を工夫するようにする。

イ　剣道

　剣道は竹刀を使って，基本動作や基本となる技を用いて，互いに「一本（有効打突）」を目指して，相手と攻防しながら勝敗を競い合う運動である。第1学年及び第2学年では，相手の動きに応じた基本動作や基本となる技を用いて簡易な攻防を展開できるようにする。

　相手の動きに応じた基本動作とは，相手の動きに応じて行う構えと体さばき，基本の打突の仕方と受け方のことである。構えと体さばきには，構えの

もととなる自然体，基本となる中段の構え，相手の動きに応じて攻撃や防御の間を保つための足さばきがある。また，打突の仕方と受け方には，正面打ちとその受け方，胴（右）の打ちとその受け方，小手（右）の打ちとその受け方がある。

　指導に際しては，構えや体さばきと基本の打突の仕方や受け方は関連付けて身に付けることに配慮するなど，対人的な技能として一体的に扱うようにする。

〈例示〉

○　基本動作
・構えでは，相手の動きに応じて自然体で中段に構えること。
・体さばきでは，相手の動きに応じて歩み足や送り足をすること。
・基本の打突の仕方と受け方では，中段の構えから体さばきを使って，面や胴（右）や小手（右）の部位を打ったり受けたりすること。

　基本となる技とは，しかけ技の基本となる技と応じ技の基本となる技のことで，打突の機会を理解しやすく，相手の構えを崩したり，相手の技をかわしたりする動きが比較的容易な技のことである。しかけ技の基本となる技は，小手―面，面―胴などの二段の技や，引き胴などの引き技のことである。また，応じ技の基本となる技は，面抜き胴などの抜き技のことである。

　指導に際しては，二人一組の対人で，体さばきを用いてしかけ技の基本となる技や応じ技の基本となる技ができるようにすることが大切である。また，基本動作や基本となる技を習得する学習においては，「形」の取扱いを工夫することも効果的である。

〈例示〉

○　しかけ技
〈二段の技〉
・最初の小手打ちに相手が対応したとき，隙ができた面を打つこと。（小手―面）
・最初の面打ちに相手が対応したとき，隙ができた胴を打つこと。（面―胴）
〈引き技〉
・相手と接近した状態にあるとき，隙ができた胴を退きながら打つこと。（引き胴）

○　応じ技
〈抜き技〉
・相手が面を打つとき，体をかわして隙ができた胴を打つこと。（面抜き胴）

　打ったり受けたりするなどの簡易な攻防をするとは，自由練習やごく簡易な試合で，相手の動きに応じた基本動作や，基本となる技を用いて，打ったり受けたりしながら攻防を展開することである。

　指導に際しては，しかけ技や応じ技では，対人でのかかり練習，約束練習及び自由練習を通して，技の動きを正しく行えるようにすること，体さばきや竹刀操作を用いて相手の構えを崩したり，相手の打突をかわしたりして打突できるようにすることが大切である。また，しかけ技や応じ技の基本となる技を用いたごく簡易な試合を自由練習の延長として，1分程度行うことができるようにする。

　なお，生徒の心身の発達の段階から「突き技」を扱わないこととする。

ウ　相撲

　相撲は素手で相手と直接組み合って，基本動作や基本となる技を用いて攻防をしながら，相手を崩して押したり，寄ったり，投げたりして勝敗を競い合う運動である。第1学年及び第2学年では，相手の動きに応じた基本動作や基本となる技を用いて簡易な攻防を展開できるようにする。

　相手の動きに応じた基本動作とは，蹲踞姿勢，塵浄水，四股，腰割り，中腰の構え，運び足，相手の動きに応じて行う仕切りからの立ち合い，受け身のことである。

　指導に際しては，基本動作は繰り返し行い，正しい動作が身に付くことができるようにする。また，相手の動きに応じて行う仕切りからの立ち合いは対人的な技能と一体として扱うようにするとともに，受け身は，相手の動きや技に応じて安全に行えるよう指導することが大切である。

〈例示〉

○　基本動作
・蹲踞姿勢と塵浄水では，正しい姿勢や形をとること。
・四股，腰割りでは，重心を低くした動きをすること。
・中腰の構えでは，重心を低くした姿勢をとること。
・運び足では，低い重心を維持して，すり足で移動すること。
・仕切りからの立ち合いでは，相手と動きを合わせること。

○　受け身
・相手の動きや技に応じて受け身をとること。

基本となる技とは，攻める側の体勢が比較的安定して，受ける側の体勢を崩す技のことである。相撲の技能は，押し，寄りから派生している。投げ技の基本となる技には，出し投げなどがある。

指導に際しては，この段階では，二人一組の対人で運び足や受け身を用いて基本となる技ができるようにすることが大切である。

なお，生徒の心身の発達の段階から「突き」を扱わないこととする。

〈例示〉

○　押し，寄り，前さばき
・相手の両脇の下を押すこと。（押し）
・相手のまわしを取って引きつけて寄ること。（寄り）
・押しから体を開き相手の攻めの方向にいなすこと。（いなし）

○　投げ技
・寄りから体を開き側方に出すように投げること，これに対し受け身をとること。（出し投げ―受け身）

押したり寄ったりするなどの簡易な攻防をするとは，自由練習やごく簡易な試合で，相手の動きに応じた基本動作と基本となる技を一体として用いて，押したり，寄ったり，いなしたりする攻防を展開することである。

指導に際しては，初歩の段階では，対人でのかかり練習，約束練習及び自由練習を通して，押し，寄り，前さばきの基本となる技と投げ技の形を正しく行えるようにすること，相手との動きの中で相手を崩して技をかけるようにすることが大切である。また，押し，寄り，前さばきの基本となる技を用いたごく簡易な試合を行うことができるようにする。

また，投げ技を練習する段階では，押し，寄りに関連のある投げ技を取り扱うようにしながら，技をかける機会を工夫し，受け身も十分に扱うようにする。

〈用語の説明〉
「塵浄水」とは，相撲の伝統的な礼法で，対戦の前に正々堂々と競技することを互いに誓い合うという意味を持つ所作のことである。

(2) 思考力，判断力，表現力等

武道について，次の事項を身に付けることができるよう指導する。

---

(2) 攻防などの自己の課題を発見し，合理的な解決に向けて運動の取り組み
方を工夫するとともに，自己の考えたことを他者に伝えること。

運動に関する領域における思考力，判断力，表現力等とは，学習した内容を，
学習場面に適用したり，応用したりし，言語や文章などで表現することである。

第1学年及び第2学年では，自己の課題を発見し，基礎的な知識や技能を活
用して，学習課題への取り組み方を工夫できるようにしたり，自己の課題の発
見や解決に向けて考えたりしたことを，他者にわかりやすく伝えられるように
する。

攻防などの自己の課題を発見しとは，武道の特性を踏まえて，技や簡易な攻
防などの改善についてのポイントを発見したり，仲間との関わり合いや健康・
安全についての自己の取り組み方などの課題を発見したりすることを示してい
る。

合理的な解決に向けて運動の取り組み方を工夫するとは，技の習得や簡易な
攻防，仲間との関わり方，安全上の留意点などの発見した課題を，合理的に解
決できるよう知識を活用したり，応用したりすることを示している。

自己の考えたことを他者に伝えるとは，自己の課題について，思考し判断し
たことを，言葉や文章などで表したり，他者にわかりやすく伝えたりすること
を示している。

なお，第1学年及び第2学年では，「運動に関する思考力，判断力，表現力
等」，「体力，健康・安全に関する思考力，判断力，表現力等」及び「運動実践
につながる態度に関する思考力，判断力，表現力等」の中から，領域の特性に
応じた思考力，判断力，表現力等の例を重点化して示している。

指導に際しては，中学校第1学年及び第2学年においては，習得した知識を
用いて仲間に課題や出来映えを伝えるなど，生徒が習得した知識を基に解決が
可能な課題の提示の仕方を工夫することが大切である。

〈例示〉

・提示された動きのポイントやつまずきの事例を参考に，仲間の課題や出来
映えを伝えること。

・提供された練習方法から，自己の課題に応じた練習方法を選ぶこと。

・学習した安全上の留意点を，他の学習場面に当てはめ，仲間に伝えること。

・練習の場面で，仲間の伝統的な所作等のよい取組を見付け，理由を添えて

他者に伝えること。

・体力や技能の程度，性別等の違いを踏まえて，仲間とともに楽しむための練習や簡易な試合を行う方法を見付け，仲間に伝えること。

（3）学びに向かう力，人間性等
武道について，次の事項を身に付けることができるよう指導する。

> （3）武道に積極的に取り組むとともに，相手を尊重し，伝統的な行動の仕方を守ろうとすること，分担した役割を果たそうとすること，一人一人の違いに応じた課題や挑戦を認めようとすることなどや，禁じ技を用いないなど健康・安全に気を配ること。

武道に積極的に取り組むとは，発達の段階や学習の段階に適した課題を設定したり，練習の進め方や場づくりの方法を選んだりする学習などに積極的に取り組むことを示している。そのため，人には誰でも学習によって体力や技能が向上する可能性があるといった挑戦することの意義を理解し，取り組めるようにする。

相手を尊重し，伝統的な行動の仕方を守ろうとするとは，武道は，相手と直接的に攻防し互いに高め合う特徴があるため，「礼に始まり礼に終わる」といわれるように，相手を尊重し合うための独自の作法，所作を守ることに取り組もうとすることを示している。そのため，伝統的な行動の仕方を守ることで，自分で自分を律する克己の心に触れることにつながることを理解し，取り組めるようにする。

なお，伝統的な行動の仕方の指導については，単に形の指導に終わるのではなく，相手を尊重する気持ちを込めて行うことが大切であることに留意する。

分担した役割を果たそうとするとは，練習やごく簡易な試合を行う際に，用具等の準備や後片付け，審判などの分担した役割に取り組もうとすることを示している。そのため，分担した役割を果たすことは，活動時間の確保につながることや，グループの人間関係がよくなることにつながることを理解し，取り組めるようにする。

一人一人の違いに応じた課題や挑戦を認めようとするとは，体力や技能の程度，性別や障害の有無等に応じて，自己の状況に合った実現可能な課題の設定や挑戦を認めようとすることを示している。そのため，武道を行う際は，様々な違いを超えて，参加者全員が楽しんだり達成感を味わったりするための工夫や調整が求められる場合があることなどを理解し，取り組めるようにする。

などの例には，仲間の学習を援助しようとすることがある。これは，練習の際に，仲間の練習相手を引き受けたり，技の行い方などの学習課題の解決に向けて仲間に助言したりしようとすることなどを示している。そのため，仲間の学習を援助することは，自己の能力を高めたり，仲間との連帯感を高めて気持ちよく活動したりすることにつながることを理解し，取り組めるようにする。

　禁じ技とは，安全上の配慮から，中学校段階では用いない技を示している。そのため，柔道では絞め技や関節技，剣道では突き技，相撲では反り技，河津掛け，さば折り，かんぬきなどの禁じ技を用いないことを理解し，取り組めるようにする。

　健康・安全に気を配るとは，体調の変化などに気を配ること，危険な動作や禁じ技を用いないこと，けがや事故につながらないよう竹刀や畳の状態などを整えること，練習や試合の場所などの自己や仲間の安全に留意することや，技の難易度を踏まえ，自己の体調や技能の程度に応じて技に挑戦することを示している。そのため，体調に異常を感じたら運動を中止すること，竹刀などの用具の扱い方や畳などの設置の仕方及び起きやすいけがの事例などを理解し，取り組めるようにする。

　指導に際しては，生徒自身が公正，協力，責任，参画，共生の意義や価値を認識し取り組もうとする意欲を高めることが求められることから，意義や価値の理解とその具体的な取り組み方を結び付けて指導することが大切である。また，学びに向かう力，人間性等に関する意義や価値については，各領域で繰り返し指導することが大切である。

〈例示〉

・武道の学習に積極的に取り組もうとすること。

・相手を尊重し，伝統的な行動の仕方を守ろうとすること。

・用具等の準備や後片付け，審判などの分担した役割を果たそうとすること。

・一人一人の違いに応じた課題や挑戦を認めようとすること。

・禁じ技を用いないなど健康・安全に留意すること。

〈「禁じ技」の説明〉

　○　柔道

　　「絞め技」とは，自らの腕や脚，襟を用いて，相手の頸を攻める技であるが，安全上の配慮から中学生以下は禁止されている。

　　「関節技」とは，相手の関節を逆にまげたり，ねじったりして相手を攻める技であるが，安全上の配慮から中学生以下は禁止されている。

○　剣道

「突き技」とは，喉付近にある突き部を，両肘を伸ばしながら突く技であるが，安全上の配慮から中学生以下は禁止されている。

○　相撲

「反り技」とは，立ち上がる時，腰を落として相手を両手で押し上げるようにして，身を反らせながら後ろへ投げる技であるが，安全上の配慮から中学生以下は禁止されている。

「河津掛け」とは，足を内側から絡め後方に倒す技のことであるが，安全上の配慮から中学生以下は禁止されている。

「さば折り」とは，両手で相手の体やまわしを引き付け，あごを相手の肩にあてるなどして強く引き，のけ反らせる技であるが，安全上の配慮から中学生以下は禁止されている。

「かんぬき」とは，相手の肘関節を挟みつけて動かせないようにすることで，安全上の配慮から中学生以下は禁止されている。

［第3学年］

第1学年及び第2学年の基本動作や基本となる技を用いて簡易な攻防を展開することをねらいとした学習を受けて，第3学年では，基本動作や基本となる技を用いて攻防を展開することを学習のねらいとしている。

したがって，第3学年では，技を高め勝敗を競う楽しさや喜びを味わい，伝統的な考え方，技の名称や見取り稽古の仕方，体力の高め方などを理解するとともに，基本動作や基本となる技を用いて攻防を展開することができるようにする。その際，攻防などの自己や仲間の課題を発見し，合理的な解決に向けて運動の取り組み方を工夫するとともに，自己の考えたことを他者に伝えることができるようにすることが大切である。また，武道の学習に自主的に取り組み，相手を尊重し，武道の伝統的な行動の仕方を大切にすることや一人一人の違いに応じた課題や挑戦を大切にしようとすることなどに意欲をもち，健康や安全を確保することができるようにすることが大切である。

指導に際しては，知識の理解を基に運動の技能を身に付けたり，運動の技能を身に付けることで一層知識を深めたりするなど，知識と技能を関連させて学習させることや，「知識及び技能」，「思考力，判断力，表現力等」，「学びに向かう力，人間性等」の内容をバランスよく学習させるようにすることが大切である。

(1) 知識及び技能

武道について，次の事項を身に付けることができるよう指導する。

(1) 次の運動について，技を高め勝敗を競う楽しさや喜びを味わい，伝統的な考え方，技の名称や見取り稽古の仕方，体力の高め方などを理解するとともに，基本動作や基本となる技を用いて攻防を展開すること。

　ア　柔道では，相手の動きの変化に応じた基本動作や基本となる技，連絡技を用いて，相手を崩して投げたり，抑えたりするなどの攻防をすること。

　イ　剣道では，相手の動きの変化に応じた基本動作や基本となる技を用いて，相手の構えを崩し，しかけたり応じたりするなどの攻防をすること。

　ウ　相撲では，相手の動きの変化に応じた基本動作や基本となる技を用いて，相手を崩し，投げたりいなしたりするなどの攻防をすること。

○　**知識**

　伝統的な考え方では，我が国固有の文化である武道を学習することは，自国の文化に誇りをもつ上で有効であり，これからの国際社会で生きていく上で有意義であることを理解できるようにする。

　技の名称や見取り稽古の仕方では，武道の各種目で用いられる技の名称があることを理解できるようにする。また，見取り稽古とは，武道特有の練習方法であり，他人の稽古を見て，相手との間合の取り方や相手の隙をついて勢いよく技をしかける機会，技のかけ方や武道特有の「気合」などを学ぶことも有効な方法であることを理解できるようにする。

　体力の高め方では，武道のパフォーマンスは，体力要素の中でも，柔道では主として瞬発力，筋持久力，巧緻性など，剣道では主として瞬発力，敏捷性，巧緻性など，相撲では主として，瞬発力，巧緻性，柔軟性などに強く影響される。そのため，攻防に必要な技術と関連させた補助運動や部分練習を取り入れ，繰り返したり，継続して行ったりすることで，結果として体力を高めることができることを理解できるようにする。

　などの例には，試合の行い方がある。試合については，ルールを簡易化するなどの工夫や，審判及び運営の仕方などの試合の行い方があることを理解できるようにする。

　指導に際しては，第1学年及び第2学年に示したことに加え，領域の特性や魅力を一層味わい，自主的な学習を促すための知識を効果的に理解できるよう指導の機会を工夫することが大切である。

　また，武道においては「礼」を重んじ，その形式に従うことは，自分を律するとともに相手を尊重する態度を形に表すことであり，その自己制御が人

155

間形成にとって重要な要素であることを，技の習得と関連付けて指導することが大切である。

〈例示〉

- ・武道を学習することは，自国の文化に誇りをもつことや，国際社会で生きていく上で有意義であること。
- ・武道には，各種目で用いられる技の名称や武道特有の運動観察の方法である見取り稽古の仕方があること。
- ・武道では，攻防に必要な補助運動や部分練習を繰り返したり，継続して行ったりすることで，結果として体力を高めることができること。
- ・試合の行い方には，簡易な試合におけるルール，審判及び運営の仕方があること。

○　技能

ア　柔道

　　第3学年では，相手の動きの変化に応じた基本動作，既習技，新たな基本となる技及び連絡技の技能の上達を踏まえて，投げ技や固め技及び連絡技を用いた自由練習や簡易な試合で攻防を展開することができるようにする。

　　相手の動きの変化に応じた基本動作とは，この段階では，相手の動きが速くなるため，その変化に対応することが必要となる。こうした相手の動きの変化に応じて行う姿勢と組み方，崩しと体さばき，進退動作及び受け身のことである。

〈例示〉

- ○　基本動作
  - ・姿勢と組み方では，相手の動きの変化に応じやすい自然体で組むこと。
  - ・崩しでは，相手の動きの変化に応じて相手の体勢を不安定にし，技をかけやすい状態をつくること。
  - ・進退動作では，相手の動きの変化に応じたすり足，歩み足，継ぎ足で，体の移動をすること。
- ○　受け身
  - ・相手の投げ技に応じて横受け身，後ろ受け身，前回り受け身をとること。

　　基本となる技とは，投げ技の基本となる技は，取（技をかける人）と受

（技を受ける人）の双方が比較的安定して投げたり，受けたりすることのできる技のことであるが，この段階では既習技に加えて，小内刈り，大内刈りなどの刈り技系，釣り込み腰，背負い投げなどのまわし技系の技がある。また，固め技の基本となる技は，取と受の双方が比較的安定して抑えたり，応じたり（逃れたり）することのできる技のことであるが，この段階では既習技に加え上四方固めがある。

　なお，固め技には，抑え技，絞め技及び関節技があるが，生徒の心身の発達の段階から抑え技のみを扱うこととする。

　連絡技とは，技をかけたときに，相手の防御に応じて，更に効率よく相手を投げたり抑えたりするためにかける技のことである。

　指導に際しては，投げ技では，二人一組の対人で，崩し，体さばき，受け身を用いて投げ技の基本となる技を扱うようにするとともに，二つの技を同じ方向にかける技の連絡，二つの技を違う方向にかける技の連絡など系統別にまとめて扱うようにする。また，固め技では，固め技の姿勢や体さばきを用いながら，固め技の連絡ができるようにすることが大切である。

〈例示〉

　○　投げ技
　　・取は小内刈りをかけて投げ，受は受け身をとること。
　　・取は大内刈りをかけて投げ，受は受け身をとること。
　　・取は釣り込み腰をかけて投げ，受は受け身をとること。
　　・取は背負い投げをかけて投げ，受は受け身をとること。

　○　投げ技の連絡
〈二つの技を同じ方向にかける技の連絡〉
　　・大内刈りから大外刈りへ連絡すること。
〈二つの技を違う方向にかける技の連絡〉
　　・釣り込み腰から大内刈りへ連絡すること。
　　・大内刈りから背負い投げへ連絡すること。

　○　固め技の連絡
　　・取は相手の動きの変化に応じながら，けさ固め，横四方固め，上四方固めの連絡を行うこと。
　　・受はけさ固め，横四方固め，上四方固めで抑えられた状態から，相手の動きの変化に応じながら，相手を体側や頭方向に返すことによって逃げること。
　　・相手がうつぶせのとき，相手を仰向けに返して抑え込みに入ること。

相手を崩して投げたり，抑えたりするなどの攻防をするとは，自由練習や簡易な試合で，相手の動きの変化に応じた基本動作を行いながら，投げ技の基本となる技や連絡技を用いて相手を崩して攻撃をしかけたり，その防御をしたりすることである。

指導に際しては，投げ技では，対人での練習を通して，既習技を高めるとともに，相手の動きの変化に応じて相手を崩し，基本となる技や連絡技を素早くかけたり，自由にかけたりすることが大切である。さらに，生徒の技能の程度や安全を十分に配慮した，自由練習や簡易な試合を行うことができるようにする。

また，固め技では，基本となる技を高めるとともに，抑え技の連絡を用いて相手を抑えることや，固め技の試合で 15 秒〜20 秒程度抑える試合をすることなどがねらいとなるが，技能の上達に応じて指導の仕方を工夫することが大切である。

イ　剣道

第3学年では，相手の動きの変化に応じた基本動作，既習技や新たな基本となる技の技能の上達を踏まえて，しかけ技や応じ技を用いた自由練習や簡易な試合で攻防を展開することができるようにする。

相手の動きの変化に応じた基本動作とは，相手の動きの変化に応じて行う構えと体さばき及び基本の打突（だとつ）の仕方と受け方のことである。

〈例示〉

○　基本動作

・構えでは，相手の動きの変化に応じた自然体で中段に構えること。
・体さばきでは，相手の動きの変化に応じて体の移動を行うこと。
・基本の打突（だとつ）の仕方と受け方では，体さばきや竹刀操作を用いて打ったり，応じ技へ発展するよう受けたりすること。

基本となる技とは，打突（だとつ）の機会を理解しやすく，相手の構えを崩したり，相手の技をかわしたりする動きが比較的容易な技のことである。しかけ技の基本となる技は，既習技に加えて，面―面打ちなどの二段の技，引き面などの引き技，出ばな面などの出ばな技と，払い面などの払い技がある。また，応じ技の基本となる技は，既習技に加えて，小手抜き面などの抜き技がある。

指導に際しては，二人一組の対人で，相手の動きの変化に応じた体さばきを用いながら，自己の体力や技能の程度に応じて，しかけ技や応じ技の

基本となる技を身に付けたり，高めたりすることができるよう工夫を行うことが大切である。

〈例示〉

○　しかけ技

〈二段の技〉

・最初の面打ちに相手が対応したとき，隙ができた面を打つこと。（面—面）

〈引き技〉

・相手と接近した状態にあるとき，隙ができた面を退きながら打つこと。（引き面）

〈出ばな技〉

・相手が打とうとして竹刀の先が上下に動いたとき，隙ができた面を打つこと。（出ばな面）

〈払い技〉

・相手の竹刀を払ったとき，隙ができた面を打つこと。（払い面）

○　応じ技

〈抜き技〉

・相手が小手を打つとき，体をかわしたり，竹刀を頭上に振りかぶったりして面を打つこと。（小手抜き面）

相手の構えを崩し，しかけたり応じたりするなどの攻防をするとは，自由練習や簡易な試合で，相手の動きの変化に応じた基本動作から，相手の構えを崩し，その隙を捉えてしかけ技や応じ技の基本となる技を用いて攻防を展開することである。

指導に際しては，しかけ技や応じ技では，対人での練習を通して既習技を高めるとともに，相手の構えを崩したり相手の動きや技の変化に応じたりして，自由に打突することができるようにすることが大切である。

また，しかけ技や応じ技の基本となる技を用いて，自由練習や簡易な試合で攻防ができるようにする。

なお，生徒の心身の発達の段階から「突き技」を扱わないこととする。

ウ　相撲

第3学年では，相手の動きの変化に応じた基本動作，既習技及び新たな基本となる技の技能の上達を踏まえて，投げ技や前さばきを用いた自由練習や簡易な試合で攻防を展開することができるようにする。

相手の動きの変化に応じた基本動作とは，蹲踞姿勢，塵浄水，四股，腰割り，中腰の構え，運び足及び相手の動きの変化に応じて行う仕切りからの立ち合い，受け身のことである。

　指導に際しては，受け身は，相手の動きや技に応じて安全に行うこと，中腰の構えや運び足は，重心を低くし安定した姿勢で行うことができるようにする。また，相手の動きの変化に応じて行う仕切りからの立ち合いは，対人的な技能として基本となる技と一体として指導することが大切である。

〈例示〉

　　○　基本動作
　　・蹲踞姿勢と塵浄水では，正しく安定した姿勢や形をとること。
　　・四股，腰割りでは，重心を低くして安定した動きをすること。
　　・中腰の構えでは，重心を低くし安定した姿勢をとること。
　　・運び足では，低い重心を維持し安定して，すり足で移動すること。
　　・仕切りからの立ち合いでは，相手と動きを合わせて一連の動作で行うこと。

　　○　受け身
　　・相手の動きや技に応じ，安定して受け身をとること。

　　基本となる技とは，押し，寄り，いなしなどの既習技に加えて，投げ技と前さばきがある。

　なお，生徒の心身の発達の段階から「突き」を扱わないこととする。

　指導に際しては，二人一組の対人で，立ち合いからの流れで相手の変化に応じたり，自己の体力や技能の程度に応じて，基本となる技を身に付けたり，高めたりすることができるよう工夫を行うことが大切である。

〈例示〉

　　○　押し，寄り，前さばき
　　・相手の両脇の下や前まわしを取って押すこと，これに対し体を開き，相手の攻めの方向にいなすこと。（押し―いなし）
　　・相手のまわしを取って引き付けること，これに対し相手の差し手を逆に下手に差し替えること。（寄り―巻き返し）
　　○　投げ技
　　・寄りから上手で投げること，これに対し受け身を取ること。（上手投げ―受け身）
　　・寄りから下手で投げること，これに対し受け身を取ること。（下手投げ―受け身）

・体を開いて斜め下の方へ突き落とすこと，これに対し受け身をとること。（突き落とし—受け身）

相手を崩し，投げたりいなしたりするなどの攻防をするとは，相手の動きの変化に応じた基本動作を行いながら，投げ技や前さばきの基本となる技を用いた自由練習や簡易な試合で攻防を展開することである。

指導に際しては，投げ技や前さばきでは，対人での練習を通して既習技を高めるとともに，相手の動きの変化に応じて相手を崩し，技を素早くかけるようにすること，投げ技や前さばきを使った自由練習や簡易な試合で攻防を展開できるようにすることが大切である。

(2) 思考力，判断力，表現力等

武道について，次の事項を身に付けることができるよう指導する。

> (2) 攻防などの自己や仲間の課題を発見し，合理的な解決に向けて運動の取り組み方を工夫するとともに，自己の考えたことを他者に伝えること。

運動に関する領域における思考力，判断力，表現力等とは，学習した内容を，学習場面に適用したり，応用したりし，言語や文章などで表現することである。

第3学年では，領域及び運動の選択の幅が広がることから，自己や仲間の課題を発見し，これまで学習した知識や技能を活用して，学習課題への取り組み方を工夫できるようにしたり，自己や仲間の課題の発見や解決に向けて考えたりしたことを，他者にわかりやすく伝えられるようにする。

攻防などの自己や仲間の課題を発見しとは，武道の特性を踏まえて，技や攻防などの改善についてのポイントを発見したり，仲間との関わり合いや健康・安全についての自己や仲間の取り組み方などの課題を発見したりすることを示している。

合理的な解決に向けて運動の取り組み方を工夫するとは，技の習得や攻防，仲間との関わり方，健康・安全の確保の仕方，運動の継続の仕方などの発見した課題を，合理的に解決できるよう知識を活用したり，応用したりすることを示している。

自己の考えたことを他者に伝えるとは，自己や仲間の課題について，思考し判断したことを，言葉や文章などで表したり，他者にわかりやすく伝えたりすることを示している。第3学年では，領域及び運動の選択の幅が広がることから，自己や仲間の課題を発見し，これまで学習した知識や技能を活用して，学

習課題への取り組み方を工夫できるようにしたり，自己や仲間の課題の発見や解決に向けて考えたりしたことを，他者にわかりやすく伝えられるようにする。

なお，第3学年では，「運動に関する思考力，判断力，表現力等」，「体力，健康・安全に関する思考力，判断力，表現力等」，「運動実践につながる態度に関する思考力，判断力，表現力等」及び「生涯スポーツの実践に関する思考力，判断力，表現力等」の中から，領域の特性に応じた思考力，判断力，表現力等の例を重点化して示している。

指導に際しては，中学校第3学年においては，習得した知識を基に，よりよい解決方法を比較したり，活動を振り返ったりするなどによって，学習成果を分析する活動の提示の仕方を工夫することが大切である。

〈例示〉

・見取り稽古などから，合理的な動きと自己や仲間の動きを比較して，練習の成果や改善すべきポイントとその理由を仲間に伝えること。

・自己や仲間の技術的な課題やその課題解決に有効な練習方法の選択について，自己の考えを伝えること。

・選択した運動に必要な準備運動や自己が取り組む補助運動を選ぶこと。

・健康や安全を確保するために，体調や環境に応じた適切な練習方法等について振り返ること。

・相手を尊重するなどの伝統的な行動をする場面で，よりよい所作について，自己や仲間の活動を振り返ること。

・体力や技能の程度，性別等の違いに配慮して，仲間とともに武道を楽しむための活動の方法や修正の仕方を見付けること。

・武道の学習成果を踏まえて，自己に適した「する，みる，支える，知る」などの運動を継続して楽しむための関わり方を見付けること。

(3) 学びに向かう力，人間性等

武道について，次の事項を身に付けることができるよう指導する。

> (3) 武道に自主的に取り組むとともに，相手を尊重し，伝統的な行動の仕方を大切にしようとすること，自己の責任を果たそうとすること，一人一人の違いに応じた課題や挑戦を大切にしようとすることなどや，健康・安全を確保すること。

武道に自主的に取り組むとは，自己や仲間の課題に応じた練習方法を選択する学習などに自主的に取り組むことなどを示している。そのため，上達してい

くためには繰り返し粘り強く取り組むことが大切であることなどを理解し，取り組めるようにする。

　相手を尊重し，伝統的な行動の仕方を大切にしようとするとは，単に伝統的な行動の仕方を所作として守るだけではなく，「礼に始まり礼に終わる」などの伝統的な行動の仕方を自らの意思で大切にしようとすることを示している。そのため，伝統的な行動の仕方を大切にすることは，自分で自分を律する克己の心に触れるとともに，人間形成につながることを理解し，取り組めるようにする。

　自己の責任を果たそうとするとは，練習や簡単な試合などで仲間と互いに合意した役割に責任をもって，自主的に取り組もうとすることを示している。そのため，自己の責任を果たすことは，武道の学習を円滑に進めることにつながることや，社会生活を過ごす上で必要な責任感を身に付けることつながることを理解し，取り組めるようにする。

　一人一人の違いに応じた課題や挑戦を大切にしようとするとは，体力や技能の程度，性別や障害の有無等に応じて，自己の状況に合った実現可能な課題の設定や挑戦を大切にしようとすることを示している。そのため，様々な違いを超えて武道を楽しむことができる配慮をすることで，武道のよりよい環境づくりに貢献することすること，違い応じて配慮の仕方があることなどを理解し，取り組めるようにする。

　などの例には，互いに助け合い教え合おうとすることがある。これは，練習の際に，投げ込みや打ち込みの相手を引き受けたり，見取り稽古などを通して仲間の課題を指摘するなど教え合ったりしながら取り組もうとすることを示している。そのため，互いに助け合い教え合うことは，仲間との連帯感を高めて切磋琢磨するなど自主的な学習を行いやすくすることにつながることを理解し，取り組めるようにする。

　健康・安全を確保するとは，禁じ技を用いないことはもとより，相手の技能の程度や体力に応じて力を加減すること，用具や練習及び試合の場所の安全に留意すること，施設の広さなどの状況に応じて安全対策を講じること，自己の体調や技能の程度に応じた技術的な課題を選んで段階的に挑戦することなどを通して，健康を維持したり自己や仲間の安全を保持したりすることを示している。そのため，用具や施設の安全確認の仕方，段階的な練習の仕方，けがを防止するための留意点などを理解し，取り組めるようにする。

　指導に際しては，生徒自身が公正，協力，責任，参画，共生の意義や価値を認識し取り組もうとする意欲を高めることが求められることから，意義や価値の理解とその具体的な取り組み方を結び付けて指導することが大切である。ま

た，学びに向かう力，人間性等に関する意義や価値については，各領域で繰り返し伝えることも大切である。

〈例示〉

・武道の学習に自主的に取り組もうとすること。

・相手を尊重し，伝統的な行動の仕方を大切にしようとすること。

・仲間と互いに合意した役割について自己の責任を果たそうとすること。

・一人一人の違いに応じた課題や挑戦を大切にしようとすること。

・健康・安全を確保すること。

内容の取扱い

(2) 内容の「A体つくり運動」から「H体育理論」までに示す事項については，次のとおり取り扱うものとする。

カ 「F武道」については，柔道，剣道，相撲，空手道，なぎなた，弓道，合気道，少林寺拳法，銃剣道などを通して，我が国固有の伝統と文化により一層触れることができるようにすること。また，(1)の運動については，アからウまでの中から一を選択して履修できるようにすること。なお，学校や地域の実態に応じて，空手道，なぎなた，弓道，合気道，少林寺拳法，銃剣道などについても履修させることができること。また，武道場などの確保が難しい場合は指導方法を工夫して行うとともに，学習段階や個人差を踏まえ，段階的な指導を行うなど安全を十分に確保すること。

(ｱ) 武道の領域は，第1学年及び第2学年においては，全ての生徒に履修させることとしている。また，第3学年においては，球技及び武道のまとまりの中から1領域以上を選択して履修できるようにすることとしている。

　　したがって，指導計画を作成するに当たっては，3年間の見通しをもって決めることが必要である。

(ｲ) 武道の運動種目は，柔道，剣道又は相撲のうちから1種目を選択して履修できるようにすることとしている。

　　なお，学校や地域の実態に応じて，空手道，なぎなた，弓道，合気道，少林寺拳法，銃剣道などについても履修させることができることとしているが，原則として，柔道，剣道又は相撲に加えて履修させることとし，学校や地域の特別の事情がある場合には，替えて履修させることができることとする。それらの場合は，各学校が次の要件などを参考に適切に判断することが必要であるとともに，基本動作や基本となる技を身に付けさせたり，形を取り入れたりするなどの工夫をし，効果的，継続的な学習ができるようにすることが大切である。

　　⑦ 指導するための施設・設備が整備され，指導者が確保されていること。

　　④ 指導内容及び指導方法が体系的に整備されていること。

　　⑨ 当該校の教員が指導から評価まで行うことができる体制が整備されていること。

　　㉑ 生徒の自発的，自主的な学習を重視する観点から，その前提となる生徒の興味，関心が高いこと。

　　㉕ 安全を確保する観点から，学習段階や個人差を踏まえ，段階的な指導を行うことができる体制などが整備されていること。また，指導内容は，柔

道，剣道及び相撲に示された指導内容を踏まえたものであること。例えば，柔道においては，生徒の心身の発達の段階から中学校では固め技では抑え技のみを扱うこととしていること，剣道においては，生徒の心身の発達の段階から中学校では突き技を扱わないこととしていることなどを踏まえたものであること。

(ウ) 武道場などの確保が難しい場合は，他の施設で実施することとなるが，その際は，安全上の配慮を十分に行い，基本動作や基本となる技の習得を中心として指導を行うなど指導方法を工夫することとしている。

　　また，武道は，相手と直接的に攻防するという運動の特性や，中学校で初めて経験する運動種目であることなどから，各学年ともその種目の習熟を図ることができるよう適切な授業時数を配当し，効果的，継続的な学習ができるようにすることが必要である。また，武道は，段階的な指導を必要とするため，特定の種目を3年間履修できるようにすることが望ましいが，生徒の状況によっては各学年で異なった種目を取り上げることもできるようにする。

(エ) 主体的・対話的で深い学びの実現に向けた授業改善を推進する観点から，必要な知識及び技能の定着を図る学習とともに，生徒の思考を深めるために発言を促したり，気付いていない視点を提示したりするなど，学びに必要な指導の在り方を追究し，生徒の学習状況を捉えて指導を改善していくことが大切である。

　　その際，互いに教え合う時間を確保するなどの工夫をするとともに，指導事項の精選を図ったり，運動観察のポイントを明確にしたり，ICTを効果的に活用するなどして，体を動かす機会を適切に確保することが大切である。

柔道の技能の学習段階の例

		中学校1・2年	中学校3年
投げ技	支え技系	膝車	→
		支え釣り込み足	→
	まわし技系	体落とし	→
		大腰	→
			釣り込み腰
			背負い投げ
	刈り技系	大外刈り	→
			小内刈り
			大内刈り
固め技（抑え技）	けさ固め系	けさ固め	→
	四方固め系	横四方固め	→
			上四方固め
技の連絡	投げ技の連絡		大内刈り⇒大外刈り
			釣り込み腰⇒大内刈り
			大内刈り⇒背負い投げ
	固め技の連絡		けさ固め⇒横四方固め
			横四方固め⇒上四方固め

剣道の技能の学習段階の例

		中学校1・2年	中学校3年
しかけ技	二段の技	小手一面	→
		面一胴	→
			面一面
	引き技	引き胴	→
			引き面
	出ばな技		出ばな面
	払い技		払い面
応じ技	抜き技	面抜き胴	→
			小手抜き面

相撲の技能の学習段階の例

		中学校1・2年	中学校3年
押し寄り前さばき	押し	押し	→
	寄り	寄り	→
	前さばき	いなし	→
			巻き返し
投げ技		出し投げ	→
			上手投げ
			下手投げ
			突き落とし

※表中の「→」は既習技を示している。

G　ダンス

［第１学年及び第２学年］

　ダンスは，創作ダンス，フォークダンス，現代的なリズムのダンスで構成され，イメージを捉えた表現や踊りを通した交流を通して仲間とのコミュニケーションを豊かにすることを重視する運動で，仲間とともに感じを込めて踊ったり，イメージを捉えて自己を表現したりすることに楽しさや喜びを味わうことのできる運動である。

　小学校では，低学年の表現リズム遊びで，題材の特徴を捉え全身で踊ったり，リズムに乗ったりして踊ることを，中学年及び高学年の表現運動で，表したい感じをひと流れの動きで表現したり，リズムや踊りの特徴を捉えたりして踊ることを学習している。

　中学校では，これらの学習を受けて，イメージを捉えたり深めたりする表現，伝承されてきた踊り，リズムに乗って全身で踊ることや，これらの踊りを通した交流や発表ができるようにすることが求められる。

　したがって，第１学年及び第２学年では，感じを込めて踊ったりみんなで踊ったりする楽しさや喜びを味わい，ダンスの特性や由来，表現の仕方などを理解するとともに，イメージを捉えた表現や踊りを通した交流ができるようにする。その際，表現などの自己の課題を発見し，合理的な解決に向けて運動の取り組み方を工夫するとともに，自己や仲間の考えたことを他者に伝えることができるようにすることが大切である。また，ダンスの学習に積極的に取り組み，仲間の学習を援助することや一人一人の違いに応じた表現や役割を認めることなどに意欲をもち，健康や安全に気を配ることができるようにすることが大切である。

　なお，指導に際しては，知識の理解を基に運動の技能を身に付けたり，運動の技能を身に付けることで一層知識を深めたりするなど，知識と技能を関連させて学習させることや，「知識及び技能」，「思考力，判断力，表現力等」，「学びに向かう力，人間性等」の内容をバランスよく学習させるようにすることが大切である。

(1) 知識及び技能
　ダンスについて，次の事項を身に付けることができるよう指導する。

> (1) 次の運動について，感じを込めて踊ったりみんなで踊ったりする楽しさや喜びを味わい，ダンスの特性や由来，表現の仕方，その運動に関連して高まる体力などを理解するとともに，イメージを捉えた表現や踊りを通した交流をすること。

ア　創作ダンスでは，多様なテーマから表したいイメージを捉え，動きに
変化を付けて即興的に表現したり，変化のあるひとまとまりの表現にし
たりして踊ること。
イ　フォークダンスでは，日本の民踊や外国の踊りから，それらの踊り方
の特徴を捉え，音楽に合わせて特徴的なステップや動きで踊ること。
ウ　現代的なリズムのダンスでは，リズムの特徴を捉え，変化のある動き
を組み合わせて，リズムに乗って全身で踊ること。

○　知識

ダンスの特性では，ダンスは，仲間とともに感じを込めて踊ったり，イメ
ージを捉えて自己を表現したりすることに楽しさや喜びを味わうことのでき
る運動であること，他者とのコミュニケーションを豊かにすることを重視す
る身体表現であることを理解できるようにする。また，現在では，様々なダ
ンスが世代や人種及び障害の有無等を超えて世界の人々に親しまれているこ
とを理解できるようにする。

ダンスの由来では，ダンスは民族ごとの生活習慣や心情が反映されている
こと，様々な文化の影響を受け発展してきたことなどを理解できるようにす
る。

表現の仕方では，創作ダンスでは，表したいイメージをひと流れの動きや
ひとまとまりの動きにして表現すること，フォークダンスでは，伝承されて
きた踊りの特徴を捉えて踊ること，現代的なリズムのダンスでは，軽快なリ
ズムに乗って全身で弾みながら自由に踊るなどの身体を使った表現の仕方が
あることを理解できるようにする。

その運動に関連して高まる体力では，ダンスはリズミカルな全身運動であ
ることから，その動きに関連した体力が高まることを理解できるようにする。
例えば，ダンスを継続することで，柔軟性，平衡性，全身持久力などがその
動きに関連して高められることを理解できるようにする。

指導に際しては，動きの獲得を通して一層知識の大切さを実感できるよう
にすることや知識を活用し課題を発見，解決するなどの「思考力，判断力，表
現力等」を育む学習につながるよう，汎用性のある知識を精選した上で，知
識を基盤とした学習の充実を図ることが大切である。

〈例示〉

・ダンスは，仲間とともに感じを込めて踊ったり，イメージを捉えて自己
を表現したりすることに楽しさや喜びを味わうことができること。

・ダンスは，様々な文化の影響を受け発展してきたこと。

・それぞれのダンスには，表現の仕方に違いがあること。

・ダンスはリズミカルな全身の動きに関連した体力が高まること。

○　技能

ア　創作ダンス

　　創作ダンスは，多様なテーマから表したいイメージを捉え，動きに変化を付けて即興的に表現することや，変化のあるひとまとまりの表現ができるようにすることをねらいとしている。

　　多様なテーマから表したいイメージを捉えとは，日常的な動きや心象（意識の中に思い浮かべたもの）などの多様なテーマから，自らが表現したいイメージを捉えることである。そのため，多様なテーマ例から具体的なイメージを示すなどして，自らが表現したいイメージを捉えやすくなるようにすることが大切である。

　　動きに変化を付けて即興的に表現するとは，動きを誇張したり，変化を付けたりして，「ひと流れの動き」（表現したいイメージをひと息で踊れるようなまとまり感のある動き）にして表現することを示している。また，思いつくままに捉えたイメージをすぐに動きにかえて表現することである。

　　変化のあるひとまとまりの表現にして踊るとは，表したいイメージを変化と起伏（盛り上がり）のあるひとまとまりの動き（「はじめ―なか―おわり」の構成を工夫した動き）で表現して踊ることである。

　　指導に際しては，テーマに適した動きで表現できるようにすることが重要となるため，①多様なテーマの例を具体的に示し，取り組みやすいテーマを選んで，動きに変化を付けて素早く即興的に表現することができるようにする。次に，②表したい感じやイメージを強調するように表現して踊ることができるようにすることが大切である。

　　そのため，①の学習段階では，次のような活動を参考に行うようにする。

　　・グループを固定せず多くの仲間と関わり合うようにして，毎時間異なるテーマを設定し，即興的に表現できるようにする。その際，身近なテーマから連想を広げてイメージを出す，思いついた動きを即興的に踊ってみたり，仲間の動きをまねたりするなどの活動を取り上げる。

　　・動きを誇張したり，繰り返したり，動きに変化を付けたりして，ひ

と流れの動きで表現できるようにする。

次に②の学習段階では，次のような活動を参考に行うようにする。

・仲間とともに，テーマにふさわしい変化と起伏や場の使い方で，「はじめ―なか―おわり」の構成で表現して踊ることができるようにする。

・仲間やグループ間で動きを見せ合う発表の活動を取り入れる。

〈多様なテーマと題材や動きの例示〉

下記のAからEまでは多様なテーマの例示であり，括弧の中はそのテーマから浮かび上がる題材や関連する動き，並びに展開例である。

A　身近な生活や日常動作（スポーツいろいろ，働く人々　など）

・一番表したい場面や動きを，スローモーションの動きで誇張したり，何回も繰り返したりして表現すること。

B　対極の動きの連続など（走る―跳ぶ―転がる，走る―止まる，伸びる―縮む　など）

・「走る―跳ぶ―転がる」をひと流れでダイナミックに動いてみてイメージを広げ，変化や連続の動きを組み合わせて表現すること。

・「走る―止まる」では，走って止まるまでをひと流れで動いたところからイメージを広げて表現すること。

・「伸びる―縮む」では身体を極限・極小まで動かし，イメージを広げて表現すること。

C　多様な感じ（激しい，急変する，軽快な，柔らかい，鋭い　など）

・生活や自然現象，人間の感情などの中からイメージを捉え，緩急や強弱，静と動などの動きを組み合わせて変化やメリハリを付けて表現すること。

D　群（集団）の動き（集まる―とび散る，磁石，エネルギー，対決　など）

・仲間と関わり合いながら密集や分散を繰り返し，ダイナミックに空間が変化する動きで表現すること。

E　もの（小道具）を使う（新聞紙，布，ゴム　など）

・ものを何かに見立ててイメージをふくらませ，変化のある簡単なひとまとまりの表現にして踊ったり，場面の転換に変化を付けて表現したりすること。

イ　フォークダンス

　フォークダンスは，踊り方の特徴を捉え，音楽に合わせて特徴的なステップや動きと組み方で踊ることができるようにすることをねらいとしている。また，フォークダンスには，伝承されてきた日本の民踊や外国の踊りがあり，それぞれの踊りの特徴を捉え，音楽に合わせてみんなで踊って交流して楽しむことができるようにすることが大切である。

　踊り方の特徴を捉えるとは，日本の民踊では，地域に伝承されてきた民踊や代表的な日本の民踊を取り上げ，その特徴を捉えることである。例えば，日本の民踊には，着物の袖口から出ている手の動きと裾さばきなどの足の動き，低く踏みしめるような足どりと腰の動き，ナンバ（左右同側の手足を同時に前に振り出す動作）の動き，小道具を操作する動き，輪踊り，男踊りや女踊り，歌や掛け声を伴った踊りなどの特徴がある。

　また，外国のフォークダンスでは，代表的な曲目を選んで踊り方（ステップ，動き，隊形，組み方など）の難易度を考慮し，様々な国や地域の踊りを取り上げ，その特徴を捉えることである。例えば，外国のフォークダンスには，靴で踏む軽快なスキップやポルカステップ，輪や列になって手をつないで踊る，パートナーと組んで踊る，グランド・チェーンなどのパートナーチェンジを伴って踊るなどの特徴的なステップや動きがある。

　音楽に合わせて特徴的なステップや動きで踊るとは，音楽に合わせて，日本の民踊に見られる特徴的な足どりや手振りの動きや，外国のフォークダンスでの軽快なステップなどで踊ることを示している。

　指導に際しては，日本や外国の風土や風習，歴史などの踊りの由来の知識を踏まえて，踊り方の特徴を捉えて踊ることが大切である。そのため，民族ごとの生活習慣や心情が反映されている由来や，踊りは文化の影響を受けていることなどを，資料や映像などで紹介するとともに，はじめの段階では踊り方を大づかみに覚えて，次の段階では，難しいステップや動き方を取り出して踊ることができるようにするなどの工夫を行うことが大切である。

〈踊りと動きの例示〉

　○　日本の民踊

　　・花笠音頭やキンニャモニャなどの小道具を操作する踊りでは，曲調と手足の動きを一致させて，にぎやかな掛け声と歯切れのよい動きで踊ること。

　　・げんげんばらばらなどの童歌の踊りでは，軽快で躍動的な動きで踊ること。

・鹿児島おはら節などの躍動的な動作が多い踊りでは，勢いのあるけり出し足やパッと開く手の動きで踊ること。

○　外国のフォークダンス

・オクラホマ・ミクサー（アメリカ）などのパートナーチェンジのある踊りでは，滑らかなパートナーチェンジとともに，軽快なステップで相手と合わせて踊ること。

・ドードレブスカ・ポルカ（旧チェコスロバキア）やリトル・マン・イン・ナ・フィックス（デンマーク）などの隊形が変化する踊りでは，新しいカップルを見付けるとともに，滑らかなステップやターンなどを軽快に行い踊ること。

・バージニア・リール（アメリカ）などの隊形を組む踊りでは，列の先頭のカップルに動きを合わせて踊ること。

ウ　現代的なリズムのダンス

　現代的なリズムのダンスは，ロックやヒップホップなどの現代的なリズムの曲で踊るダンスを示しており，リズムの特徴を捉え，変化のある動きを組み合わせて，リズムに乗って体幹部（重心部）を中心に全身で自由に弾んで踊ることをねらいとしている。

　リズムの特徴を捉えとは，例えば，ロックの場合は，シンプルなビートを強調することを示している。また，ヒップホップの場合は，ロックよりも遅いテンポで強いアクセントがあるため，1拍ごとにアクセントのある細分化されたビートを強調することを示している。

　変化のある動きを組み合わせてとは，手拍子，足拍子，スキップ，片足とび，両足とび，蹴る，歩く，走る，ねじる，回る，転がる，振る及び曲げるなどの動きを素早く動いてみたり，止まったりすることを組み合わせて，続けて踊ることを示している。

　リズムに乗って全身で踊るとは，ロックの弾みやヒップホップの縦のりの動き（体全体を上下に動かしてリズムをとる動き）の特徴を捉え，体の各部位でリズムをとったり，体幹部を中心にリズムに乗ったりして全身で自由に弾みながら踊ることである。

　指導に際しては，現代的なリズムのダンスでは，シンコペーション（拍子の強弱を逆転させる）やアフタービート（後拍を強調した弱起のリズムで，後打ちともいう）のリズムの特徴を生かし，動きやすいビートとテンポを選んで踊るようにする。また，生徒の関心の高い曲目を用いたり，弾んで踊れるようなやや速めの軽快なテンポの曲や曲調の異なるロックやヒ

ップホップのリズムの曲などを組み合わせたりする工夫も考えられる。その際，カウントに縛られすぎたり，単調になったりしないように工夫することが大切である。

〈リズムと動きの例示〉

- 自然な弾みやスイングなどの動きで気持ちよく音楽のビートに乗れるように，簡単な繰り返しのリズムで踊ること。
- 軽快なリズムに乗って弾みながら，揺れる，回る，ステップを踏んで手をたたく，ストップを入れるなどリズムを捉えて自由に踊ったり，相手の動きに合わせたりずらしたり，手をつなぐなど相手と対応しながら踊ること。
- シンコペーションやアフタービート，休止や倍速など，リズムに変化を付けて踊ること。
- 短い動きを繰り返す，対立する動きを組み合わせる，ダイナミックなアクセントを加えるなどして，リズムに乗って続けて踊ること。

(2) 思考力，判断力，表現力等

ダンスについて，次の事項を身に付けることができるよう指導する。

---

(2) 表現などの自己の課題を発見し，合理的な解決に向けて運動の取り組み方を工夫するとともに，自己や仲間の考えたことを他者に伝えること。

運動に関する領域における思考力，判断力，表現力等とは，学習した内容を，学習場面に適用したり，応用したりし，言語や文章などで表現することである。

第1学年及び第2学年では，自己の課題を発見し，基礎的な知識や技能を活用して，学習課題への取り組み方を工夫できるようにしたり，自己の課題の発見や解決に向けて考えたりしたことを，他者にわかりやすく伝えられるようにする。

表現などの自己の課題を発見しとは，ダンスの特性を踏まえて，表現や交流などの改善についてのポイントを発見したり，仲間との関わり合いや健康・安全についての自己の取り組み方などの課題を発見したりすることを示している。

合理的な解決に向けて運動の取り組み方を工夫するとは，表現や交流，仲間との関わり方，安全上の留意点などの発見した課題を，合理的に解決できるよう知識を活用したり，応用したりすることを示している。

自己や仲間の考えたことを他者に伝えるとは，自己の課題について，自己や仲間が思考し判断したことを，言葉や文章などで表したり，他者にわかりやす

く伝えたりすることを示している。

　なお，第1学年及び第2学年では，「運動に関する思考力，判断力，表現力等」，「体力，健康・安全に関する思考力，判断力，表現力等」及び「運動実践につながる態度に関する思考力，判断力，表現力等」の中から，領域の特性に応じた思考力，判断力，表現力等の例を重点化して示している。

　指導に際しては，第1学年及び第2学年においては，習得した知識を用いて仲間に課題や出来映えを伝えるなど，生徒が習得した知識を基に解決が可能な課題の提示の仕方を工夫することが大切である。

〈例示〉

- 提示された事例を参考に，自分の興味や関心に合ったテーマや踊りを設定すること。
- 提示された踊りのポイントやつまずきの事例を参考に，仲間やグループの課題や出来映えを伝えること。
- 提供されたテーマや表現の仕方から，自己やグループの課題に応じた練習方法を選ぶこと。
- 学習した安全上の留意点を，他の学習場面に当てはめ，仲間に伝えること。
- 仲間と話し合う場面で，提示された参加の仕方に当てはめ，グループへの関わり方を見付けること。
- 体力の程度や性別等の違いを踏まえて，仲間とともに楽しむための表現や交流を行う方法を見付け，仲間に伝えること。

(3) 学びに向かう力，人間性等

ダンスについて，次の事項を身に付けることができるよう指導する。

---

(3) ダンスに積極的に取り組むとともに，仲間の学習を援助しようとすること，交流などの話合いに参加しようとすること，一人一人の違いに応じた表現や役割を認めようとすることなどや，健康・安全に気を配ること。

　ダンスに積極的に取り組むとは，発達の段階や学習の段階に適した課題を設定したり，練習の進め方や場づくりの方法を選んだりする学習などに積極的に取り組むことを示している。そのため，人には誰でも学習によって体力や技能が向上する可能性があるといった挑戦することの意義を理解し，取り組めるようにする。

　仲間の学習を援助しようとするとは，練習の際に，仲間の動きの手助けをしたり，学習課題の解決に向けて仲間に助言したりしようとすることなどを示し

ている。そのため，仲間の学習を援助することは，自己の能力を高めたり，仲間との連帯感を高めて気持ちよく活動したりすることにつながることを理解し，取り組めるようにする。

交流などの話合いに参加しようとするとは，イメージを捉えた表現，簡単な作品創作の場面や踊りを通した交流の見せ合う場面で，自らの考えを述べるなど積極的に話合いに参加しようとすることを示している。そのため，意思決定をする際には，話合いを通して，仲間の意見を聞くだけでなく自分の意見も述べるなど，それぞれの考えを伝え合うことが大切であることを理解し，取り組めるようにする。

一人一人の違いに応じた表現や役割を認めようとするとは，体力や技能の程度，性別や障害の有無等に応じて，自己の状況に合った実現可能な課題の設定や挑戦及び交流の仕方を認めようとすることを示している。そのため，表現や踊りを行う際には，参加者全員が楽しんだり達成感を味わったりするための工夫や調整が求められる場合があることなどを理解し，取り組めるようにする。

などの例には，分担した役割を果たそうとすることがある。これは，練習などを行う際に，音響や小道具などの用具の準備や後片付けなどの分担した役割に積極的に取り組もうとすることを示している。そのため，分担した役割を果たすことは，活動時間の確保につながることや，グループの人間関係がよくなることにつながることを理解し，取り組めるようにする。

健康・安全に気を配るとは，体調の変化などに気を配ること，用具や練習場所などの自己や仲間の安全に留意することを示している。そのため，体調に異常を感じたら運動を中止することや，踊る際の音響設備の置き方や，小道具の扱い方やけがの事例を理解し，取り組めるようにする。

指導に際しては，生徒自身が公正，協力，責任，参画，共生の意義や価値を認識し取り組もうとする意欲を高めることが求められることから，意義や価値の理解とその具体的な取り組み方を結び付けて指導することが大切である。また，学びに向かう力，人間性等に関する意義や価値については，各領域で繰り返し指導することが大切である。

〈例示〉
・ダンスの学習に積極的に取り組もうとすること。
・仲間の手助けをしたり助言したりして，仲間の学習を援助しようとすること。
・簡単な作品創作などについての話合いに参加しようとすること。
・一人一人の違いに応じた表現や交流の仕方などを認めようとすること。
・健康・安全に留意すること。

[第3学年]

　第1学年及び第2学年のイメージを捉えた表現や踊りを通した交流をすることをねらいとした学習を受け，第3学年では，イメージを深めた表現や踊りを通した交流や発表をすることを学習のねらいとしている。

　したがって，第3学年では，感じを込めて踊ったり，みんなで自由に踊ったりする楽しさや喜びを味わい，踊りの特徴と表現の仕方や運動観察の方法などを理解するとともに，イメージを深めた表現や踊りを通した交流や発表をする。その際，表現などの自己や仲間の課題を発見し，合理的な解決に向けて運動の取り組み方を工夫するとともに，自己や仲間の考えたことを他者に伝えることができるようにすることが大切である。また，ダンスの学習に自主的に取り組み，互いに助け合い教え合うことや一人一人の違いに応じた表現や役割を大切にすることなどに意欲をもち，健康や安全を確保することができるようにすることが大切である。

　なお，指導に際しては，知識の理解を基に運動の技能を身に付けたり，運動の技能を身に付けることで一層知識を深めたりするなど，知識と技能を関連させて学習させることや，「知識及び技能」，「思考力，判断力，表現力等」，「学びに向かう力，人間性等」の内容をバランスよく学習させるようにすることが大切である。

(1) 知識及び技能
　ダンスについて，次の事項を身に付けることができるよう指導する。

> (1) 次の運動について，感じを込めて踊ったり，みんなで自由に踊ったりする楽しさや喜びを味わい，ダンスの名称や用語，踊りの特徴と表現の仕方，交流や発表の仕方，運動観察の方法，体力の高め方などを理解するとともに，イメージを深めた表現や踊りを通した交流や発表をすること。
>
> 　ア　創作ダンスでは，表したいテーマにふさわしいイメージを捉え，個や群で，緩急強弱のある動きや空間の使い方で変化を付けて即興的に表現したり，簡単な作品にまとめたりして踊ること。
>
> 　イ　フォークダンスでは，日本の民踊や外国の踊りから，それらの踊り方の特徴を捉え，音楽に合わせて特徴的なステップや動きと組み方で踊ること。
>
> 　ウ　現代的なリズムのダンスでは，リズムの特徴を捉え，変化とまとまりを付けて，リズムに乗って全身で踊ること。

177

○　**知識**

　　ダンスの名称や用語では，創作ダンス，フォークダンス及び現代的なリズムのダンスで用いられる身体運動や作品創作に用いられる名称や用語を理解できるようにする。

　　踊りの特徴と表現の仕方では，創作ダンスではテーマや題材からイメージを捉えて仲間とともに表現し合って踊ること，フォークダンスでは伝承された踊りを仲間とともに動きを合わせて踊ること，現代的なリズムのダンスでは現代的なリズムに乗って自由に仲間とともに関わり合って踊ることを理解できるようにする。

　　交流や発表の仕方では，動きや簡単な作品の見せ合いや発表会などがあること，見る人も拍手をしたりリズムをとるなどしたりして交流し合う方法があることを理解できるようにする。

　　運動観察の方法では，自己の動きや仲間の動き方を分析するには，自己観察や他者観察などの方法があることを理解できるようにする。例えば，ダンスを見せ合うことでお互いの動きを観察したり，ICTなどで自己やグループの表現や踊りを観察したりすることで，自己の取り組むべき技術的な課題が明確になり，学習の成果を高められることを理解できるようにする。

　　体力の高め方では，ダンスのパフォーマンスは，体力要素の中でも，主として柔軟性，平衡性，全身持久力などに影響を与える。そのため，いろいろな動きと関連させた柔軟運動やリズミカルな全身運動をすることで，結果として体力を高めることができることを理解できるようにする。

　　指導に際しては，第1学年及び第2学年に示したことに加え，領域の特性や魅力を一層味わい，自主的な学習を促すための知識を効果的に理解できるよう指導の機会を工夫することが大切である。

〈例示〉

・ダンスには，身体運動や作品創作に用いられる名称や用語があること。

・それぞれの踊りには，その踊りの特徴と表現の仕方があること。

・それぞれのダンスの交流や発表の仕方には，簡単な作品の見せ合いや発表会などがあること，見る人も拍手をしたりリズムをとるなどしたりして交流し合う方法があること。

・自己の動きや仲間の動き方を分析するには，自己観察や他者観察などの方法があること。

・いろいろな動きと関連させた柔軟運動やリズミカルな全身運動をすることで，結果として体力を高めることができること。

○ 技能
ア 創作ダンス

第3学年では，表したいテーマにふさわしいイメージを捉え，動きに変化を付けて即興的に表現することや，個性を生かした簡単な作品にまとめて踊ることができるようにする。

表したいテーマにふさわしいイメージを捉えとは，多様なテーマから，表現にふさわしいテーマを選んで，見る人に伝わりやすいように，イメージを端的に捉えることである。

個や群での動きとは，即興的に表現したり作品にまとめたりする際のグループにおける個人や集団の動きを示している。個人や集団の動きには，主役と脇役の動き，一斉の同じ動き（ユニゾン）やばらばらの異なる動き，集団の動きを少しずつずらした動き（カノン），密集や分散の動きなどがある。

緩急強弱のある動きや空間の使い方に変化を付けて即興的に表現するとは，緩急（時間的要素）や強弱（力の要素）の動きや，列・円などの空間の使い方に変化を付けて，思いつくままに捉えたイメージをすぐに動きに変えて表現することである。

簡単な作品にまとめて踊るとは，即興的な表現から，表したいテーマにふさわしいイメージを一層深めて，変化や起伏のある「はじめ―なか―おわり」の構成で表現をして踊ることである。

指導に際しては，表したいテーマにふさわしいイメージを捉え，即興的に表現したり，個性を生かした簡単な作品にまとめたりして踊るようにできることが重要となるため，①表したいテーマの例を具体的に示して，取り組みやすいテーマを選んで即興的に表現する。次第に抽象的なテーマを取り上げ，主要場面を中心としたひと流れの動きで表現する。次に，②変化や起伏のある「はじめ―なか―おわり」の構成で簡単な作品にまとめて踊るなどの工夫を行うことが大切である。

①の学習の段階では，次のような活動を参考に行うようにする。

・表したいテーマと題材や動きの例示を参考にしてテーマを設定したり，これまで取り組んだテーマから表したいテーマを各自で選んだりする。その際，取り組んでみたいテーマや題材や動きなどでグループを組み，思いついた動きを即興的に表現したり，仲間の動きをまねたり，ひと流れの動きにしたりしてみるなどの活動を取り上げる。

・テーマにふさわしい個や群の構成で，一番表現したい主要場面を創る。

・緩急強弱のある動きや空間の使い方や場面の転換などで，変化を付けたひと流れの動きにする。

②の学習の段階では，次のような活動を参考に行うようにする。

・はじめとおわりを付け，ひとまとまりの作品にまとめる。

・表したい内容のテーマにふさわしいイメージを深めて表現できるように，踊り込んで仕上げる。

・仲間やグループ間で，作品を見せ合う発表の活動を取り入れる。

〈表したいテーマと題材や動きの例示〉

下記のAからFまでは表したいテーマの例示であり，括弧の中はそのテーマから浮かび上がる題材や関連する動き，並びに展開例である。

A　身近な生活や日常動作（出会いと別れ，街の風景，綴られた日記　など）

・「出会いと別れ」では，すれ違ったりくっついたり離れたりなどの動きを，緩急強弱を付けて繰り返して表現すること。

B　対極の動きの連続（ねじる―回る―見る　など）

・「ねじる―回る―見る」では，ゆっくりギリギリまでねじって力をためておき，素早く振りほどくように回って止まり，視線を決めるなどの変化や連続のあるひと流れの動きで表現すること。

C　多様な感じ（静かな，落ち着いた，重々しい，力強い　など）

・「力強い感じ」では，力強く全身で表現するところを盛り上げて，その前後は弱い表現にして対照を明確にするような簡単な構成で表現すること。

D　群（集団）の動き（大回り―小回り，主役と脇役，迷路，都会の孤独　など）

・「大回り―小回り」では，個や群で大きな円や小さな円を描くなどを通して，ダイナミックに空間が変化するように動くこと。

E　もの（小道具）を使う（椅子，楽器，ロープ，傘　など）

・「椅子」では，椅子にのぼる，座る，隠れる，横たわる，運ぶなどの動きを繰り返して，「もの」との関わり方に着目して表現すること。

F　はこびとストーリー（起承転結，物語　など）

・気に入ったテーマを選び，ストーリー性のあるはこびで，一番表現したい中心の場面をひと流れの動きで表現して，はじめとおわりを付けて簡単な作品にまとめて踊ること。

イ　フォークダンス

第3学年では，踊り方の特徴を捉え，音楽に合わせて特徴的なステップや動きと組み方で踊ることができるようにする。また，日本や外国の風土

や風習，歴史などの文化的背景や情景を思い浮かべて，音楽に合わせてみんなで踊って交流して楽しむことができるようにすることが大切である。

踊り方の特徴を捉えるとは，ステップや動き方，音楽，小道具，地域などの踊りに見られる特有の動きなどの異なった特徴を捉えることである。

特徴的なステップや動きと組み方とは，躍動的な動きや手振りの動きを強調する日本の民踊などの特徴的な動き，外国のフォークダンスでのパートナーとのステップや動きと組み方（オープン・ポジションやクローズド・ポジションをはじめとした様々な組み方）のことである。

指導に際しては，日本の民踊では，地域に伝承されてきた民踊や代表的な日本の民踊の中から，軽快なリズムの踊りや力強い踊りを難易度を踏まえて選び，その特徴を捉えるようにする。外国のフォークダンスでは，代表的な曲目から，曲想を捉えて，踊り方（複数のステップの組合せ，隊形，組み方など）の特徴を捉えるようにする。

〈曲目と動きの例示〉

○　日本の民踊

・よさこい鳴子踊りなどの小道具を操作する踊りでは，手に持つ鳴子のリズムに合わせて，沈み込んだり跳びはねたりする躍動的な動きで踊ること。

・越中おわら節などの労働の作業動作に由来をもつ踊りでは，種まきや稲刈りなどの手振りの動きを強調して踊ること。

・こまづくり唄などの作業動作に由来をもつ踊りでは，踊り手がコマになったり手拭いでコマを回したりする動作を強調して踊ること。

・大漁唄い込みなどの力強い踊りでは，腰を低くして踊ること。

○　外国のフォークダンス

・ヒンキー・ディンキー・パーリ・ブー（アメリカ）などのゲーム的な要素が入った踊りでは，グランド・チェーンの行い方を覚えて次々と替わる相手と合わせて踊ること。

・ハーモニカ（イスラエル）などの軽やかなステップの踊りでは，グレープバインステップやハーモニカステップなどをリズミカルに行って踊ること。

・オスローワルツ（イギリス）などの順次パートナーを替えていく踊りでは，ワルツターンで円周上を進んで踊ること。

・ラ・クカラーチャ（メキシコ）などの独特のリズムの踊りでは，リズムに合わせたスタンプやミクサーして踊ること。

ウ　現代的なリズムのダンス

第３学年では，リズムの特徴を捉え，変化とまとまりを付けて，リズムに乗って体幹部を中心に全身で自由に弾んで踊ることができるようにする。

変化とまとまりを付けてとは，短い動きを繰り返す，対立する動きを組み合わせる，ダイナミックなアクセントを加えるなどの変化や，個と群の動きを強調してまとまりを付けることである。

リズムに乗って全身で踊るとは，体幹部でリズムをとって全身で自由に弾んで踊ることを発展させ，体の各部位の動きをずらしたり連動させたりして踊ることや，ダイナミックなアクセントを加えたり違うリズムを取り入れたりして，変化を付けて連続して踊ることである。

指導に際しては，ロックやヒップホップなどのリズムに合った曲を，指導の段階に応じてグループごとに選曲させる。まとまりのある動きをグループで工夫するときは，一人一人の能力を生かす動きや相手と対応する動きなどを取り入れながら，仲間と関わりをもって踊ることに留意させたり，仲間やグループ間で，簡単な作品を見せ合う発表の活動を取り入れたりするようにする。また，現代的なリズムのダンスでは，既存の振り付けなどを模倣することに重点があるのではなく，変化とまとまりを付けて，全身で自由に続けて踊ることを強調することが大切である。

〈リズムと動きの例示〉

・簡単なリズムの取り方や動きで，音楽のリズムに同調したり，体幹部を中心としたシンプルに弾む動きをしたりして自由に踊ること。

・軽快なロックでは，全身でビートに合わせて弾んだり，ビートのきいたヒップホップでは膝の上下に合わせて腕を動かしたりストップするようにしたりして踊ること。

・リズムの取り方や動きの連続のさせ方を組み合わせて，動きに変化を付けて踊ること。

・リズムや音楽に合わせて，独自のリズムパターンや動きの連続や群の構成でまとまりを付けて踊ること。

(2) 思考力，判断力，表現力等

ダンスについて，次の事項を身に付けることができるよう指導する。

> (2) 表現などの自己や仲間の課題を発見し，合理的な解決に向けて運動の取り組み方を工夫するとともに，自己や仲間の考えたことを他者に伝えること。

運動に関する領域における思考力，判断力，表現力等とは，学習した内容を，学習場面に適用したり，応用したりし，言語や文章などで表現することである。

第3学年では，領域及び運動の選択の幅が広がることから，自己や仲間の課題を発見し，これまで学習した知識や技能を活用して，学習課題への取り組み方を工夫できるようにしたり，自己や仲間の課題の発見や解決に向けて考えたりしたことを，他者にわかりやすく伝えられるようにする。

表現などの自己や仲間の課題を発見しとは，ダンスの特性を踏まえて，表現や交流及び発表などの改善についてのポイントを発見したり，仲間との関わり合いや健康・安全についての自己や仲間の取り組み方などの課題を発見したりすることを示している。

合理的な解決に向けて運動の取り組み方を工夫するとは，表現や交流及び発表，仲間との関わり方，健康・安全の確保の仕方，運動の継続の仕方などの発見した課題を，合理的に解決できるよう知識を活用したり，応用したりすることを示している。

自己や仲間の考えたことを他者に伝えるとは，自己や仲間の課題について，自己や仲間が思考し判断したことを，言葉や文章などで表したり，他者にわかりやすく伝えたりすることを示している。

なお，第3学年では，「運動に関する思考力，判断力，表現力等」，「体力，健康・安全に関する思考力，判断力，表現力等」，「運動実践につながる態度に関する思考力，判断力，表現力等」及び「生涯スポーツの実践に関する思考力，判断力，表現力等」の中から，領域の特性に応じた思考力，判断力，表現力等の例を重点化して示している。

指導に際しては，中学校第3学年においては，習得した知識を基に，よりよい解決方法を比較したり，活動を振り返ったりするなどによって，学習成果を分析する活動の提示の仕方を工夫することが大切である。

〈例示〉

- それぞれのダンスに応じて，表したいテーマにふさわしいイメージや，踊りの特徴を捉えた表現の仕方を見付けること。
- 選択した踊りの特徴に合わせて，よい動きや表現と自己や仲間の動きや表現を比較して，成果や改善すべきポイントとその理由を仲間に伝えること。
- 健康や安全を確保するために，体調や環境に応じた適切な練習方法等について振り返ること。
- 作品創作や発表会に向けた仲間と話し合う場面で，合意形成するための関わり方を見付け，仲間に伝えること。
- 体力の程度や性別等の違いに配慮して，仲間とともにダンスを楽しむため

の活動の方法や修正の仕方を見付けること。

・ダンスの学習成果を踏まえて，自己に適した「する，みる，支える，知る」などの運動を継続して楽しむための関わり方を見付けること。

(3) 学びに向かう力，人間性等

ダンスについて，次の事項を身に付けることができるよう指導する。

---

(3) ダンスに自主的に取り組むとともに，互いに助け合い教え合おうとすること，作品や発表などの話合いに貢献しようとすること，一人一人の違いに応じた表現や役割を大切にしようとすることなどや，健康・安全を確保すること。

ダンスに自主的に取り組むとは，自己や仲間の課題に応じた練習方法を選択する学習などに自主的に取り組むことなどを示している。そのため，上達していくためには繰り返し粘り強く取り組むことが大切であることなどを理解し，取り組めるようにする。

互いに助け合い教え合おうとするとは，練習や動きを見せ合う発表などの際に，仲間の動きをよく見たり，互いに課題を伝え合ったり教え合ったりしながら取り組もうとすることを示している。そのため，互いに助け合い教え合うことは，安全を確保したり，課題の解決に役立つなど自主的な学習を行いやすくしたりすることを理解し，取り組めるようにする。

話合いに貢献しようとするとは，作品創作や練習や発表・交流などの話合いの場面で，自己やグループの課題の解決に向けて，自己の考えを述べたり，相手の話を聞いたりするなど，グループの話合いに責任をもって関わろうとすることを示している。そのため，相互の信頼関係を深めるためには，相手の感情に配慮しながら発言したり，提案者の発言に同意したりして話合いを進めることなどが大切であることを理解し，取り組めるようにする。

一人一人の違いに応じた表現や役割を大切にしようとするとは，体力や技能の程度，性別や障害の有無等に応じて，自己の状況に合った実現可能な課題の設定や挑戦を大切にしようとしたり，練習や交流及び発表の仕方の修正に合意しようとしたりすることを示している。そのため，様々な違いを超えて踊りを楽しむことができる配慮をすることで，ダンスのよりよい環境づくりに貢献すること，違いに応じた配慮の仕方があることなどを理解し，取り組めるようにする。

などの例には，自己の責任を果たそうとすることがある。これは，練習や交

流会などで，仲間と互いに合意した役割に責任をもって自主的に取り組もうとすることを示している。そのため，自己の責任を果たすことは，ダンスの学習を円滑に進めることにつながることや，社会生活を過ごす上で必要な責任感を身に付けることにつながることを理解し，取り組めるようにする。

健康・安全を確保するとは，踊りの用具を目的に応じて使用したり，気温が高いときは適度な水分補給や休息を取るなど必要に応じて安全対策を講じたりすることなどを通して，健康を維持したり自己や仲間の安全を保持したりすることを示している。そのため，用具の安全確認の仕方，段階的な練習の仕方，けがを防止するための留意点などを理解し，取り組めるようにする。

指導に際しては，生徒自身が公正，協力，責任，参画，共生の意義や価値を認識し取り組もうとする意欲を高めることが求められることから，意義や価値の理解とその具体的な取り組み方を結び付けて指導することが大切である。また，学びに向かう力，人間性等に関する意義や価値については，各領域で繰り返し指導することが大切である。

〈例示〉

- ダンスの学習に自主的に取り組もうとすること。
- 仲間に課題を伝え合ったり教え合ったりして，互いに助け合い教え合おうとすること。
- 作品創作などについての話合いに貢献しようとすること。
- 一人一人の違いに応じた表現や交流，発表の仕方などを大切にしようとすること。
- 健康・安全を確保すること。

内容の取扱い

(2) 内容の「A体つくり運動」から「H体育理論」までに示す事項については，次のとおり取り扱うものとする。

キ 「Gダンス」の(1)の運動については，アからウまでの中から選択して履修できるようにすること。なお，学校や地域の実態に応じて，その他のダンスについても履修させることができること。

(ア) ダンスの領域は，第1学年及び第2学年においては，全ての生徒に履修させることとした。また，第3学年では，器械運動，水泳，陸上競技及びダンスのまとまりの中から1領域以上を選択して履修できるようにすることとしている。

　したがって，指導計画を作成するに当たっては，3年間の見通しをもって決めることが必要である。

(イ) ダンスの内容は，「創作ダンス」，「フォークダンス」及び「現代的なリズムのダンス」の中から選択して履修できるようにすることとしているため，生徒の発達や学年の段階等に応じた学習指導が必要である。

　なお，学校や地域の実態に応じて，その他のダンスについても履修させることができることとしている。原則として，その他のダンスは，「創作ダンス」，「フォークダンス」及び「現代的なリズムのダンス」に加えて履修させることとし，学校や地域の特別の事情がある場合には，替えて履修させることもできることとする。

(ウ) 主体的・対話的で深い学びの実現に向けた授業改善を推進する観点から，必要な知識及び技能の定着を図る学習とともに，生徒の思考を深めるために発言を促したり，気付いていない視点を提示したりするなど，学びに必要な指導の在り方を追究し，生徒の学習状況を捉えて指導を改善していくことが大切である。

　その際，互いに教え合う時間を確保するなどの工夫をするとともに，指導事項の精選を図ったり，運動観察のポイントを明確にしたり，ICTを効果的に活用したりするなどして，体を動かす機会を適切に確保することが大切である。

表現・創作ダンスの題材・テーマと動きの例

	小学校5・6年	中学校1・2年	中学校3年
題材・テーマ	・激しい感じの題材 ・群(集団)が生きる題材 ・多様な題材	・身近な生活や日常動作 ・対極の動きの連続 ・多様な感じ ・群の動き ・ものを使う	・身近な生活や日常動作 ・対極の動きの連続 ・多様な感じ ・群の動き ・ものを使う ・はこびとストーリー
即興的な表現 (ひと流れの動きで表現)	・題材の特徴を捉えて,表したい感じやイメージを,動きに変化を付けたり繰り返したりして,メリハリ(緩急・強弱)のあるひと流れの動きにして即興的に踊る	・多様なテーマからイメージを捉える ・イメージを即興的に表現する ・変化を付けたひと流れの動きで表現する ・動きを誇張したり繰り返したりして表現する	・表したいテーマにふさわしいイメージを捉える ・変化を付けたひと流れの動きで即興的に表現する ・主要場面を中心に表現する ・個や群で,緩急強弱のある動きや空間の使い方で変化を付けて表現する
簡単な作品創作 (ひとまとまりの動きで表現)	・表したい感じやイメージを「はじめ―なか―おわり」の構成や群の動きを工夫して簡単なひとまとまりの動きで表現する	・変化と起伏のある「はじめ―なか―おわり」のひとまとまりの動きで表現する	・表したいイメージを一層深めて表現する ・変化と起伏のある「はじめ―なか―おわり」の簡単な作品にして表現する
発表の様子	・感じを込めて通して踊る	・動きを見せ合って発表する	・踊り込んで仕上げて発表する

フォークダンス（日本の民踊・外国の踊り）の踊りと特徴の例

	小学校5・6年	中学校1・2年	中学校3年
踊りと特徴	・日本の民踊:軽快なリズムの踊り,力強い踊り ・外国のフォークダンス:シングルサークルで踊る力強い踊り,パートナーチェンジのある軽快な踊り,特徴的な隊形と構成の踊り	・日本の民踊の特徴(手や足の動き・低く踏みしめる足どりや腰の動き・ナンバ・小道具の操作・輪踊り・男踊りや女踊りなど)を捉えて踊る ・外国のフォークダンスの踊り方の特徴を捉え,音楽に合わせて特徴的なステップや動きと組み方で踊る	・日本の民踊の中から,軽快なリズムの踊りや力強い踊りを難易度を踏まえて選び,その特徴を捉えて踊る ・外国のフォークダンスの代表的な曲目から,曲想を捉えて,踊り方(複数のステップの組合せ,隊形,組み方など)の特徴を捉えて踊る
発表や交流	・踊りで交流する	・仲間と楽しく踊って交流する	・仲間と楽しく踊って交流する

リズムダンス・現代的なリズムのダンスのリズムと動きの例

	小学校3・4年	中学校1・2年	中学校3年
リズムに乗って全身で自由に踊る	・ロックやサンバなどのリズムの特徴を捉えて踊る ・おへそ（体幹部）を中心にリズムに乗って全身で即興的に踊る ・友達と関わり合って踊る	・リズムの特徴を捉え，軽快なリズムに乗って体幹部を中心に全身で自由に弾んで踊る ・ロックはシンプルなビートを強調して踊る ・ヒップホップは一拍ごとにアクセントのある細分化されたビートを強調して踊る ・簡単な繰り返しのリズムで踊る	・リズムの特徴を捉え，リズムに乗って体幹部を中心に全身で自由に弾んで踊る ・ロックは全身でビートに合わせて弾んで踊る ・ヒップポップは膝の上下に合わせて腕を動かしたりして踊る ・仲間と関わって踊る
まとまりを付けて踊る	・動きに変化をつけて踊る	・リズムに変化を付けて踊る ・仲間と動きを合わせたりずらしたりして踊る ・変化のある動きを組み合わせて続けて踊る	・踊りたいリズムや音楽の特徴を捉えて踊る ・動きの変化や，個と群の動きを協調してまとまりを付けて連続して踊る
発表や交流	・踊りで交流する	・動きを見せ合って交流する	・簡単な作品を見せ合う

H　体育理論

［第１学年及び第２学年］

　体育理論の内容は，体育分野における運動の実践や保健分野との関連を図りつつ，豊かなスポーツライフを実現するための資質・能力を育成するため，第１学年では，運動やスポーツの多様性を，第２学年では，運動やスポーツの効果と学び方を，第３学年では文化としてのスポーツの意義を中心に構成されている。

　また，これらの内容は，主に，中学校期における運動やスポーツの合理的な実践や生涯にわたる豊かなスポーツライフを送る上で必要となる運動やスポーツに関する科学的知識等を中心に示している。

　これらの内容について学習したことを基に，思考し，判断し，表現する活動を通して，体育の見方・考え方を育み，現在及び将来における自己の適性等に応じた運動やスポーツとの多様な関わり方を見付けることができるようにすることが大切である。

　なお，運動に関する領域との関連で指導することが効果的な内容については，各運動に関する領域の「知識及び技能」で扱うこととしている。また，体育理論は各学年で３単位時間程度としていることから，体育分野の他の運動に関する領域との関連を図りつつ，「思考力，判断力，表現力等」，「学びに向かう力，人間性等」を育成するものとする。

○　運動やスポーツの多様性
ア　知識
　(1) 運動やスポーツが多様であることについて，課題を発見し，その解決を目指した活動を通して，次の事項を身に付けることができるよう指導する。

ア　運動やスポーツが多様であることについて理解すること。

(ア) 運動やスポーツは，体を動かしたり健康を維持したりするなどの必要性及び競い合うことや課題を達成することなどの楽しさから生みだされ発展してきたこと。

(イ) 運動やスポーツには，行うこと，見ること，支えること及び知ることなどの多様な関わり方があること。

(ウ) 世代や機会に応じて，生涯にわたって運動やスポーツを楽しむためには，自己に適した多様な楽しみ方を見付けたり，工夫したりすることが大切であること。

運動やスポーツの合理的な実践を通して，楽しさや喜びを味わい，それらを生涯にわたる豊かに実践できるようにするとともに，見る，支える，知るなどの多様な関わり方を通して，生きがいや身近な文化と捉えることができるようにするためには，人はなぜ運動やスポーツを行うのかといった必要性や楽しさ，運動やスポーツを通した多様な関わり方や楽しみ方について理解するとともに，運動やスポーツの多様性に関心をもち，自分と運動やスポーツとの関わり方について，思考し，判断し，表現できるようにする必要がある。

　　このため，本内容では，運動やスポーツは人々の多様な必要性や独自の楽しさによって支えられ発展してきたこと，運動やスポーツには，する，みる，支える及び知るなどの多様な関わり方があること，体を動かす楽しさ，運動やスポーツの特性や魅力に応じた楽しさ，人々と協働する楽しさなどを味わう多様な楽しみ方があることなどを中心として構成している。

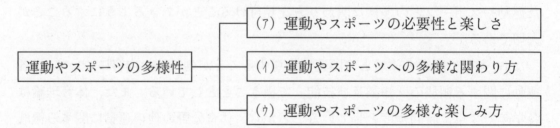

(ｱ) 運動やスポーツの必要性と楽しさ

　　運動やスポーツは，体を動かしたり，健康を維持したりする必要性や，競技に応じた力を試したり，記録等を達成したり，自然と親しんだり，仲間と交流したり，感情を表現したりするなどの多様な楽しさから生みだされてきたことを理解できるようにする。

　　運動やスポーツは，人々の生活と深く関わりながら，いろいろな欲求や必要性を満たしつつ発展し，その時々の社会の変化とともに，その捉え方が，競技としてのスポーツから，誰もが生涯にわたって楽しめるスポーツへと変容してきたことを理解できるようにする。

　　また，我が国のスポーツ基本法などを適宜取り上げ，現代におけるスポーツの理念についても触れるようにする。

(ｲ) 運動やスポーツへの多様な関わり方

　　運動やスポーツには，「する，見る，支える，知る」などの多様な関わり方があることを理解できるようにする。

　　運動やスポーツには，直接「行うこと」に加えて，「見ること」には，例えば，テレビなどのメディアや競技場等での観戦を通して一体感を味わったり，

研ぎ澄まされた質の高い動きに感動したりするなどの多様な関わり方があること，「支えること」には，運動の学習で仲間の学習を支援したり，大会や競技会の企画をしたりするなどの関わり方があること，「知ること」には，例えば，運動やスポーツの歴史や記録などを書物やインターネットなどを通して調べる関わり方があること，などの多様な関わり方があることを理解できるようにする。

(ウ) 運動やスポーツの多様な楽しみ方

　世代や機会に応じて，生涯にわたって運動を楽しむためには，自己に適した運動やスポーツの多様な楽しみ方を見付けたり，工夫したりすることが大切であることを理解できるようにする。

　健康を維持したりする必要性に応じて運動を実践する際には，体つくり運動の学習を例に，体を動かすことの心地よさを楽しんだり，体の動きを高めることを楽しんだりする行い方があることを理解できるようにする。

　競技に応じた力を試す際には，ルールやマナーを守りフェアに競うこと，世代や機会に応じてルールを工夫すること，勝敗にかかわらず健闘を称え合う等の行い方があることなどを理解できるようにする。

　自然と親しんだり，仲間と交流したり，感情を表現したりする際には，互いの違いやよさを肯定的に捉えて自己やグループの課題の達成を楽しむ等の仲間と協働して楽しむ行い方があることを理解できるようにする。

　その際，生涯にわたる豊かなスポーツライフを実現するためには，目的や年齢，性の違いを超えて運動やスポーツを楽しむことができる能力を高めておくことが有用であること，運動やスポーツを継続しやすくするためには，自己が意欲的に取り組むことに加えて，仲間，空間及び時間を確保することが有効であることについても必要に応じて取り上げるようにする。

イ　思考力，判断力，表現力等

(1) 運動やスポーツが多様であることについて，課題を発見し，その解決を目指した活動を通して，次の事項を身に付けることができるよう指導する。

> イ　運動やスポーツが多様であることについて，自己の課題を発見し，よりよい解決に向けて思考し判断するとともに，他者に伝えること。

　運動やスポーツの必要性と楽しさ，運動やスポーツへの多様な関わり方，運動やスポーツの多様な楽しみ方について，習得した知識を活用して，運動やス

ポーツとの多様な関わり方や楽しみ方についての自己の課題を発見し，よりよい解決に向けて，思考し判断するとともに，自己の意見を言語や記述を通して他者に伝えられるようにする。

ウ 学びに向かう力，人間性等
（1）運動やスポーツが多様であることについて，課題を発見し，その解決を目指した活動を通して，次の事項を身に付けることができるよう指導する。

> ウ 運動やスポーツが多様であることについての学習に積極的に取り組むこと。

運動やスポーツが多様であることを理解することや，意見交換や学習ノートの記述などの，思考し判断するとともにそれらを表現する活動及び学習を振り返る活動などに積極的に取り組むことを示している。

○ 運動やスポーツの意義や効果と学び方や安全な行い方
ア 知識
（2）運動やスポーツの意義や効果と学び方や安全な行い方について，課題を発見し，その解決を目指した活動を通して，次の事項を身に付けることができるよう指導する。

> ア 運動やスポーツの意義や効果と学び方や安全な行い方について理解すること。
>
> (ア) 運動やスポーツは，身体の発達やその機能の維持，体力の向上などの効果や自信の獲得，ストレスの解消などの心理的効果及びルールやマナーについて合意したり，適切な人間関係を築いたりするなどの社会性を高める効果が期待できること。
>
> (イ) 運動やスポーツには，特有の技術があり，その学び方には，運動の課題を合理的に解決するための一定の方法があること。
>
> (ウ) 運動やスポーツを行う際は，その特性や目的，発達の段階や体調などを踏まえて運動を選ぶなど，健康・安全に留意する必要があること。

運動やスポーツの合理的な実践を通して，生涯にわたり豊かに運動やスポーツに親しむ資質・能力を育てるとともに健康の保持増進を図るためには，その意義や効果，学び方，安全に運動やスポーツを行う必要性やその方法について

理解できるようにする必要がある。

　このため，本内容では，運動やスポーツを行うことは，心身の発達や社会性を高める効果が期待できること，運動やスポーツに応じた合理的な高め方や学び方があること，運動やスポーツを行う際は，健康・安全に留意する必要があることなどを中心として構成している。

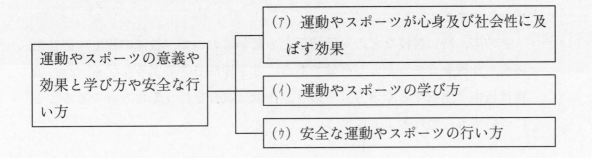

(ｱ) 運動やスポーツが心身及び社会性に及ぼす効果

　運動やスポーツは，心身両面への効果が期待できることを理解できるようにする。

　体との関連では，発達の段階を踏まえて，適切に運動やスポーツを行うことは，身体の発達やその機能，体力や運動の技能を維持，向上させるという効果があることや食生活の改善と関連させることで肥満予防の効果が期待できることなどを理解できるようにする。

　心との関連では，発達の段階を踏まえて，適切に運動やスポーツを行うことで達成感を得たり，自己の能力に対する自信をもったりすることができること，ストレスを解消したりリラックスしたりすることができること，などの効果が期待できることを理解できるようにする。

　また，体力や技能の程度，年齢や性別，障害の有無等の様々な違いを超えて，運動やスポーツを行う際に，ルールやマナーに関して合意形成することや適切な人間関係を築くことなどの社会性が求められることから，例えば，違いに配慮したルールを受け入れたり，仲間と教え合ったり，相手のよいプレイに称賛を送ったりすることなどを通して社会性が高まることを理解できるようにする。

　なお，ここでの体力の扱いについては，体力には，「健康に生活するための体力」と「運動を行うための体力」があることを取り上げる程度とする。

(ｲ) 運動やスポーツの学び方

　運動やスポーツの課題を解決するための合理的な体の動かし方などを技術

といい，技能とは，合理的な練習によって身に付けた状態であること，技能は個人の体力と関連していることについて理解できるようにする。

　各種の運動の技能を効果的に獲得するためには，その領域や種目に応じて，よい動き方を見付けること，合理的な練習の目標や計画を立てること，実行した技術や戦術，表現がうまくできたかを確認すること，新たな課題を設定することなどの運動の課題を合理的に解決する学び方があることを理解できるようにする。

　その際，特に競技などの対戦相手との競争において，技能の程度に応じた戦術や作戦を立てることが有効であることを理解できるようにする。なお，戦術は技術を選択する際の方針であり，作戦は試合を行う際の方針であることについても，触れるようにする。

(ｳ) 安全な運動やスポーツの行い方

　安全に運動やスポーツを行うためには，特性や目的に適した運動やスポーツを選択し，発達の段階に応じた強度，時間，頻度に配慮した計画を立案すること，体調，施設や用具の安全を事前に確認すること，準備運動や整理運動を適切に実施すること，運動やスポーツの実施中や実施後には，適切な休憩や水分補給を行うこと，共に活動する仲間の安全にも配慮することなどが重要であることを理解できるようにする。

　また，野外での活動では，自然や気象などに関する知識をもつことが必要であることについても触れるようにする。

　なお，運動に関する領域で扱う運動種目等のけがの事例や健康・安全に関する留意点などについては，各運動に関する領域で扱うこととする。

イ　思考力，判断力，表現力等

(2) 運動やスポーツの意義や効果と学び方や安全な行い方について，課題を発見し，その解決を目指した活動を通して，次の事項を身に付けることができるよう指導する。

イ　運動やスポーツの意義や効果と学び方や安全な行い方について，自己の課題を発見し，よりよい解決に向けて思考し判断するとともに，他者に伝えること。

　運動やスポーツが心身及び社会性に及ぼす効果，運動やスポーツの学び方，安全な運動やスポーツの行い方について，習得した知識を活用して，運動やスポ

ーツとの多様な関わり方や楽しみ方についての自己の課題を発見し，よりよい
解決に向けて，思考し判断するとともに，自己の意見を言語や記述を通して他
者に伝えられるようにする

ウ　学びに向かう力，人間性等

(2) 運動やスポーツの意義や効果と学び方や安全な行い方について，課題を
　　発見し，その解決を目指した活動を通して，次の事項を身に付けることが
　　できるよう指導する。

ウ　運動やスポーツの意義や効果と学び方や安全な行い方についての学習に
　　積極的に取り組むこと。

　　運動やスポーツの意義や効果と学び方や安全な行い方を理解することや，意
見交換や学習ノートの記述などの，思考し判断するとともにそれらを表現する
活動及び学習を振り返る活動などに積極的に取り組むことを示している。

［第3学年］

○　文化としてのスポーツの意義

ア　知識

(1) 文化としてのスポーツの意義について，課題を発見し，その解決を目指
　　した活動を通して，次の事項を身に付けることができるよう指導する。

ア　文化としてのスポーツの意義について理解すること。

　(ｱ) スポーツは，文化的な生活を営みよりよく生きていくために重要であ
　　　ること。

　(ｲ) オリンピックやパラリンピック及び国際的なスポーツ大会などは，国
　　　際親善や世界平和に大きな役割を果たしていること。

　(ｳ) スポーツは，民族や国，人種や性，障害の違いなどを超えて人々を結
　　　び付けていること。

　　体つくり運動，ダンスや野外活動などを含む広義のスポーツが，人々の生活
や人生を豊かにするかけがえのない文化となっていること，また，そのような
文化としてのスポーツが世界中に広まっていることによって，現代生活の中で
重要な役割を果たしていることなどの現代スポーツの価値について理解できる
ようにする必要がある。

このため，本内容は，現代生活においてスポーツの文化的意義が高まってきていること，国際的なスポーツ大会などが果たす文化的な役割が重要になってきていること，文化としてのスポーツが人々を結び付ける重要な役割を担っていることなどを中心として構成している。

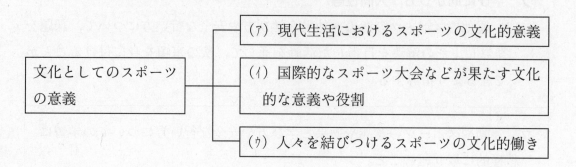

(ｱ) 現代生活におけるスポーツの文化的意義

現代生活におけるスポーツは，生きがいのある豊かな人生を送るために必要な健やかな心身，豊かな交流や伸びやかな自己開発の機会を提供する重要な文化的意義をもっていることを理解できるようにする。

また，国内外には，スポーツの文化的意義を具体的に示した憲章やスポーツの振興に関する計画などがあることにも触れるようにする。

(ｲ) 国際的なスポーツ大会などが果たす文化的な意義や役割

オリンピック・パラリンピック競技大会や国際的なスポーツ大会などは，世界中の人々にスポーツのもつ教育的な意義や倫理的な価値を伝えたり，人々の相互理解を深めたりすることで，国際親善や世界平和に大きな役割を果たしていることを理解できるようにする。

また，メディアの発達によって，スポーツの魅力が世界中に広がり，オリンピック・パラリンピック競技大会や国際的なスポーツ大会の国際親善や世界平和などに果たす役割が一層大きくなっていることについても触れるようにする。

(ｳ) 人々を結び付けるスポーツの文化的な働き

スポーツには民族や国，人種や性，障害の有無，年齢や地域，風土といった違いを超えて人々を結び付ける文化的な働きがあることを理解できるようにする。

その際，「スポーツ」という言葉自体が，国，地域や言語の違いを超えて世界中に広まっていること，年齢や性，障害などの違いを超えて交流するスポ

ーツ大会が行われるようになっていることなどについても触れるようにする。

イ　思考力，判断力，表現力等

　(1)　文化としてのスポーツの意義について，課題を発見し，その解決を目指した活動を通して，次の事項を身に付けることができるよう指導する。

イ　文化としてのスポーツの意義について，自己の課題を発見し，よりよい解決に向けて思考し判断するとともに，他者に伝えること。

　現代生活におけるスポーツの文化的意義，国際的なスポーツ大会などが果たす文化的な役割，人々を結び付けるスポーツの文化的な働きについて，習得した知識を活用して，運動やスポーツとの多様な関わり方や楽しみ方についての自己の課題を発見し，よりよい解決に向けて，思考し判断するとともに，自己の意見を言語や記述を通して他者に伝えられるようにする。

ウ　学びに向かう力，人間性等

　(1)　文化としてのスポーツの意義について，課題を発見し，その解決を目指した活動を通して，次の事項を身に付けることができるよう指導する。

ウ　文化としてのスポーツの意義についての学習に自主的に取り組むこと。

　文化としてのスポーツの意義を理解することや，意見交換や学習ノートの記述などの，思考し判断するとともにそれらを表現する活動及び学習を振り返る活動などに自主的に取り組むことを示している。

内容の取扱い

(2) 内容の「A体つくり運動」から「H体育理論」までに示す事項については，次のとおり取り扱うものとする。

ク　第1学年及び第2学年の内容の「H体育理論」については，(1)は第1学年，(2)は第2学年で取り上げること。

(ｱ)「H体育理論」は，各学年において，全ての生徒に履修させるとともに，「指導計画の作成と内容の取扱い」に，授業時数を各学年で3単位時間以上を配当することとしているため，この点を十分考慮して指導計画を作成する必要がある。

(ｲ) 第1学年においては，(1) 運動やスポーツの多様性を，第2学年においては，(2) 運動やスポーツの意義や効果と学び方や安全な行い方を，第3学年においては，(1) 文化としてのスポーツの意義をそれぞれ取り上げることとする。

(ｳ)「H体育理論」の内容に加え，各領域との関連で指導することが効果的な各領域の特性や成り立ち，技術の名称や行い方などの知識については，各領域の「(1) 知識及び技能」に示すこととし，知識と技能を相互に関連させて学習させることにより，知識の重要性を一層実感できるように配慮しているため，この点を十分考慮して指導する。

(ｴ) 第1学年及び第2学年の内容の(2)の (ｱ)「運動やスポーツが心身及び社会性に及ぼす効果」を取り上げる際には，以下の点を踏まえて他の領域との関連を図る。

　　・体力に関連した内容については，「A体つくり運動」では，体つくり運動の意義や動きの高め方を扱うとともに，その他の運動に関する領域では，各領域に関連して高まる体力やその高め方を扱うこととしていること。

　　・心と体が一体として互いに関係していることについては，「A体つくり運動」のア「体ほぐしの運動」では具体的な運動の視点から，保健分野の (1)「心身の機能の発達と心の健康」の(ｴ)④「欲求やストレスとその対処」では欲求やストレスへの適切な対処の視点から，それぞれ取り上げているため，この点を十分考慮して指導すること。

(ｵ) 主体的・対話的で深い学びの実現に向けた授業改善を推進する観点から，必要な知識の定着を図る学習とともに，生徒の思考を深めるために発言を促したり，気付いていない視点を提示したりするなど，学びに必要な指導の在り方を追究し，生徒の学習状況を捉えて指導を改善していくことが大切である。

● 3　内容の取扱い

(1)　内容の各領域については，次のとおり取り扱うものとする。

　ア　第1学年及び第2学年においては，「A体つくり運動」から「H体育理論」までについては，全ての生徒に履修させること。その際，「A体つくり運動」及び「H体育理論」については，2学年間にわたって履修させること。

　イ　第3学年においては，「A体つくり運動」及び「H体育理論」については，全ての生徒に履修させること。「B器械運動」，「C陸上競技」，「D水泳」及び「Gダンス」についてはいずれかから一以上を，「E球技」及び「F武道」についてはいずれか一以上をそれぞれ選択して履修できるようにすること。

(2)　内容の「A体つくり運動」から「H体育理論」までに示す事項については，次のとおり取り扱うものとする。

　ア　「A体つくり運動」の(1)のアの運動については，「B器械運動」から「Gダンス」までにおいても関連を図って指導することができるとともに，心の健康など保健分野との関連を図って指導すること。また，「A体つくり運動」の(1)のイの運動については，第1学年及び第2学年においては，動きを持続する能力を高めるための運動に重点を置いて指導することができるが，調和のとれた体力を高めることに留意すること。その際，音楽に合わせて運動をするなどの工夫を図ること。第3学年においては，日常的に取り組める運動例を取り上げるなど指導方法の工夫を図ること。

　イ　「B器械運動」の(1)の運動については，第1学年及び第2学年においては，アからエまでの中からアを含む二を選択して履修できるようにすること。第3学年においては，アからエまでの中から選択して履修できるようにすること。

　ウ　「C陸上競技」の(1)の運動については，ア及びイに示すそれぞれの運動の中から選択して履修できるようにすること。

　エ　「D水泳」の(1)の運動については，第1学年及び第2学年においては，アからエまでの中からア又はイのいずれかを含む二を選択して履修できるようにすること。第3学年においては，アからオまでの中から選択して履修できるようにすること。なお，学校や地域の実態に応じて，安全を確保するための泳ぎを加えて履修させることができること。また，泳

2
各分野の目標
及び内容

199

法との関連において水中からのスタート及びターンを取り上げること。なお，水泳の指導については，適切な水泳場の確保が困難な場合にはこれを扱わないことができるが，水泳の事故防止に関する心得については，必ず取り上げること。また，保健分野の応急手当との関連を図ること。

オ　「E球技」の(1)の運動については，第1学年及び第2学年においては，アからウまでを全ての生徒に履修させること。第3学年においては，アからウまでの中から二を選択して履修できるようにすること。また，アについては，バスケットボール，ハンドボール，サッカーの中から，イについては，バレーボール，卓球，テニス，バドミントンの中から，ウについては，ソフトボールを適宜取り上げることとし，学校や地域の実態に応じて，その他の運動についても履修させることができること。なお，ウの実施に当たり，十分な広さの運動場の確保が難しい場合は指導方法を工夫して行うこと。

カ　「F武道」については，柔道，剣道，相撲，空手道，なぎなた，弓道，合気道，少林寺拳法，銃剣道などを通して，我が国固有の伝統と文化により一層触れることができるようにすること。また，(1)の運動については，アからウまでの中から一を選択して履修できるようにすること。なお，学校や地域の実態に応じて，空手道，なぎなた，弓道，合気道，少林寺拳法，銃剣道などについても履修させることができること。また，武道場などの確保が難しい場合は指導方法を工夫して行うとともに，学習段階や個人差を踏まえ，段階的な指導を行うなど安全を十分に確保すること。

キ　「Gダンス」の(1)の運動については，アからウまでの中から選択して履修できるようにすること。なお，学校や地域の実態に応じて，その他のダンスについても履修させることができること。

ク　第1学年及び第2学年の内容の「H体育理論」については，(1)は第1学年，(2)は第2学年で取り上げること。

　上記の各事項は，各領域及びその内容である運動種目等について，その履修の仕方を示したものである。

　(1)のアについては，第1学年及び第2学年では，「A体つくり運動」から「H体育理論」までの全ての領域を，全ての生徒に履修させることを示したものである。その際，「A体つくり運動」及び「H体育理論」については，それぞれの学年で履修させることとし，その他の領域については，第1学年又は第2学年のいずれかの学年で履修させることもできることとしている。

(1)のイについては，第3学年では，「A体つくり運動」及び「H体育理論」については，全ての生徒に履修させることとし，その他の領域については，「B器械運動」，「C陸上競技」，「D水泳」及び「Gダンス」のまとまりの中から1領域以上，「E球技」及び「F武道」のまとまりの中から1領域以上を選択し履修することができるようにすることとしている。

　(2)については，「2内容」で領域ごとに解説しているが，各領域の内容の選択に当たっても，上記の取扱いと併せて考慮し，指導内容の確実な定着が図れるよう配慮する必要がある。

　このため，全ての領域を履修させることとなる第1学年及び第2学年で，基礎的な知識や技能を習得させ，第3学年で選択した領域について自主的に取り組むことができるよう配慮することが大切である。また，指導計画を作成するに当たっては，「カリキュラム・マネジメント」の視点を踏まえ，3学年間の見通しをもって決めることが必要である。

　なお，示された領域や領域の内容に加えてその他の運動種目等を実施する場合は，第1章総則第2の3(1)イで示されているように，体育分野の目標や内容の趣旨を逸脱したり，生徒の負担過重となったりすることのないよう留意する必要がある。

　次表は，体育分野の領域及び内容の取扱いを一覧にしたものである。

体育分野の領域及び内容の取扱い

領域及び領域の内容	1年	2年	内容の取扱い	領域及び領域の内容	3年	内容の取扱い
【A体つくり運動】 ア 体ほぐしの運動 イ 体の動きを高める運動	必修	必修	ア，イ 必修（各学年7単位時間以上）	【A体つくり運動】 ア 体ほぐしの運動 イ 実生活に生かす運動の計画	必修	ア，イ 必修（7単位時間以上）
【B 器械運動】 ア マット運動 イ 鉄棒運動 ウ 平均台運動 エ 跳び箱運動	必修		2年間でアを含む②選択	【B 器械運動】 ア マット運動 イ 鉄棒運動 ウ 平均台運動 エ 跳び箱運動	B，C，D，G，から①以上選択	ア～エから選択
【C 陸上競技】 ア 短距離走・リレー，長距離走又はハードル走 イ 走り幅跳び又は走り高跳び	必修		2年間でア及びイのそれぞれの中から選択	【C 陸上競技】 ア 短距離走・リレー，長距離走又はハードル走 イ 走り幅跳び又は走り高跳び		ア及びイのそれぞれの中から選択
【D 水泳】 ア クロール イ 平泳ぎ ウ 背泳ぎ エ バタフライ	必修		2年間でア又はイを含む②選択	【D 水泳】 ア クロール イ 平泳ぎ ウ 背泳ぎ エ バタフライ オ 複数の泳法で泳ぐ又はリレー		ア～オから選択
【E 球技】 ア ゴール型 イ ネット型 ウ ベースボール型	必修		2年間でア～ウの全てを選択	【E 球技】 ア ゴール型 イ ネット型 ウ ベースボール型	E，F，から①以上選択	ア～ウから②選択
【F 武道】 ア 柔道 イ 剣道 ウ 相撲	必修		2年間でア～ウから①選択	【F 武道】 ア 柔道 イ 剣道 ウ 相撲		ア～ウから①選択
【G ダンス】 ア 創作ダンス イ フォークダンス ウ 現代的なリズムのダンス	必修		2年間でア～ウから選択	【G ダンス】 ア 創作ダンス イ フォークダンス ウ 現代的なリズムのダンス	B，C，D，G，から①以上選択	ア～ウから選択
【H 体育理論】 (1) 運動やスポーツの多様性 (2) 運動やスポーツの意義や効果と学び方や安全な行い方	必修	必修	(1) 第1学年必修 (2) 第2学年必修 （各学年3単位時間以上）	【H 体育理論】 (1) 文化としてのスポーツの意義	必修	(1) 第3学年必修 （3単位時間以上）

参考；小学校体育科の領域構成と内容

1年	2年	3年	4年	5年	6年
【体つくりの運動遊び】		【体つくり運動】			
体ほぐしの運動遊び	体ほぐしの運動遊び	体ほぐしの運動	体ほぐしの運動	体ほぐしの運動	体ほぐしの運動
多様な動きをつくる運動遊び	多様な動きをつくる運動遊び	多様な動きをつくる運動	多様な動きをつくる運動	体の動きを高める運動	体の動きを高める運動
【器械・器具を使っての運動遊び】		【器械運動】			
固定施設を使った運動遊び					
マットを使った運動遊び		マット運動		マット運動	
鉄棒を使った運動遊び		鉄棒運動		鉄棒運動	
跳び箱を使った運動遊び		跳び箱運動		跳び箱運動	
【走・跳の運動遊び】		【走・跳の運動】		【陸上運動】	
走の運動遊び		かけっこ・リレー		短距離走・リレー	
		小型ハードル走		ハードル走	
跳の運動遊び		幅跳び		走り幅跳び	
		高跳び		走り高跳び	
【水遊び】		【水泳運動】			
水の中を移動する運動遊び もぐる・浮く運動遊び		浮いて進む運動 もぐる・浮く運動		クロール	
				平泳ぎ	
				安全確保につながる運動	
【ゲーム】				【ボール運動】	
ボールゲーム 鬼遊び		ゴール型ゲーム		ゴール型	
		ネット型ゲーム		ネット型	
		ベースボール型ゲーム		ベースボール型	
【表現リズム遊び】		【表現運動】			
表現遊び		表現		表現	
リズム遊び		リズムダンス			
				フォークダンス	
		【保健】			
		健康な生活	体の発育・発達	心の健康 けがの防止	病気の予防

> (3) 内容の「A体つくり運動」から「Gダンス」までの領域及び運動の選択
> 並びにその指導に当たっては，学校や地域の実態及び生徒の特性等を考慮
> するものとする。また，第3学年の領域の選択に当たっては，安全を十分
> に確保した上で，生徒が自由に選択して履修することができるよう配慮す
> ること。その際，指導に当たっては，内容の「B器械運動」から「Gダン
> ス」までの領域については，それぞれの運動の特性に触れるために必要な
> 体力を生徒自ら高めるように留意するものとする。

このことは，各学校における領域の選択や領域の内容の選択とその学習指導に対する基本的な考え方を示したものである。

学校や地域の実態とは，地域の特色，学校の立地条件や気候条件，学校や地域の体育施設や用具等の実態を示している。また，**生徒の特性等**とは，生徒の体力や技能の程度，障害の有無，運動経験及び生徒の興味や関心等を示している。

また，学習指導に当たっては，基礎的な知識や技能を確実に身に付けることができるよう十分な学習体験をさせた上で，生徒が自ら選択したい運動種目等を選択することができるようにすることが大切である。このため，生徒の運動経験等の把握，指導内容の選定，指導と評価の計画の作成，学習活動の展開，学習評価などについての十分な検討が必要である。

生徒が自由に選択して履修することができるよう配慮するとは，第3学年においては，運動に共通する特性や魅力に応じて，技を高めたり，記録に挑戦したり，表現したりする楽しさや喜びを味わうことができる「B器械運動」，「C陸上競技」，「D水泳」，「Gダンス」のまとまりから1領域以上を，集団や個人で，相手との攻防を展開する楽しさや喜びを味わうことができる「E球技」，「F武道」のまとまりから1領域以上をそれぞれ生徒が選択して履修することができるようにすることを示している。

複数教員配置校においては，学習指導要領の趣旨を踏まえ，生徒が領域や領域の内容の選択ができるようにすること，単数教員配置校については，生徒が希望する領域や領域の内容を可能な範囲で学習できるよう教育課程を編成することが求められる。

その際，領域を選ぶことが選択制授業のねらいではなく，生徒の主体的・対話的で深い学びの実現に向けた授業改善の推進につながる学習の機会であることを念頭に，第1学年及び第2学年の学習を基盤として，さらに追究したい領域，新たに挑戦したい領域，課題を克服したい領域などの生徒個々の意思を大切にして，領域や領域の内容を選択できるようオリエンテーションの充実や自主的な学習を

促す指導の充実を図る必要がある。

　なお，生徒の自主性を尊重するあまり，指導の充実や健康・安全の確保が困難となる選択の拡大を促すものではないことにも配慮し計画する必要がある。

　それぞれの運動の特性に触れるために必要な体力を生徒自ら高めるように留意するとは，体力の向上については，「A体つくり運動」以外の領域においても，直接的に体の動きを高めることなどをねらいとしている「A体つくり運動」との関連を図って，学習した結果としてより一層の体力の向上が図られるよう，生徒一人一人がその実態に応じて自ら高めていくことに留意する必要があることを示している。

> (4) 自然との関わりの深いスキー，スケートや水辺活動などの指導については，学校や地域の実態に応じて積極的に行うことに留意するものとする。

　自然の中での遊びなどの体験が不足しているなど，現在の生徒を取り巻く社会環境の中では，自然との関わりを深める教育が大切であることから，諸条件の整っている学校において，スキー，スケートや水辺活動など，自然との関わりの深い活動を積極的に奨励しようとするものである。

　指導に当たっては，季節，天候，地形などの自然条件の影響を受けやすいことから，自然に対する知識や計画の立て方，事故防止について十分留意する必要がある。

> (5) 集合，整頓，列の増減，方向変換などの行動の仕方を身に付け，能率的で安全な集団としての行動ができるようにするための指導については，内容の「A体つくり運動」から「Gダンス」までの領域において適切に行うものとする。

　集団として必要な行動の仕方を身に付け，能率的で安全な集団としての行動ができるようにすることは，運動の学習においても大切なことである。

　能率的で安全な集団としての行動については，運動の学習に直接必要なものを取り扱うようにし，体つくり運動からダンスまでの各運動に関する領域の学習との関連を図って適切に行うことに留意する必要がある。

　なお，集団行動の指導の効果を上げるためには，保健体育科だけでなく，学校の教育活動全体において指導するよう配慮する必要がある。

◯ 1 目　標

> (1) 個人生活における健康・安全について理解するとともに，基本的な技能を身に付けるようにする。
>
> (2) 健康についての自他の課題を発見し，よりよい解決に向けて思考し判断するとともに，他者に伝える力を養う。
>
> (3) 生涯を通じて心身の健康の保持増進を目指し，明るく豊かな生活を営む態度を養う。

　保健分野では，生徒が保健の見方・考え方を働かせて，課題を発見し，その解決を図る主体的・協働的な学習過程を通して，心と体を一体として捉え，生涯を通じて心身の健康を保持増進するための資質・能力を育成することを目指して，保健の知識及び技能，思考力，判断力，表現力等，学びに向かう力，人間性等の三つの柱で目標を設定した。

　(1)の**個人生活における健康・安全について理解をするとともに，基本的な技能を身に付けるようにする**とは，保健の知識及び技能に関する資質・能力の育成についての目標である。健康な生活と疾病の予防，心身の機能の発達の仕方，及び精神機能の発達や自己形成，欲求やストレスへの対処などの心の健康，傷害の発生要因とその防止及び応急手当並びに自然環境を中心とした環境と心身の健康との関わり，健康に適した快適な環境の維持と改善について，個人生活を中心として科学的に理解できるようにするとともに，それらの内容に関わる基本的な技能を身に付けるようにすることを目指したものである。

　(2)の**健康についての自他の課題を発見し，よりよい解決に向けて思考し判断するとともに，他者に伝える力を養う**とは，保健の思考力，判断力，表現力等に関する資質・能力の育成についての目標である。健康に関わる事象や健康情報などから自他の課題を発見し，よりよい解決に向けて思考したり，様々な解決方法の中から適切な方法を選択するなどの判断をしたりするとともに，それらを他者に表現することができるようにすることを目指したものである。これらは，現在及び将来の生活における健康に関する課題に直面した場合などに，的確な思考・判断・表現等を行うことができるよう，健康を適切に管理し改善していく思考力，判断力，表現力等の資質・能力を育成することにつながるものである。

　その際，学習の展開の基本的な方向として，小学校での身近な生活における健

康・安全に関する基礎的な内容について思考，判断し，それらを表現することができるようにするという考え方を生かすとともに，抽象的な思考なども可能になるという発達の段階を踏まえて，個人生活における健康・安全に関する内容について科学的に思考し，判断するとともに，それらを筋道を立てて他者に表現できるようにすることを目指している。

(3)の**生涯を通じて心身の健康の保持増進を目指し，明るく豊かな生活を営む態度を養う**とは，保健の学びに向かう力，人間性等に関する資質・能力の育成についての目標である。自他の健康に関心をもち，現在だけでなく生涯を通じて健康の保持増進や回復を目指す実践力の基礎を育てることによって，生徒が現在及び将来の生活を健康で活力に満ちた明るく豊かなものにすることを目指したものである。

● 2　内　容

(1) 健康な生活と疾病の予防

---

(1) 健康な生活と疾病の予防について，課題を発見し，その解決を目指した活動を通して，次の事項を身に付けることができるよう指導する。

　ア　健康な生活と疾病の予防について理解を深めること。

　　(ｱ) 健康は，主体と環境の相互作用の下に成り立っていること。また，疾病は，主体の要因と環境の要因が関わり合って発生すること。

　　(ｲ) 健康の保持増進には，年齢，生活環境等に応じた運動，食事，休養及び睡眠の調和のとれた生活を続ける必要があること。

　　(ｳ) 生活習慣病などは，運動不足，食事の量や質の偏り，休養や睡眠の不足などの生活習慣の乱れが主な要因となって起こること。また，生活習慣病などの多くは，適切な運動，食事，休養及び睡眠の調和のとれた生活を実践することによって予防できること。

　　(ｴ) 喫煙，飲酒，薬物乱用などの行為は，心身に様々な影響を与え，健康を損なう原因となること。また，これらの行為には，個人の心理状態や人間関係，社会環境が影響することから，それぞれの要因に適切に対処する必要があること。

　　(ｵ) 感染症は，病原体が主な要因となって発生すること。また，感染症の多くは，発生源をなくすこと，感染経路を遮断すること，主体の抵抗力を高めることによって予防できること。

> （カ）健康の保持増進や疾病の予防のためには，個人や社会の取組が重要
> であり，保健・医療機関を有効に利用することが必要であること。ま
> た，医薬品は，正しく使用すること。
> イ　健康な生活と疾病の予防について，課題を発見し，その解決に向けて
> 思考し判断するとともに，それらを表現すること。

　小学校では，健康の大切さや健康によい生活，病気の起こり方や予防などについて学習している。

　ここでは，人間の健康は，主体と環境が関わり合って成り立つこと，健康を保持増進し，疾病を予防するためには，それに関わる要因に対する適切な対策があることについて理解できるようにする必要がある。また，健康な生活と疾病の予防に関する課題を発見し，その解決に向けて思考し判断するとともに，それらを表現することができるようにすることが必要である。さらに，自他の健康に関心をもち，現在だけでなく生涯を通じて健康の保持増進や回復に主体的に取り組む態度を身に付けることが必要である。

　このため，本内容は，健康の保持増進や生活習慣病などを予防するためには，適切な運動，食事，休養及び睡眠が必要であること，生活行動と健康に関する内容として喫煙，飲酒，薬物乱用を取り上げ，これらと健康との関係を理解できるようにすること，また，疾病は主体と環境が関わりながら発生するが，疾病はそれらの要因に対する適切な対策，例えば，感染症への対策や保健・医療機関や医薬品を有効に利用することなどによって予防できること，社会的な取組も有効であることなどの知識と健康な生活と疾病の予防に関する課題を解決するための思考力，判断力，表現力等を中心として構成している。

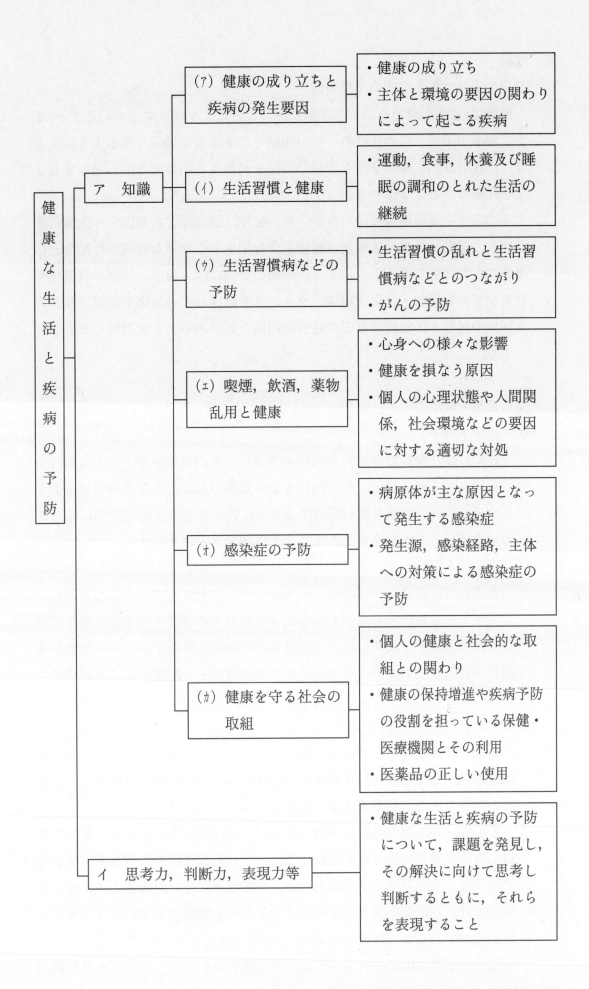

健
康
な
生
活
と
疾
病
の
予
防

ア　知識

(ア) 健康の成り立ちと
　　疾病の発生要因

・健康の成り立ち
・主体と環境の要因の関わり
　によって起こる疾病

(イ) 生活習慣と健康

・運動，食事，休養及び睡
　眠の調和のとれた生活の
　継続

(ウ) 生活習慣病などの
　　予防

・生活習慣の乱れと生活習
　慣病などとのつながり
・がんの予防

(エ) 喫煙，飲酒，薬物
　　乱用と健康

・心身への様々な影響
・健康を損なう原因
・個人の心理状態や人間関
　係，社会環境などの要因
　に対する適切な対処

(オ) 感染症の予防

・病原体が主な原因となっ
　て発生する感染症
・発生源，感染経路，主体
　への対策による感染症の
　予防

(カ) 健康を守る社会の
　　取組

・個人の健康と社会的な取
　組との関わり
・健康の保持増進や疾病予防
　の役割を担っている保健・
　医療機関とその利用
・医薬品の正しい使用

イ　思考力，判断力，表現力等

・健康な生活と疾病の予防
　について，課題を発見し，
　その解決に向けて思考し
　判断するともに，それら
　を表現すること

ア　知識

(ア) 健康の成り立ちと疾病の発生要因

　　健康は，主体と環境を良好な状態に保つことにより成り立っていること，また，健康が阻害された状態の一つが疾病であることを理解できるようにする。また，疾病は，主体の要因と環境の要因とが相互に関わりながら発生することを理解できるようにする。

　　その際，主体の要因には，年齢，性，免疫，遺伝などの素因と，生後に獲得された運動，食事，休養及び睡眠を含む生活上の様々な習慣や行動などがあることを理解できるようにする。環境の要因には，温度，湿度や有害化学物質などの物理的・化学的環境，ウイルスや細菌などの生物学的環境及び人間関係や保健・医療機関などの社会的環境などがあることを理解できるようにする。

(イ) 生活習慣と健康

　㋐　運動と健康

　　　運動には，身体の各器官の機能を刺激し，その発達を促すとともに，気分転換が図られるなど，精神的にもよい効果があることを理解できるようにする。また，健康を保持増進するためには，年齢や生活環境等に応じて運動を続けることが必要であることを理解できるようにする。

　㋑　食生活と健康

　　　食事には，健康な身体をつくるとともに，運動などによって消費されたエネルギーを補給する役割があることを理解できるようにする。また，健康を保持増進するためには，毎日適切な時間に食事をすること，年齢や運動量等に応じて栄養素のバランスや食事の量などに配慮することが必要であることを理解できるようにする。

　㋒　休養及び睡眠と健康

　　　休養及び睡眠は，心身の疲労を回復するために必要であること，健康を保持増進するためには，年齢や生活環境等に応じて休養及び睡眠をとる必要があることを理解できるようにする。

　　　その際，長時間の運動，学習，作業などは，疲労をもたらし，その徴候は心身の状態の変化として現れること，これらは運動や学習などの量と質によって，また環境条件や個人によって現れ方に違いがあることについて取り上げ，適切な休養及び睡眠によって疲労を蓄積させないようにすることが大切であることに触れるようにする。

　　　なお，必要に応じて，コンピュータや情報ネットワークなどを長時間使

用することによる疲労の現れ方や休憩の取り方など健康との関わりについても取り上げることにも配慮するものとする。

　㋓　調和のとれた生活

　　心身の健康は生活習慣と深く関わっており，健康を保持増進するためには，年齢，生活環境等に応じた適切な運動，食事，休養及び睡眠の調和のとれた生活を続けることが必要であることを理解できるようにする。

（ｳ）生活習慣病などの予防

　㋐　生活習慣病の予防

　　生活習慣病は，日常の生活習慣が要因となって起こる疾病であり，適切な対策を講ずることにより予防できることを，例えば，心臓病，脳血管疾患，歯周病などを適宜取り上げ理解できるようにする。

　　その際，運動不足，食事の量や質の偏り，休養や睡眠の不足，喫煙，過度の飲酒などの不適切な生活行動を若い年代から続けることによって，やせや肥満などを引き起こしたり，また，心臓や脳などの血管で動脈硬化が引き起こされたりすることや，歯肉に炎症等が起きたり歯を支える組織が損傷したりすることなど，様々な生活習慣病のリスクが高まることを理解できるようにする。

　　生活習慣病を予防するには，適度な運動を定期的に行うこと，毎日の食事における量や頻度，栄養素のバランスを整えること，喫煙や過度の飲酒をしないこと，口腔の衛生を保つことなどの生活習慣を身に付けることが有効であることを理解できるようにする。

　㋑　がんの予防

　　がんは，異常な細胞であるがん細胞が増殖する疾病であり，その要因には不適切な生活習慣をはじめ様々なものがあることを理解できるようにする。

　　また，がんの予防には，生活習慣病の予防と同様に，適切な生活習慣を身に付けることなどが有効であることを理解できるようにする。

　　なお，㋐，㋑の内容と関連させて，健康診断やがん検診などで早期に異常を発見できることなどを取り上げ，疾病の回復についても触れるように配慮するものとする。

(ｴ) 喫煙，飲酒，薬物乱用と健康

　㋐　喫煙と健康

　　　喫煙については，たばこの煙の中にはニコチン，タール及び一酸化炭素などの有害物質が含まれていること，それらの作用により，毛細血管の収縮，心臓への負担，運動能力の低下など様々な急性影響が現れること，また，常習的な喫煙により，がんや心臓病など様々な疾病を起こしやすくなることを理解できるようにする。特に，未成年者の喫煙については，身体に大きな影響を及ぼし，ニコチンの作用などにより依存症になりやすいことを理解できるようにする。

　㋑　飲酒と健康

　　　飲酒については，酒の主成分のエチルアルコールが中枢神経の働きを低下させ，思考力，自制力，運動機能を低下させたり，事故などを起こしたりすること，急激に大量の飲酒をすると急性中毒を起こし意識障害や死に至ることもあることを理解できるようにする。また，常習的な飲酒により，肝臓病や脳の疾病など様々な疾病を起こしやすくなることを理解できるようにする。特に，未成年者の飲酒については，身体に大きな影響を及ぼし，エチルアルコールの作用などにより依存症になりやすいことを理解できるようにする。

　㋒　薬物乱用と健康

　　　薬物乱用については，覚醒剤や大麻を取り上げ，摂取によって幻覚を伴った激しい急性の錯乱状態や急死などを引き起こすこと，薬物の連用により依存症状が現れ，中断すると精神や身体に苦痛を感じるようになるなど様々な障害が起きることを理解できるようにする。

　　　また，薬物乱用は，個人の心身の健全な発育や人格の形成を阻害するだけでなく，社会への適応能力や責任感の発達を妨げるため，暴力，非行，犯罪など家庭・学校・地域社会にも深刻な影響を及ぼすこともあることを理解できるようにする。

　　　喫煙，飲酒，薬物乱用などの行為は，好奇心，なげやりな気持ち，過度のストレスなどの心理状態，断りにくい人間関係，宣伝・広告や入手し易さなどの社会環境によって助長されること，それらに適切に対処する必要があることを理解できるようにする。

　　　また，体育分野との関連を図る観点から，フェアなプレイに反するドーピングの健康への影響についても触れるようにする。

(ｵ) 感染症の予防

 ⑦ 感染症の予防

  感染症は，病原体が環境を通じて主体へ感染することで起こる疾病であり，適切な対策を講ずることにより感染のリスクを軽減することができることを，例えば，結核，コレラ，ノロウイルスによる感染性胃腸炎，麻疹，風疹などを適宜取り上げ理解できるようにする。

  病原体には，細菌やウイルスなどの微生物があるが，温度，湿度などの自然環境，住居，人口密度，交通などの社会環境，また，主体の抵抗力や栄養状態などの条件が相互に複雑に関係する中で，病原体が身体に侵入し，感染症が発病することを理解できるようにする。その際，病原体の種類によって感染経路が異なることにも触れるものとする。

  感染症を予防するには，消毒や殺菌等により発生源をなくすこと，周囲の環境を衛生的に保つことにより感染経路を遮断すること，栄養状態を良好にしたり，予防接種の実施により免疫を付けたりするなど身体の抵抗力を高めることが有効であることを理解できるようにする。また，感染症にかかった場合は，疾病から回復することはもちろん，周囲に感染を広げないためにも，できるだけ早く適切な治療を受けることが重要であることを理解できるようにする。

 ④ エイズ及び性感染症の予防

  エイズ及び性感染症の増加傾向と青少年の感染が社会問題になっていることから，それらの疾病概念や感染経路について理解できるようにする。また，感染のリスクを軽減する効果的な予防方法を身に付ける必要があることを理解できるようにする。例えば，エイズの病原体はヒト免疫不全ウイルス（HIV）であり，その主な感染経路は性的接触であることから，感染を予防するには性的接触をしないこと，コンドームを使うことなどが有効であることにも触れるようにする。

  なお，指導に当たっては，発達の段階を踏まえること，学校全体で共通理解を図ること，保護者の理解を得ることなどに配慮することが大切である。

(ｶ) 健康を守る社会の取組

  健康の保持増進や疾病の予防には，健康的な生活行動など個人が行う取組とともに，社会の取組が有効であることを理解できるようにする。社会の取組としては，地域には保健所，保健センターなどがあり，個人の取組として各機関が持つ機能を有効に利用する必要があることを理解できるようにする。

その際，住民の健康診断や健康相談などを適宜取り上げ，健康増進や疾病予防についての地域の保健活動についても理解できるようにする。

また，心身の状態が不調である場合は，できるだけ早く医療機関で受診することが重要であることを理解できるようにする。さらに，医薬品には，主作用と副作用があること及び，使用回数，使用時間，使用量などの使用法があり，正しく使用する必要があることについて理解できるようにする。

イ　思考力，判断力，表現力等

健康な生活と疾病の予防に関わる事象や情報から課題を発見し，疾病等のリスクを軽減したり，生活の質を高めたりすることなどと関連付けて解決方法を考え，適切な方法を選択し，それらを伝え合うことができるようにする。

〈例示〉

・健康な生活と疾病の予防における事柄や情報などについて，保健に関わる原則や概念を基に整理したり，個人生活と関連付けたりして，自他の課題を発見すること。

・健康の成り立ちと疾病の発生要因や，生活習慣と健康について，習得した知識を自他の生活に適用したり，課題解決に役立てたりして，健康の保持増進をする方法を見いだすこと。

・生活習慣病及びがんの予防や，喫煙，飲酒，薬物乱用と健康について，習得した知識を自他の生活と比較したり，活用したりして，疾病等にかかるリスクを軽減し健康の保持増進をする方法を選択すること。

・感染症の予防や健康を守る社会の取組について，習得した知識を自他の生活に適用したり，応用したりして，疾病等にかかるリスクを軽減し健康を保持増進する方法を選択すること。

・健康な生活と疾病の予防について，課題の解決方法とそれを選択した理由などを，他者と話し合ったり，ノートなどに記述したりして，筋道を立てて伝え合うこと。

(2) 心身の機能の発達と心の健康

(2) 心身の機能の発達と心の健康について，課題を発見し，その解決を目指した活動を通して，次の事項を身に付けることができるよう指導する。

ア　心身の機能の発達と心の健康について理解を深めるとともに，ストレスへの対処をすること。

(ｱ) 身体には，多くの器官が発育し，それに伴い，様々な機能が発達する時期があること。また，発育・発達の時期やその程度には，個人差があること。

(ｲ) 思春期には，内分泌の働きによって生殖に関わる機能が成熟すること。また，成熟に伴う変化に対応した適切な行動が必要となること。

(ｳ) 知的機能，情意機能，社会性などの精神機能は，生活経験などの影響を受けて発達すること。また，思春期においては，自己の認識が深まり，自己形成がなされること。

(ｴ) 精神と身体は，相互に影響を与え，関わっていること。欲求やストレスは，心身に影響を与えることがあること。また，心の健康を保つには，欲求やストレスに適切に対処する必要があること。

イ 心身の機能の発達と心の健康について，課題を発見し，その解決に向けて思考し判断するとともに，それらを表現すること。

　小学校では，体の発育・発達の一般的な現象や個人差，思春期の体つきの変化や初経，精通などを学習している。また，心も体と同様に発達し，心と体には密接な関係があること，不安や悩みへの対処などを学習している。

　ここでは，健康の保持増進を図るための基礎として，心身の機能は生活経験などの影響を受けながら年齢とともに発達することについて理解できるようにする必要がある。また，これらの発達の仕方とともに，心の健康を保持増進する方法についても理解できるようにするとともに，ストレスへの対処ができるようにする必要がある。さらに，心身の機能の発達と心の健康に関する課題を発見し，その解決に向けて思考し判断するとともに，それらを表現することができるようにすることが必要である。

　このため，本内容は，年齢に伴って身体の各器官が発育し，機能が発達することを呼吸器，循環器を中心に取り上げるとともに，発育・発達の時期や程度には個人差があること，また，思春期は，身体的には生殖に関わる機能が成熟し，精神的には自己形成の時期であること，さらに，精神と身体は互いに影響し合うこと，心の健康を保つには欲求やストレスに適切に対処することなどの知識及びストレスへの対処の技能と，心身の機能の発達と心の健康に関する課題を解決するための思考力，判断力，表現力等を中心として構成している。

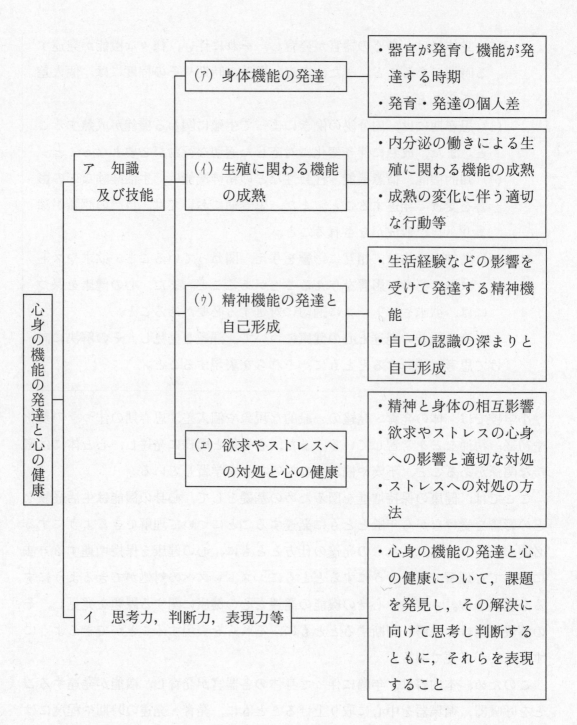

ア　知識及び技能

(ア) 身体機能の発達

　　身体の発育・発達には，骨や筋肉，肺や心臓などの器官が急速に発育し，呼吸器系，循環器系などの機能が発達する時期があること，また，その時期や程度には，人によって違いがあることを理解できるようにする。

(イ) 生殖に関わる機能の成熟

　　思春期には，下垂体から分泌される性腺刺激ホルモンの働きにより生殖器

の発育とともに生殖機能が発達し，男子では射精，女子では月経が見られ，妊娠が可能となることを理解できるようにする。また，身体的な成熟に伴う性的な発達に対応し，個人差はあるものの，性衝動が生じたり，異性への関心などが高まったりすることなどから，異性の尊重，性情報への対処など性に関する適切な態度や行動の選択が必要となることを理解できるようにする。

なお，指導に当たっては，発達の段階を踏まえること，学校全体で共通理解を図ること，保護者の理解を得ることなどに配慮することが大切である。

(ｳ) 精神機能の発達と自己形成

⑦ 知的機能，情意機能，社会性の発達

心は，知的機能，情意機能，社会性等の精神機能の総体として捉えられ，それらは生活経験や学習などの影響を受けながら，脳の発達とともに発達することを理解できるようにする。

その際，知的機能については認知，記憶，言語，判断など，情意機能については感情や意思などがあり，それらは人や社会との様々な関わりなどの生活経験や学習などにより発達することを理解できるようにする。また，社会性については，家族関係や友人関係などを取り上げ，それらへの依存の状態は，生活経験や学習などの影響を受けながら変化し，自立しようとする傾向が強くなることを理解できるようにする。

④ 自己形成

自己形成については，思春期になると，自己を客観的に見つめたり，他人の立場や考え方を理解できるようになったりするとともに，物の考え方や興味・関心を広げ，次第に自己を認識し自分なりの価値観をもてるようになるなど自己の形成がなされることを理解できるようにする。

その際，自己は，様々な経験から学び，悩んだり，試行錯誤を繰り返したりしながら社会性の発達とともに確立していくことにも触れるようにする。

(ｴ) 欲求やストレスへの対処と心の健康

⑦ 精神と身体の関わり

精神と身体には，密接な関係があり，互いに様々な影響を与え合っていることを理解できるようにする。また，心の状態が体にあらわれたり，体の状態が心にあらわれたりするのは，神経などの働きによることを理解できるようにする。例えば，人前に出て緊張したときに脈拍が速くなったり口が渇いたりすること，身体に痛みがあるときに集中できなかったりする

ことなどを適宜取り上げる。

⑦　欲求やストレスとその対処

心の健康を保つには，適切な生活習慣を身に付けるとともに，欲求やストレスに適切に対処することが必要であることを理解できるようにする。

欲求には，生理的な欲求と心理的，社会的な欲求があること，また，精神的な安定を図るには，日常生活に充実感をもてたり，欲求の実現に向けて取り組んだり，欲求が満たされないときに自分や周囲の状況からよりよい方法を見付けたりすることなどがあることを理解できるようにする。

ここでいうストレスとは，外界からの様々な刺激により心身に負担がかかった状態であることを意味し，ストレスの影響は原因そのものの大きさとそれを受け止める人の心や身体の状態によって異なること，個人にとって適度なストレスは，精神発達上必要なものであることを理解できるようにする。

その際，過度なストレスは，心身の健康や生命に深刻な影響を与える場合があることに触れるようにする。

ストレスへの対処にはストレスの原因となる事柄に対処すること，ストレスの原因についての受け止め方を見直すこと，友達や家族，教員，医師などの専門家などに話を聞いてもらったり，相談したりすること，コミュニケーションの方法を身に付けること，規則正しい生活をすることなどいろいろな方法があり，それらの中からストレスの原因，自分や周囲の状況に応じた対処の仕方を選ぶことが大切であることを理解できるようにする。

また，リラクセーションの方法等を取り上げ，ストレスによる心身の負担を軽くするような対処の方法ができるようにする。

イ　思考力，判断力，表現力等

心身の機能の発達と心の健康に関わる事象や情報から課題を発見し，疾病等のリスクを軽減したり，生活の質を高めたりすることなどと関連付けて，解決方法を考え，適切な方法を選択し，それらを伝え合うことができるようにする。
〈例示〉
・心身の機能の発達と心の健康における事柄や情報などについて，保健に関わる原則や概念を基に整理したり，個人生活と関連付けたりして，自他の課題を発見すること。
・心身の機能の発達について，習得した知識を自他の生活に適用したり，課題解決に役立てたりして，発達の状況に応じた健康を保持増進する方法を見いだすこと。

- 欲求やストレスとその対処について，習得した知識や技能を自他の生活と比較したり，活用したりして，心身の健康を保持増進する方法やストレスへの適切な対処の方法を選択すること。
- 心身の機能の発達と心の健康について，課題の解決方法とそれを選択した理由などを，他者と話し合ったり，ノートなどに記述したりして，筋道を立てて伝え合うこと。

(3) 傷害の防止

> (3) 傷害の防止について，課題を発見し，その解決を目指した活動を通して，次の事項を身に付けることができるよう指導する。
>
> ア　傷害の防止について理解を深めるとともに，応急手当をすること。
>
> (ア) 交通事故や自然災害などによる傷害は，人的要因や環境要因などが関わって発生すること。
>
> (イ) 交通事故などによる傷害の多くは，安全な行動，環境の改善によって防止できること。
>
> (ウ) 自然災害による傷害は，災害発生時だけでなく，二次災害によっても生じること。また，自然災害による傷害の多くは，災害に備えておくこと，安全に避難することによって防止できること。
>
> (エ) 応急手当を適切に行うことによって，傷害の悪化を防止することができること。また，心肺蘇生法などを行うこと。
>
> イ　傷害の防止について，危険の予測やその回避の方法を考え，それらを表現すること。

　小学校では，交通事故や身の回りの生活の危険が原因となって起こるけがの防止，すり傷や鼻出血などの簡単な手当などを学習している。

　ここでは，傷害の発生には様々な要因があり，それらに対する適切な対策によって傷害の多くは防止できること，応急手当は傷害の悪化を防止することができることを理解できるようにすることが必要である。また，包帯法やAED（自動体外式除細動器）の使用を含む心肺蘇生法などの応急手当ができるようにすることが必要である。さらに，危険を予測し，その回避の方法を考え，それらを表現することができるようにすることが必要である。

　このため，本内容は，交通事故や自然災害などによる傷害は人的要因，環境要因及びその相互の関わりによって発生すること，交通事故などの傷害の多くはこれらの要因に対する適切な対策を行うことによって防止できること，また，自然

災害による傷害の多くは災害に備えておくこと，災害発生時及び発生後に周囲の状況に応じて安全に行動すること，災害情報を把握することで防止できること，及び迅速かつ適切な応急手当は傷害の悪化を防止することができることなどの知識及び応急手当の技能と，傷害の防止に関する課題を解決するための思考力，判断力，表現力等を中心として構成している。

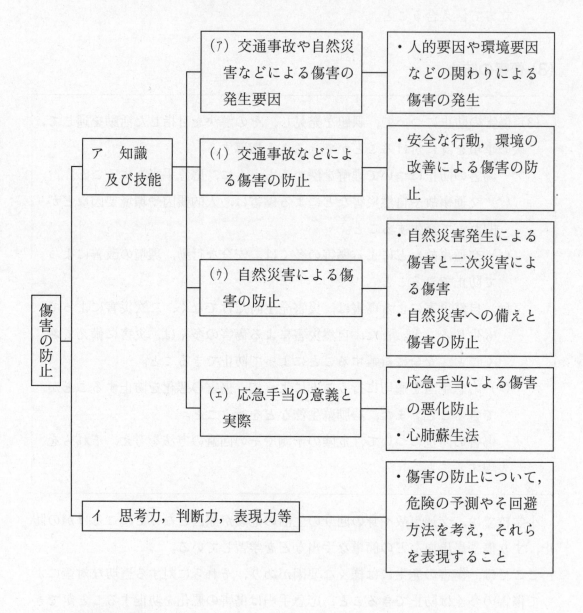

ア　知識及び技能

(ア) 交通事故や自然災害などによる傷害の発生要因

　　交通事故や自然災害などによる傷害は，人的要因，環境要因及びそれらの相互の関わりによって発生すること，人的要因としては，人間の心身の状態や行動の仕方について，環境要因としては，生活環境における施設・設備の状態や気象条件などについて理解できるようにする。

　　なお，学校の状況に応じて，運動による傷害の発生要因について適宜取り

上げることにも配慮するものとする。

（イ）交通事故などによる傷害の防止

　　交通事故などによる傷害を防止するためには，人的要因や環境要因に関わる危険を予測し，それぞれの要因に対して適切な対策を行うことが必要であることを理解できるようにする。人的要因に対しては，心身の状態や周囲の状況を把握し，判断して，安全に行動すること，環境要因に対しては，環境を安全にするために，道路などの交通環境などの整備，改善をすることがあることなどについて理解できるようにする。また，交通事故を防止するためには，自転車や自動車の特性を知り，交通法規を守り，車両，道路，気象条件などの周囲の状況に応じ，安全に行動することが必要であることを理解できるようにする。

　　その際，自転車事故を起こすことによる加害責任についても触れるようにする。

　　なお，必要に応じて，通学路を含む地域社会で発生する犯罪が原因となる傷害とその防止について取り上げることにも配慮するものとする。

（ウ）自然災害による傷害の防止

　　自然災害による傷害は，例えば，地震が発生した場合に家屋の倒壊や家具の落下，転倒などによる危険が原因となって生じること，また，地震に伴って発生する，津波，土砂崩れ，地割れ，火災などの二次災害によっても生じることを理解できるようにする。

　　自然災害による傷害の防止には，日頃から災害時の安全の確保に備えておくこと，緊急地震速報を含む災害情報を正確に把握すること，地震などが発生した時や発生した後，周囲の状況を的確に判断し，自他の安全を確保するために冷静かつ迅速に行動する必要があることを理解できるようにする。

　　また，地域の実情に応じて，気象災害や火山災害などについても触れるようにする。

（エ）応急手当の意義と実際

　　⑦　応急手当の意義

　　　　傷害が発生した際に，その場に居合わせた人が行う応急手当としては，傷害を受けた人の反応の確認等状況の把握と同時に，周囲の人への連絡，傷害の状態に応じた手当が基本であり，迅速かつ適切な手当は傷害の悪化を防止できることを理解できるようにする。その際，応急手当の方法として，

止血や患部の保護や固定を取り上げ，理解できるようにする。

　また，心肺停止に陥った人に遭遇したときの応急手当としては，気道確保，人工呼吸，胸骨圧迫，AED（自動体外式除細動器）使用の心肺蘇生法を取り上げ，理解できるようにする。

　その際，必要に応じて医師や医療機関などへの連絡を行うことについても触れるようにする。

① 応急手当の実際

　胸骨圧迫，AED（自動体外式除細動器）使用などの心肺蘇生法，包帯法や止血法としての直接圧迫法などを取り上げ，実習を通して応急手当ができるようにする。

イ　思考力，判断力，表現力等

　傷害の防止に関わる事象や情報から課題を発見し，自他の危険の予測を基に，危険を回避したり，傷害の悪化を防止したりする方法を考え，適切な方法を選択し，それらを伝え合うことができるようにする。

〈例示〉

・傷害の防止における事柄や情報などについて，保健に関わる原則や概念を基に整理したり，個人生活と関連付けたりして，自他の課題を発見すること。

・交通事故，自然災害などによる傷害の防止について，習得した知識を自他の生活に適用したり，課題解決に役立てたりして，傷害を引き起こす様々な危険を予測し，回避する方法を選択すること。

・傷害に応じた適切な応急手当について，習得した知識や技能を傷害の状態に合わせて活用して，傷害の悪化を防止する方法を見いだすこと。

・傷害の防止について，自他の危険の予測や回避の方法と，それを選択した理由などを，他者と話し合ったり，ノートなどに記述したりして，筋道を立てて伝え合うこと。

(4) 健康と環境

(4) 健康と環境について，課題を発見し，その解決を目指した活動を通して，次の事項を身に付けることができるよう指導する。

ア　健康と環境について理解を深めること。

(ア)　身体には，環境に対してある程度まで適応能力があること。身体の

適応能力を超えた環境は，健康に影響を及ぼすことがあること。また，快適で能率のよい生活を送るための温度，湿度や明るさには一定の範囲があること。

（イ）　飲料水や空気は，健康と密接な関わりがあること。また，飲料水や空気を衛生的に保つには，基準に適合するよう管理する必要があること。

（ウ）　人間の生活によって生じた廃棄物は，環境の保全に十分配慮し，環境を汚染しないように衛生的に処理する必要があること。

イ　健康と環境に関する情報から課題を発見し，その解決に向けて思考し判断するとともに，それらを表現すること。

　小学校では，健康を保持増進するためには，明るさの調節や換気などの生活環境を整えることが必要であることを学習している。

　ここでは，人間の健康は，個人を取り巻く環境から深く影響を受けており，健康を保持増進するためには，心身の健康に対する環境の影響について理解できるようにする必要がある。また，健康と環境に関する情報から課題を発見し，その解決に向けて思考し判断するとともに，それらを表現することができるようにすることが必要である。

　このため，本内容は，主として身体に直接関わりのある環境を取り上げ，人間の身体は環境の変化に対してある程度まで適応する生理的な機能を有すること，また，身体の適応能力を超えた環境は生命や健康に影響を及ぼすことがあること，さらに，飲料水や空気を衛生的に保ったり，生活によって生じた廃棄物は衛生的に処理したりする必要があることなどの知識と健康と環境に関する課題を解決するための思考力，判断力，表現力等を中心として構成している。

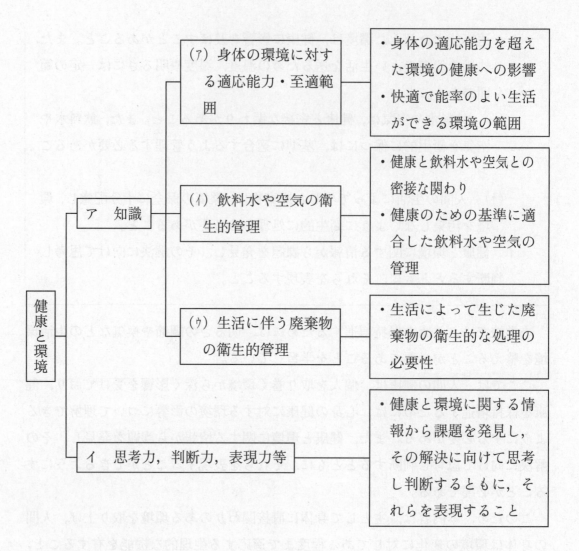

ア　知識

(ア) 身体の環境に対する適応能力・至適範囲

　　㋐　気温の変化に対する適応能力とその限界

　　　　気温の変化に対する体温調節の機能を例として取り上げ，身体には，環境の変化に対応した調節機能があり，一定の範囲内で環境の変化に適応する能力があることを理解できるようにする。また，屋内外での熱中症や山や海での遭難などによる低体温症などを取り上げ，体温を一定に保つ身体の適応能力には限界があること，その限界を超えると健康に重大な影響が見られることから，気象情報の適切な利用が有効であることを理解できるようにする。

　　㋑　温熱条件や明るさの至適範囲

　　　　温度，湿度，気流の温熱条件には，人間が活動しやすい至適範囲があること，温熱条件の至適範囲は，体温を容易に一定に保つことができる範囲であることを理解できるようにする。その際，これらの範囲は，学習や作業及びスポーツ活動の種類によって異なること，その範囲を超えると，学

習や作業の能率やスポーツの記録の低下が見られることにも触れるようにする。

　明るさについては，視作業を行う際には，物がよく見え，目が疲労しにくい至適範囲があること，その範囲は，学習や作業などの種類により異なることを理解できるようにする。

（イ）飲料水や空気の衛生的管理

　㋐　飲料水の衛生的管理

　　水は，人間の生命の維持や健康な生活と密接な関わりがあり重要な役割を果たしていること，飲料水の水質については一定の基準が設けられており，水道施設を設けて衛生的な水を確保していることを理解できるようにするとともに，飲料水としての適否は科学的な方法によって検査し，管理されていることを理解できるようにする。

　㋑　空気の衛生的管理

　　室内の二酸化炭素は，人体の呼吸作用や物質の燃焼により増加すること，そのため，室内の空気が汚れてきているという指標となること，定期的な換気は室内の二酸化炭素の濃度を衛生的に管理できることを理解できるようにする。

　　また，空気中の一酸化炭素は，主に物質の不完全燃焼によって発生し，吸入すると一酸化炭素中毒を容易に起こし，人体に有害であることを理解できるようにするとともに，そのために基準が決められていることにも触れるようにする。

　　なお，必要に応じて，㋐，㋑の内容と関連させて，放射線と健康についても触れるように配慮するものとする。

（ウ）生活に伴う廃棄物の衛生的管理

　　人間の生活に伴って生じたし尿やごみなどの廃棄物は，その種類に即して自然環境を汚染しないように衛生的に処理されなければならないことを理解できるようにする。その際，ごみの減量や分別などの個人の取組が，自然環境の汚染を防ぎ，廃棄物の衛生的管理につながることにも触れるようにする。また，災害による衛生環境の悪化を取り上げ，公共機関の情報を活用した個人の取組が，自他の健康のための衛生的管理につながることにも適宜触れるようにする。

なお，公害が見られる地域にあっては，(ｲ)，(ｳ)の内容と関連させて，その公害と健康との関係を具体的に取り扱うことにも配慮するものとする。

イ　思考力，判断力，表現力等

健康と環境に関わる事象や情報から課題を発見し，疾病等のリスクを軽減したり，生活の質を高めたりすることなどと関連付けて解決方法を考え，適切な方法を選択し，それらを伝え合うことができるようにする。

〈例示〉

・健康と環境に関わる原則や概念を基に，収集した情報を整理したり，習得した知識を個人生活と関連付けたりして，自他の課題を発見すること。

・身体の環境に対する適応能力・至適範囲について，習得した知識を自他の生活に適用したり，課題解決に役立てたりして，熱中症などになるリスクを軽減し，健康を保持増進する方法を見いだすこと。

・飲料水や空気の衛生的管理や廃棄物の衛生的管理について，習得した知識と自他を取り巻く環境とを関連付けたり，整理したりして，疾病等にかかるリスクを軽減し健康を保持増進する方法を選択すること。

・健康と環境について，課題の解決方法とそれを選択した理由などを，他者と話し合ったり，ノートなどに記述したりして，筋道を立てて伝え合うこと。

● 3　内容の取扱い

(1)　内容の(1)のアの(ｱ)及び(ｲ)は第1学年，(1)のアの(ｳ)及び(ｴ)は第2学年，(1)のアの(ｵ)及び(ｶ)は第3学年で取り扱うものとし，(1)のイは全ての学年で取り扱うものとする。内容の(2)は第1学年，(3)は第2学年，(4)は第3学年で取り扱うものとする。

(2)　内容の(1)のアについては，健康の保持増進と疾病の予防に加えて，疾病の回復についても取り扱うものとする。

(3)　内容の(1)のアの(ｲ)及び(ｳ)については，食育の観点も踏まえつつ健康的な生活習慣の形成に結び付くように配慮するとともに，必要に応じて，コンピュータなどの情報機器の使用と健康との関わりについて取り扱うことも配慮するものとする。また，がんについても取り扱うものとする。

(4)　内容の(1)のアの(ｴ)については，心身への急性影響及び依存性について取り扱うこと。また，薬物は，覚醒剤や大麻等を取り扱うものとする。

(5) 内容の(1)のアの(オ)については，後天性免疫不全症候群（エイズ）及び
性感染症についても取り扱うものとする。

(6) 内容の(2)のアの(ア)については，呼吸器，循環器を中心に取り扱うもの
とする。

(7) 内容の(2)のアの(イ)については，妊娠や出産が可能となるような成熟が
始まるという観点から，受精・妊娠を取り扱うものとし，妊娠の経過は取
り扱わないものとする。また，身体の機能の成熟とともに，性衝動が生じ
たり，異性への関心が高まったりすることなどから，異性の尊重，情報へ
の適切な対処や行動の選択が必要となることについて取り扱うものとする。

(8) 内容の(2)のアの(エ)については，体育分野の内容の「A体つくり運動」
の(1)のアの指導との関連を図って指導するものとする。

(9) 内容の(3)のアの(エ)については，包帯法，止血法など傷害時の応急手当
も取り扱い，実習を行うものとする。また，効果的な指導を行うため，水
泳など体育分野の内容との関連を図るものとする。

(10) 内容の(4)については，地域の実態に即して公害と健康との関係を取り
扱うことにも配慮するものとする。また，生態系については，取り扱わな
いものとする。

(11) 保健分野の指導に際しては，自他の健康に関心をもてるようにし，健康
に関する課題を解決する学習活動を取り入れるなどの指導方法の工夫を行
うものとする。

(1)は，内容の「(1) 健康な生活と疾病の予防」を第1学年から第3学年で，「(2)
心身の機能の発達と心の健康」を第1学年で，「(3) 傷害の防止」を第2学年で，
「(4) 健康と環境」を第3学年で指導することを示したものである。

(2)については，疾病等にり患した場合でもその回復を目指したり，生活の質を
高めたりすることが求められることから，これまでの健康の保持増進と疾病の予
防に加えて，疾病からの回復についても関連付けて指導することを示したもので
ある。

(3)から(10)については，「2 内容」で解説した。

(11)は，自分はもとより他者の健康に関心をもてるようにするとともに，健康に
関する課題を解決する学習活動を積極的に行うことにより，資質・能力の三つの
柱をバランスよく育成していくことを示したものである。

指導に当たっては，生徒の内容への興味・関心を高めたり，思考を深めたりす
る発問を工夫すること，自他の日常生活に関連が深い教材・教具を活用すること，
事例などを用いたディスカッション，ブレインストーミング，心肺蘇生法などの

実習，実験，課題学習などを取り入れること，また，必要に応じてコンピュータ等を活用すること，学校や地域の実情に応じて，保健・医療機関等の参画を推進すること，必要に応じて養護教諭や栄養教諭，学校栄養職員などとの連携・協力を推進することなど，多様な指導方法の工夫を行うよう配慮することを示したものである。

　実習を取り入れる際には，応急手当の技能の習得だけでなく，その意義や手順など，該当する指導内容を理解できるようにすることに留意する必要がある。

　また，実験を取り入れるねらいは，実験の方法を習得することではなく，内容について仮説を設定し，これを検証したり，解決したりするという実証的な問題解決を自ら行う活動を重視し，科学的な事実や法則といった指導内容を理解できるようにすることに主眼を置くことが大切である。

● 1　指導計画の作成

　保健体育科の目標を達成するためには，学習指導を計画的に，しかも効率よく展開する必要がある。このため，学校や地域の実態，生徒の心身の発達の段階や特性等を十分考慮し，中学校の3学年間を見通した上で目標や内容を的確に定め，調和のとれた具体的な指導計画を作成することが大切である。

1　指導計画の作成に当たっては，次の事項に配慮するものとする。

> (1) 単元など内容や時間のまとまりを見通して，その中で育む資質・能力の育成に向けて，生徒の主体的・対話的で深い学びの実現を図るようにすること。その際，体育や保健の見方・考え方を働かせながら，運動や健康についての自他の課題を発見し，その合理的な解決のための活動の充実を図ること。また，運動の楽しさや喜びを味わったり，健康の大切さを実感したりすることができるよう留意すること。

　この事項は，保健体育科の指導計画の作成に当たり，生徒の主体的・対話的で深い学びの実現を目指した授業改善を進めることとし，保健体育科の特質に応じて，効果的な学習が展開できるように配慮すべき内容を示したものである。

　保健体育科の指導に当たっては，(1)「知識及び技能」が習得されること，(2)「思考力，判断力，表現力等」を育成すること，(3)「学びに向かう力，人間性等」を涵養することが偏りなく実現されるよう，単元など内容や時間のまとまりを見通しながら，主体的・対話的で深い学びの実現に向けた授業改善を行うことが重要である。

　生徒に保健体育科の指導を通して「知識及び技能」や「思考力，判断力，表現力等」及び「学びに向かう力，人間性等」の育成を目指す授業改善を行うことはこれまでも多くの実践が重ねられてきている。そのような着実に取り組まれてきた実践を否定し，全く異なる指導方法を導入しなければならないと捉えるのではなく，生徒や学校の実態，指導の内容に応じ，「主体的な学び」，「対話的な学び」，「深い学び」の視点から授業改善を図ることが重要である。

　主体的・対話的で深い学びは，必ずしも1単位時間の授業の中で全てが実現されるものではない。単元など内容や時間のまとまりの中で，例えば，主体的に学習に取り組めるよう学習の見通しを立てたり学習したことを振り返ったりして自

身の学びや変容を自覚できる場面をどこに設定するか，対話によって自分の考えなどを広げたり深めたりする場面をどこに設定するか，学びの深まりをつくり出すために，生徒が考える場面と教師が教える場面をどのように組み立てるか，といった視点で授業改善を進めることが求められる。また，生徒や学校の実態に応じ，多様な学習活動を組み合わせて授業を組み立てていくことが重要であり，単元のまとまりを見通した学習を行うに当たり基礎となる知識及び技能の習得に課題が見られる場合には，それを身に付けるために，生徒の主体性を引き出すなどの工夫を重ね，確実な習得を図ることが必要である。

　主体的・対話的で深い学びの実現に向けた授業改善を進めるに当たり，特に「深い学び」の視点に関して，各教科等の学びの深まりの鍵となるのが「見方・考え方」である。各教科等の特質に応じた物事を捉える視点や考え方である「見方・考え方」を，習得・活用・探究という学びの過程の中で働かせることを通じて，より質の高い深い学びにつなげることが重要である。

　保健体育科においては，例えば次の視点等を踏まえて授業改善を行うことにより，育成を目指す資質・能力を育んだり，体育や保健の見方・考え方を更に豊かなものにしたりすることにつなげることが大切である。

・運動の楽しさや健康の意義等を発見し，運動や健康についての興味や関心を高め，課題の解決に向けて粘り強く自ら取り組み，学習を振り返るとともにそれを考察し，課題を修正したり新たな課題を設定したりするなどの主体的な学びを促すこと。

・運動や健康についての課題の解決に向けて，生徒が他者（書物等を含む）との対話を通して，自己の思考を広げ深め，課題の解決を目指して学習に取り組むなどの対話的な学びを促すこと。

・習得・活用・探究という学びの過程を通して，自他の運動や健康についての課題を発見し，解決に向けて試行錯誤を重ねながら，思考を深め，よりよく解決するなどの深い学びを促すこと。

　なお，これら三つの学びの過程をそれぞれ独立して取り上げるのではなく，相互に関連を図り，保健体育科で求められる学びを一層充実させることが重要である。また，これら三つの学びの過程は，順序性や階層性を示すものでないことに留意することが大切である。また，主体的・対話的で深い学びの実現に向けた授業改善の推進に向けては，指導方法を工夫して必要な知識及び技能を指導しながら，子供たちの思考を深めるために発言や意見交換を促したり，気付いていない視点を提示したりするなど，学びに必要な指導の在り方を工夫し，必要な学習環境を積極的に整備していくことが大切である。

　その際，各運動領域の特性や魅力に応じた体を動かす楽しさや特性に触れる喜

びを味わうことができるよう，また，健康の大切さを実感することができるよう指導方法を工夫することが大切である。さらに，単元など内容や時間のまとまりの中で，指導内容と評価の場面を適切に組み立てていくことが重要である。

1　指導計画の作成に当たっては，次の事項に配慮するものとする。

> (2) 授業時数の配当については，次のとおり扱うこと。
> 　ア　保健分野の授業時数は，3学年間で48単位時間程度配当すること。
> 　イ　保健分野の授業時数は，3学年間を通じて適切に配当し，各学年において効果的な学習が行われるよう考慮して配当すること。
> 　ウ　体育分野の授業時数は，各学年にわたって適切に配当すること。その際，体育分野の内容の「A体つくり運動」については，各学年で7単位時間以上を，「H体育理論」については，各学年で3単位時間以上を配当すること。
> 　エ　体育分野の内容の「B器械運動」から「Gダンス」までの領域の授業時数は，それらの内容の習熟を図ることができるよう考慮して配当すること。

1
指導計画
の作成

　これは，指導計画を作成するに当たって配慮すべき事項として，各分野の授業時数及び各領域に配当する授業時数について規定したものである。

〈年間標準授業時数〉

　保健体育の年間標準授業時数は，次のとおりである。

第1学年	105 単位時間
第2学年	105 単位時間
第3学年	105 単位時間
計	315 単位時間

〈各分野に当てる授業時数〉

　次に，3学年間で各分野に当てる授業時数は，体育分野267単位時間程度，保健分野48単位時間程度を配当することとしている。

　このうち，体育分野の授業時数は，各学年にわたって適切に配当することとしている。

また，各分野に当てる授業時数は，例えば，体ほぐしの運動と心の健康，水泳と応急手当などの指導に当たっては，体育分野と保健分野との密接な関連をもたせて指導するように配慮する必要がある。そのため3学年間で各分野に当てる授業時数は，若干の幅をもたせて「程度」とした。

〈保健分野の学年別授業時数〉

　保健分野の学年別の授業時数の配当については，3学年間を通して適切に配当するとともに，生徒の興味・関心や意欲などを高めながら効果的に学習を進めるため，学習時間を継続的又は集中的に設定することが望ましいことを示している。特に今回の改訂によって，「(1) 健康な生活と疾病の予防」の内容が第1学年から第3学年にわたって指導することとし，「(2) 心身の機能の発達と心の健康」，「(3) 傷害の防止」，「(4) 健康と環境」の内容を指導する学年がそれぞれ指定されていることから，各学年おおよそ均等な時間を配当できるようになっている。ただし，課題学習においては，課題追究あるいは調べる活動の時間を十分確保するために，次の授業時間との間にゆとりを持たせるなどの工夫をすることも効果的であると考えられる。

〈体育分野の各領域別授業時数〉

　体育分野の各領域への授業時数の配当については，「A体つくり運動」と「H体育理論」については，豊かなスポーツライフの実現に向けて基盤となる学習であることから，引き続き，授業時数として，「A体つくり運動」については，各学年で7単位時間以上を，「H体育理論」については，各学年で3単位時間以上を配当することとした。また，「B器械運動」から「Gダンス」までの領域の授業時数は，その内容の習熟を図ることができるよう考慮して配当することとした。

　各領域に対する授業時数の配当をどのようにするかは，それぞれの領域について，どの程度習熟を図るかが重要な目安となる。また，その領域が，小学校から引き続いて学習する領域か，中学校で初めて取り上げる領域であるかを考慮に入れて授業時数の適切な配当を考える必要がある。したがって，学校や地域の実態はもとより，カリキュラム・マネジメントの視点及び主体的・対話的で深い学びの実現に向けた授業改善の視点を踏まえ，生徒の能力・適性，興味・関心等に応じて，体育分野で育成を目指す資質・能力を効果的に育成することができるよう，3年間を見通した年間計画の作成が極めて重要となる。

　特に，「A体つくり運動」と「H体育理論」で各学年に配当する授業時数が示されていること，それ以外の領域では第1学年及び第2学年における領域の取り上げ方の弾力化が図られていることなどを踏まえ，各領域に配当する授業時数につ

いては，1単位時間の在り方も含めて，各学校等の実態を踏まえた適切な取組が求められる。その際，各領域の特性や魅力に触れることができるよう，生徒の実態等に応じて，本解説の例示を取り上げる際には，単元のまとまりごとに更に重点化を図るなど，指導事項を効果的に振り分けるなどの工夫も考えられる。

　第3学年においては，第1学年及び第2学年における学習を基盤として，ある程度のまとまりのある単元を構成するなどして，主体的・対話的で深い学びが保障されるよう，各学校等の実態を踏まえた適切な取組が求められる。その際，高等学校との接続や生徒の実態等も踏まえ，本解説の例示を取り上げる際には，単元のまとまりごとに更に重点化を図るなど，指導事項を効果的に振り分けるなどの工夫も考えられる。

1　指導計画の作成に当たっては，次の事項に配慮するものとする。

> (3) 障害のある生徒などについては，学習活動を行う場合に生じる困難さに
>   応じた指導内容や指導方法の工夫を計画的，組織的に行うこと。

　障害者の権利に関する条約に掲げられたインクルーシブ教育システムの構築を目指し，生徒の自立と社会参加を一層推進していくためには，通常の学級，通級による指導，特別支援学級，特別支援学校において，生徒の十分な学びを確保し，一人一人の生徒の障害の状態や発達の段階に応じた指導や支援を一層充実させていく必要がある。

　通常の学級においても，発達障害を含む障害のある生徒が在籍している可能性があることを前提に，全ての教科等において，一人一人の教育的ニーズに応じたきめ細かな指導や支援ができるよう，障害種別の指導の工夫のみならず，各教科等の学びの過程において考えられる困難さに対する指導の工夫の意図，手立てを明確にすることが重要である。

　これを踏まえ，今回の改訂では，障害のある生徒などの指導に当たっては，個々の生徒によって，見えにくさ，聞こえにくさ，道具の操作の困難さ，移動上の制約，健康面や安全面での制約，発音のしにくさ，心理的な不安定，人間関係形成の困難さ，読み書きや計算等の困難さ，注意の集中を持続することが苦手であることなど，学習活動を行う場合に生じる困難さが異なることに留意し，個々の生徒の困難さに応じた指導内容や指導方法を工夫することを，各教科等において示している。

　その際，保健体育科の目標や内容の趣旨，学習活動のねらいを踏まえ，内容の変更や活動の代替を安易に行うことがないよう留意するとともに，生徒の学習負

担や心理面にも配慮する必要がある。

　特に，保健体育科においては，実技を伴うことから，全ての生徒に対する健康・安全の確保に細心の配慮が必要である。そのため，生徒の障害に起因する困難さに応じて，複数教員による指導や個別指導を行うなどの配慮をすることが大切である。また，個々の生徒の困難さに応じた指導内容や指導方法については，学校や地域の実態に応じて適切に設定することが大切である。

　なお，指導に当たっては，生徒の障害の種類と程度を家庭，専門医等と連絡を密にしながら的確に把握し，生徒の健康・安全の確保に十分留意するとともに，個別の課題設定をして生活上の困難を克服するために学習に配慮したり，教材，練習やゲーム及び試合や発表の仕方等を検討し，障害の有無にかかわらず，参加可能な学習の機会を設けたりするなどの生徒の実態に応じたきめ細やかな指導に配慮することが大切である。また，「保健」においても，新たにストレスへの対処や心肺蘇生法などの技能の内容が示されたことから，それらの実技指導については運動に関する領域の指導と同様の配慮をすることが大切である。

　指導に際しては，学校や地域の実態に応じて，次のような配慮の例が考えられる。

・見えにくさのため活動に制限がある場合には，不安を軽減したり安全に実施したりすることができるよう，活動場所や動きを事前に確認したり，仲間同士で声を掛け合う方法を事前に決めたり，音が出る用具を使用したりするなどの配慮をする。

・身体の動きに制約があり，活動に制限がある場合には，生徒の実情に応じて仲間と積極的に活動できるよう，用具やルールの変更を行ったり，それらの変更について仲間と話し合う活動を行ったり，必要に応じて補助用具の活用を図ったりするなどの配慮をする。

・リズムやタイミングに合わせて動くことや複雑な動きをすること，ボールや用具の操作等が難しい場合には，動きを理解したり，自ら積極的に動いたりすることができるよう，動きを視覚的又は言語情報に変更したり簡素化したりして提示する，動かす体の部位を意識させる，操作が易しい用具の使用や用具の大きさを工夫したりするなどの配慮をする。

・試合や記録測定，発表などの状況の変化への対応が求められる学習活動への参加が難しい場合には，生徒の実情に応じて状況の変化に対応できるようにするために，挑戦することを認め合う雰囲気づくりに配慮したり，ルールの弾力化や場面設定の簡略化を図ったりするなどの配慮をする。

・日常生活とは異なる環境での活動が難しい場合には，不安を解消できるよう，学習の順序や具体的な内容を段階的に説明するなどの配慮をする。

・対人関係への不安が強く，他者の体に直接触れることが難しい場合には，仲間とともに活動することができるよう，ロープやタオルなどの補助用具を用いるなどの配慮をする。

・自分の力をコントロールすることが難しい場合には，状況に応じて力のコントロールができるよう，力の出し方を視覚化したり，力の入れ方を数値化したりするなどの配慮をする。

・勝ち負けや記録にこだわり過ぎて，感情をコントロールすることが難しい場合には，状況に応じて感情がコントロールできるよう，事前に活動の見通しを立てたり，勝ったときや負けたとき等の感情の表し方について確認したりするなどの配慮をする。

・グループでの準備や役割分担が難しい場合には，準備の必要性やチームで果たす役割の意味について理解することができるよう，準備や役割分担の視覚的な明示や生徒の実情に応じて取り組むことができる役割から段階的に取り組ませるなどの配慮をする。

・保健の学習で，実習などの学習活動に参加することが難しい場合には，実習の手順や方法が理解できるよう，それらを視覚的に示したり，一つ一つの技能を個別に指導したりするなどの配慮をする。

　なお，学校においては，こうした点を踏まえ，個別の指導計画を作成し，必要な配慮を記載し，他教科等の担任と共有したり，翌年度の担任等に引き継いだりすることが必要である。

1　指導計画の作成に当たっては，次の事項に配慮するものとする。

> (4) 第1章総則の第1の2の(2)に示す道徳教育の目標に基づき，道徳科などとの関連を考慮しながら，第3章特別の教科道徳の第2に示す内容について，保健体育科の特質に応じて適切な指導をすること。

　保健体育科の指導においては，その特質に応じて，道徳について適切に指導する必要があることを示すものである。

　第1章総則第1の2(2)においては，「学校における道徳教育は，特別の教科である道徳（以下「道徳科」という。）を要として学校の教育活動全体を通じて行うものであり，道徳科はもとより，各教科，総合的な学習の時間及び特別活動のそれぞれの特質に応じて，生徒の発達の段階を考慮して，適切な指導を行うこと」と規定されている。

　保健体育科における道徳教育の指導においては，学習活動や学習態度への配慮，

教師の態度や行動による感化とともに，以下に示すような保健体育科と道徳教育との関連を明確に意識しながら，適切な指導を行う必要がある。

保健体育科においては，目標を「体育・保健の見方・考え方を働かせ，課題を発見し，合理的な解決に向けた学習過程を通して，心と体を一体として捉え，生涯にわたって心身の健康を保持増進し豊かなスポーツライフを実現するための資質・能力を次のとおり育成することを目指す。」とし，道徳科と関連が深い「学びに向かう力，人間性等」については「(3) 生涯にわたって運動に親しむとともに健康の保持増進と体力の向上を目指し，明るく豊かな生活を営む態度を養う。」と示している。

体育分野における様々な運動の経験を通して，粘り強くやり遂げる，ルールを守る，集団に参加し協力する，一人一人の違いを大切にするといった態度が養われる。また，健康・安全についての理解は，生活習慣の大切さを知り，自分の生活を見直すことにつながるものである。

次に，道徳教育の要としての道徳科の指導との関連を考慮する必要がある。保健体育科で扱った内容や教材の中で適切なものを，道徳科に活用することが効果的な場合もある。また，道徳科で取り上げたことに関係のある内容や教材を保健体育科で扱う場合には，道徳科における指導の成果を生かすように工夫することも考えられる。そのためにも，保健体育科の年間指導計画の作成などに際して，道徳教育の全体計画との関連，指導の内容及び時期等に配慮し，両者が相互に効果を高め合うようにすることが大切である。

2　第2の内容の取扱いについては，次の事項に配慮するものとする。

---

(1) 体力や技能の程度，性別や障害の有無等にかかわらず，運動の多様な楽しみ方を共有することができるよう留意すること。

生涯にわたって豊かなスポーツライフを実現する資質・能力の育成に向けては，体力や技能の程度，性別や障害の有無等にかかわらず，運動やスポーツの多様な楽しみ方を共有することができるようにすることが重要である。

体力や技能の程度及び性別の違い等にかかわらず，仲間とともに学ぶ体験は，生涯にわたる豊かなスポーツライフの実現に向けた重要な学習の機会であることから，原則として男女共習で学習を行うことが求められる。その際，心身ともに発達が著しい時期であることを踏まえ，運動種目によってはペアやグループの編成時に配慮したり，健康・安全に関する指導の充実を図ったりするなど，指導方法の工夫を図ることが大切である。

また，障害の有無等にかかわらず，仲間とともに学ぶ体験は，生涯にわたる豊かなスポーツライフの実現とともに，スポーツを通した共生社会の実現につながる重要な学習の機会であることから，本解説第3章の1の1(3)に示された内容等を参考に，指導の充実を図ることが大切である。

　これらの指導に際しては，内容として，(1) 知識及び技能，(2) 思考力，判断力，表現力等，(3) 学びに向かう力，人間性等を示していることから，仲間とともに楽しむための活動の方法や修正の仕方を見付けたり，違いに配慮して状況に応じた行動をしたりしようとするなど，「思考力，判断力，表現力等」及び「学びに向かう力，人間性等」の内容との関連を図ることが大切である。例えば，練習やゲーム，競技会や発表会などの場面において，一人一人の違いを大切にしようとしたり，参加する仲間の状況に応じて楽しむ方法を学んだりするなど，指導方法の工夫を図ることが大切である。

2　第2の内容の取扱いについては，次の事項に配慮するものとする。

> (2) 言語能力を育成する言語活動を重視し，筋道を立てて練習や作戦について話し合う活動や，個人生活における健康の保持増進や回復について話し合う活動などを通して，コミュニケーション能力や論理的な思考力の育成を促し，自主的な学習活動の充実を図ること。

　これは，保健体育科の指導においては，その特質に応じて，言語活動について適切に指導する必要があることを示すものである。

　学習指導要領の第1章総則第2の2(1)においては，「各学校においては，生徒の発達の段階を考慮し，言語能力，情報活用能力（情報モラルを含む。），問題発見・解決能力等の学習の基盤となる資質・能力を育成していくことができるよう，各教科等の特質を生かし，教科等横断的な視点から教育課程の編成を図るものとする。」と規定されている。

　体育分野においては，学習した運動に関わる一般原則や運動に伴う事故の防止等の科学的な知識や技能を基に，自己や仲間の課題に応じて思考し判断したことなどを，言葉や文章及び動作などで表したり，仲間や教師などに理由を添えて伝えたりする機会を確保することが重要である。

　なお，積極的・自主的な学習に取り組むことができるよう，指導内容の精選を図る，学習の段階的な課題を明確にする場面を設ける，課題解決の方法を確認する，練習中及び記録会や競技会などの後に話合いの場を設けるなどして，知識を活用して思考する機会や，思考し判断したことを仲間に伝える機会を適切に設定

することが重要である。その際，話合いのテーマを明確にしたり，学習ノートを活用したりするなどの工夫を図り，体を動かす機会を適切に確保することが大切である。

　また，内容として，(1)知識及び技能，(2)思考力，判断力，表現力等，(3)学びに向かう力，人間性等を示していることから，これらをバランスよく育むことで，結果として言語活動の充実に資することに留意する必要がある。

　保健分野においては，健康に関わる概念や原則を基に，個人生活における課題を発見したり，学習したことと自他の生活とを比較したり，適切な解決方法について話し合ったりする機会を確保することが重要である。

2　第2の内容の取扱いについては，次の事項に配慮するものとする。

> (3) 第2の内容の指導に当たっては，コンピュータや情報通信ネットワークなどの情報手段を積極的に活用して，各分野の特質に応じた学習活動を行うよう工夫すること。

第3章
指導計画の作成と内容の取扱い

　情報活用能力とは，世の中の様々な事象を情報とその結び付きとして捉えて把握し，情報及び情報技術を適切かつ効果的に活用して，問題を発見・解決したり自分の考えを形成したりしていくために必要な資質・能力のことである。将来の予測が難しい社会においては，情報や情報技術を受け身で捉えるのではなく，手段として活用していく力が求められる。未来を拓（ひら）いていく子供たちには，情報を主体的に捉えながら，何が重要かを主体的に考え，見いだした情報を活用しながら他者と協働し，新たな価値の創造に挑んでいくことがますます重要になってくる。また，情報化が急速に進展し，身の回りのものに情報技術が活用されていたり，日々の情報収集や身近な人との情報のやりとり，生活上必要な手続など，日常生活における営みを，情報技術を通じて行ったりすることが当たり前の世の中となってきている。情報技術は今後，私たちの生活にますます身近なものとなっていくと考えられ，情報技術を手段として活用していくことができるようにしていくことも重要である。

　保健体育科においても，各分野の特質を踏まえ，情報モラル等にも配慮した上で，必要に応じて，コンピュータや情報通信ネットワークなどを適切に活用し，学習の効果を高めるよう配慮することを示している。

　例えば，体育分野においては，学習に必要な情報の収集やデータの管理・分析，課題の発見や解決方法の選択などにおけるICTの活用が考えられる。また，保健分野においては，健康情報の収集，健康課題の発見や解決方法の選択における情

238

報通信ネットワーク等の活用などが考えられる。

　なお，運動の実践では，補助的手段として活用するとともに，効果的なソフトやプログラムの活用を図るなど，活動そのものの低下を招かないよう留意することが大切である。

　また，情報機器の使用と健康との関わりについて取り扱うことにも配慮することが大切である。

2　第2の内容の取扱いについては，次の事項に配慮するものとする。

---

(4) 体育分野におけるスポーツとの多様な関わり方や保健分野の指導については，具体的な体験を伴う学習の工夫を行うよう留意すること。

　他者，社会，自然・環境等と直接的に関わる体験活動等を通して，生命の有限性や自然の大切さ，自分の価値を認識しつつ他者と協働することの重要性などを，実感しながら理解できるようにすることは極めて重要であり，そのために，学級等を単位とした集団の中で体系的・継続的な活動を行うことのできる学校の場を生かして，地域・家庭と連携・協働しつつ，体験活動の機会を確保していくことが求められる。

1
指導計画
の作成

　体育分野においては，体育分野で学習した成果を，教科外の活動や学校や地域の実態等に応じた活動などの学校教育活動に生かすことができるよう，本解説第2章の第2節［体育分野］の3(4)に示された「自然との関わりの深いスキー，スケートや水辺活動など」の指導を積極的に取り入れるとともに，年間指導計画において，学習の時期や順序を検討するなど，結果として体験活動の充実に資することに留意することが必要である。

　保健分野においては，知識の指導に偏ることなく，資質・能力の三つの柱をバランスよく育むことができるよう，実験や実習等を取り入れるなどの学習過程を工夫することに留意する。

　なお，オリンピック・パラリンピックに関する指導の充実を図る観点から，パラリンピック競技大会で実施されている種目などの障害者スポーツを体験するなどの工夫も考えられる。その際，障害の程度や特性にかかわらず，全ての生徒が実施可能な体験となるように留意することが大切である。

　また，このような体験活動を効果的に実施していくためには，その意義や効果について家庭や地域と共有し，連携・協働することが重要である。さらに，これらの学習を展開するに当たっては，学習の内容と生徒の発達の段階に応じて安全への配慮を十分に行わなければならない。

2　第2の内容の取扱いについては，次の事項に配慮するものとする。

> (5) 生徒が学習内容を確実に身に付けることができるよう，学校や生徒の実態に応じ，学習内容の習熟の程度に応じた指導，個別指導との連携を踏まえた教師間の協力的な指導などを工夫改善し，個に応じた指導の充実が図られるよう留意すること。

　生徒一人一人の可能性を最大限に伸ばし，社会をよりよく生きる資質・能力を育成する観点から，学校や生徒の実態に応じた個に応じた指導を推進する必要がある。その際，生徒一人一人が学習内容を確実に身に付ける観点から，学習内容の習熟の程度に応じた指導，個別指導との連携を踏まえた教師間の協力的な指導などの指導方法や指導体制の工夫改善を通じて，個に応じた指導の充実が図られるよう留意することが重要である。

　体育分野においては，個に応じた段階的な練習方法の例を示したり，個別学習やグループ別学習，繰り返し学習などの学習活動を取り入れたりするなどにより，生徒一人一人が学習内容を確実に身に付けることができるよう配慮することが大切である。

　保健分野においては，生徒の健康状態や発育・発達の状況を踏まえ，保健体育科担当の教師が行う保健の指導と保健室等の個別指導との連携・協力を推進し，学習内容を確実に身に付け，一人一人の発達や成長に資するよう留意することが大切である。

2　第2の内容の取扱いについては，次の事項に配慮するものとする。

> (6) 第1章総則の第1の2の(3)に示す学校における体育・健康に関する指導の趣旨を生かし，特別活動，運動部の活動などとの関連を図り，日常生活における体育・健康に関する活動が適切かつ継続的に実践できるよう留意すること。なお，体力の測定については，計画的に実施し，運動の指導及び体力の向上に活用するようにすること。

　これは，年間計画を作成するに当たって，学校における体育・健康に関する指導との関連を図ることの必要性を強調したものである。

　学校における体育・健康に関する指導については，第1章総則第1の2(3)で，「学校における体育・健康に関する指導を，生徒の発達の段階を考慮して，学校の教育活動全体を通じて適切に行うことにより，健康で安全な生活と豊かなスポー

ツライフの実現を目指した教育の充実に努めること。特に，学校における食育の推進並びに体力の向上に関する指導，安全に関する指導及び心身の健康の保持増進に関する指導については，保健体育科，技術・家庭科及び特別活動の時間はもとより，各教科，道徳科及び総合的な学習の時間などにおいてもそれぞれの特質に応じて適切に行うよう努めること。また，それらの指導を通して，家庭や地域社会との連携を図りながら，日常生活において適切な体育・健康に関する活動の実践を促し，生涯を通じて健康・安全で活力ある生活を送るための基礎が培われるよう配慮すること。」と示している。

したがって，保健体育科の指導計画は，単に1教科としての観点からだけでなく，特別活動のほか，総合的な学習の時間や運動部の活動なども含めた学校教育活動全体との関連を十分考慮して作成することが必要である。

体力の向上や健康の保持増進を図るための教育活動は，教科としての保健体育科は当然であるが，関連の教科，特別活動，総合的な学習の時間，運動部の活動などの学校教育活動の中にも，それぞれ独自の性格をもちながら，関連する活動が多く含まれている。したがって，保健体育科の学習の成果が，他の教育活動と結び付き，日常生活で生かされるようにするためには，特別活動などとの有機的な関連を図って，保健体育科の目標がより効果的に達成できるよう指導計画を作成することが必要である。特に，今回の改訂においては，「生徒や学校，地域の実態を適切に把握し，教育の目的や目標の実現に必要な教育の内容等を教科等横断的な視点で組み立てていくこと，教育課程の実施状況を評価してその改善を図っていくこと，教育課程の実施に必要な人的又は物的な体制を確保するとともにその改善を図っていくことなどを通して，教育課程に基づき組織的かつ計画的に各学校の教育活動の質の向上を図っていくこと（カリキュラム・マネジメント）に努めること」について新たに示されたことなどから，学校教育目標に体力の向上を位置付ける例なども参考にして，これまで以上に学校の教育活動全体との関連を図り，指導計画を作成する必要がある。

なお，体力の測定についてもそれを計画的に実施し，運動の指導及び体力の向上に活用することができるよう，年間の指導計画を作成する段階で具体化する必要がある。

2　第2の内容の取扱いについては，次の事項に配慮するものとする。

---

(7) 体育分野と保健分野で示された内容については，相互の関連が図られるよう留意すること。

これは，年間計画の作成や指導内容の充実に当たって，体育分野と保健分野の連携を図った指導の重要性を示したものである。

保健体育科の目標においては，「体育や保健の見方・考え方を働かせ，課題を発見し，合理的な解決に向けた学習過程を通して，心と体を一体として捉え，生涯にわたって心身の健康を保持増進し豊かなスポーツライフを実現するための資質・能力を次のとおり育成することを目指す」として，(1) 知識及び技能，(2) 思考力，判断力，表現力等，(3) 学びに向かう力，人間性等の目標を示しており，生涯にわたって健康を保持増進し，豊かなスポーツライフを実現する資質・能力の育成を重視する観点から，健康な生活と運動やスポーツとの関わりを深く理解したり，心と体が密接につながっていることを実感したりできるようにすることが求められる。

なお，体育分野と保健分野の関連を図る工夫の例としては，次のようなものが考えられる。

・体育分野の「A体つくり運動」のア「体ほぐしの運動」では具体的な運動の視点から，保健分野の (2)「心身の機能の発達と心の健康」のア (エ)「欲求やストレスへの対処と心の健康」では欲求やストレスへの適切な対処の視点から，それぞれ取り上げているので，この点を十分考慮して関連のある指導を工夫する。

・体育分野の「D水泳」の事故防止に関する心得では具体的な態度の視点から，保健分野の (3)「傷害の防止」のア (エ)「応急手当」では応急手当の適切な対処の視点から，それぞれ取り上げているので，この点を十分考慮して関連のある指導を工夫する。

・体育分野の「H体育理論」の2「運動やスポーツの意義や効果と学び方や安全な行い方」では健康の保持増進を図るための方法等の視点から，保健分野の (1)「健康な生活と疾病の予防」では運動，食事，休養及び睡眠などの健康的な生活習慣の形成の視点から，それぞれ取り上げているので，この点を十分考慮して関連のある指導を工夫する。

・体育分野の「A体つくり運動」から「Gダンス」の (3) 学びに向かう力，人間性等の「健康・安全」では運動実践の場面で行動化する視点から，保健分野の (1)「健康な生活と疾病の予防」では生活習慣と健康の中で運動の効果の視点から，それぞれ取り上げているので，この点を十分考慮して関連のある指導を工夫する。

・教科内におけるカリキュラム・マネジメントを実現する観点から，体育分野と保健分野の関連する事項を取り上げる際，指導する時期を適切に設定した年間指導計画を工夫する。

　年間計画を作成するに当たっては，第1章総則第1の2（3）に示された学校における体育・健康に関する指導との関連を十分に考慮することが重要である。

> （3）学校における体育・健康に関する指導を，生徒の発達の段階を考慮して，学校の教育活動全体を通じて適切に行うことにより，健康で安全な生活と豊かなスポーツライフの実現を目指した教育の充実に努めること。特に，学校における食育の推進並びに体力の向上に関する指導，安全に関する指導及び心身の健康の保持増進に関する指導については，保健体育科，技術・家庭科及び特別活動の時間はもとより，各教科，道徳科及び総合的な学習の時間などにおいてもそれぞれの特質に応じて適切に行うよう努めること。また，それらの指導を通して，家庭や地域社会との連携を図りながら，日常生活において適切な体育・健康に関する活動の実践を促し，生涯を通じて健康・安全で活力ある生活を送るための基礎が培われるよう配慮すること。

　教育基本法第2条第1号は，教育の目的として「健やかな身体を養う」ことを規定しており，本項では，体育・健康に関する指導を，生徒の発達の段階を考慮して，学校教育活動全体として取り組むことにより，健康で安全な生活と豊かなスポーツライフの実現を目指した教育の充実に努めることを示している。健やかな体の育成は，心身の調和的な発達の中で図られ，心身の健康と安全や，スポーツを通じた生涯にわたる幸福で豊かな生活の実現と密接に関わるものであることから，体育・健康に関する指導のねらいとして，心身ともに健康で安全な生活と豊かなスポーツライフの実現を一体的に示しているところである。

　これからの社会を生きる生徒に，健やかな心身の育成を図ることは極めて重要である。体力は，人間の活動の源であり，健康の維持のほか意欲や気力といった精神面の充実に大きく関わっており，「生きる力」を支える重要な要素である。生徒の心身の調和的発達を図るためには，運動を通して体力を養うとともに，食育の推進を通して望ましい食習慣を身に付けるなど，健康的な生活習慣を形成することが必要である。また，東日本大震災をはじめとする様々な自然災害の発生や，情報化等の進展に伴う生徒を取り巻く環境の変化などを踏まえ，生徒の安全・安心に対する懸念が広がっていることから，安全に関する指導の充実が必要である。さらに，生徒が心身の成長発達について正しく理解することが必要である。

こうした現代的課題を踏まえ，体育・健康に関する指導は，健康・安全で活力ある生活を営むために必要な資質・能力を育て，心身の調和的な発達を図り，健康で安全な生活と豊かなスポーツライフの実現を目指すものである。こうした教育は，第1章総則第3の1に示すとおり，単元や題材など内容や時間のまとまりを見通した，主体的・対話的で深い学びの実現に向けた授業改善を通して実現が図られるものであり，そうした学習の過程の在り方については，中学校学習指導要領解説総則編第3章第3節において解説している。

　本項で示す体育に関する指導については，積極的に運動する生徒とそうでない生徒の二極化傾向が指摘されていることなどから，生涯にわたって運動やスポーツを豊かに実践していくとともに，現在及び将来の体力の向上を図る実践力の育成を目指し，生徒が自ら進んで運動に親しむ資質・能力を身に付け，心身を鍛えることができるようにすることが大切である。

　このため，教科としての保健体育科において，基礎的な身体能力の育成を図るとともに，運動会，遠足や集会などの特別活動や運動部活動などの教育課程外の学校教育活動などを相互に関連させながら，学校教育活動全体として効果的に取り組むことが求められている。

　健康に関する指導については，生徒が身近な生活における健康に関する知識を身に付けることや，必要な情報を自ら収集し，適切な意思決定や行動選択を行い，積極的に健康な生活を実践することのできる資質・能力を育成することが大切である。

　特に，学校における食育の推進においては，栄養摂取の偏りや朝食欠食といった食習慣の乱れ等に起因する肥満や生活習慣病，食物アレルギー等の健康課題が見られるほか，食品の安全性の確保等の食に関わる課題が顕在化している。こうした課題に適切に対応するため，生徒が食に関する正しい知識と望ましい食習慣を身に付けることにより，生涯にわたって健やかな心身と豊かな人間性を育んでいくための基礎が培われるよう，栄養のバランスや規則正しい食生活，食品の安全性などの指導が一層重視されなければならない。また，これら心身の健康に関する内容に加えて，自然の恩恵・勤労などへの感謝や食文化などについても教科等の内容と関連させた指導を行うことが効果的である。食に関する指導に当たっては，保健体育科における望ましい生活習慣の育成や，技術・家庭科における食生活に関する指導，特別活動における給食の時間を中心とした指導などを相互に関連させながら，学校教育活動全体として効果的に取り組むことが重要であり，栄養教諭等の専門性を生かすなど教師間の連携に努めるとともに，地域の産物を学校給食に使用するなどの創意工夫を行いつつ，学校給食の教育的効果を引き出すよう取り組むことが重要である。

また，安全に関する指導においては，様々な自然災害の発生や，情報化やグローバル化等の社会の変化に伴い生徒を取り巻く安全に関する環境も変化していることから，身の回りの生活の安全，交通安全，防災に関する指導や，情報技術の進展に伴う新たな事件・事故防止，国民保護等の非常時の対応等の新たな安全上の課題に関する指導を一層重視し，安全に関する情報を正しく判断し，安全のための行動に結び付けるようにすることが重要である。

　さらに，心身の健康の保持増進に関する指導においては，情報化社会の進展により，様々な健康情報や性・薬物等に関する情報の入手が容易になっていることなどから，生徒が健康情報や性に関する情報等を正しく選択して適切に行動できるようにするとともに，薬物乱用防止等の指導が一層重視されなければならない。なお，生徒が心身の成長発達に関して適切に理解し，行動することができるようにする指導に当たっては，第1章総則第4の1(1)に示す主に集団の場面で必要な指導や援助を行うガイダンスと一人一人が抱える課題に個別に対応した指導を行うカウンセリングの双方の観点から，学校の教育活動全体で共通理解を図り，家庭の理解を得ることに配慮するとともに，関連する教科等において，発達の段階を考慮して，指導することが重要である。

　体育・健康に関する指導は，こうした指導を相互に関連させて行うことにより，生涯にわたり楽しく明るい生活を営むための基礎づくりを目指すものである。

　したがって，その指導においては，体つくり運動や各種のスポーツ活動はもとより，保健や安全に関する指導，給食を含む食に関する指導などが重視されなければならない。このような体育・健康に関する指導は，保健体育科の時間だけではなく技術・家庭科や特別活動のほか，関連の教科や道徳科，総合的な学習の時間なども含めた学校の教育活動全体を通じて行うことによって，その一層の充実を図ることができる。

　各学校において，体育・健康に関する指導を効果的に進めるためには，全国体力・運動能力，運動習慣等調査などを用いて生徒の体力や健康状態等を的確に把握し，学校や地域の実態を踏まえて，それにふさわしい学校の全体計画を作成し，地域の関係機関・団体の協力を得つつ，計画的，継続的に指導することが重要である。

　また，体育・健康に関する指導を通して，学校生活はもちろんのこと，家庭や地域社会における日常生活においても，自ら進んで運動を適切に実践する習慣を形成し，生涯を通じて運動に親しむための基礎を培うとともに，生徒が積極的に心身の健康の保持増進を図っていく資質・能力を身に付け，生涯を通じて健康・安全で活力ある生活を送るための基礎が培われるよう配慮することが大切である。

　なお，中学校にあっては，教科担任制を原則としているために，体育・健康に

関する指導が保健体育科担当の教師に任されてしまうおそれがある。しかし，体育・健康に関する指導は，学校の教育活動全体を通じて適切に行われるべきものであり，その効果を上げるためには，保健体育科担当の教師だけでなく，全教職員の理解と協力が得られるよう，学校の実態に応じて指導体制の工夫改善に努めるなど，組織的に進めていくことが大切である。

3　教育課程外の学校教育活動と教育課程との関連（第1章第5の1のウ）

　部活動の指導及び運営等に当たっては，第1章総則第5の1ウに示された部活動の意義と留意点等を踏まえて行うことが重要である。

ウ　教育課程外の学校教育活動と教育課程の関連が図られるように留意するものとする。特に，生徒の自主的，自発的な参加により行われる部活動については，スポーツや文化，科学等に親しませ，学習意欲の向上や責任感，連帯感の涵養等，学校教育が目指す資質・能力の育成に資するものであり，学校教育の一環として，教育課程との関連が図られるよう留意すること。その際，学校や地域の実態に応じ，地域の人々の協力，社会教育施設や社会教育関係団体等の各種団体との連携などの運営上の工夫を行い，持続可能な運営体制が整えられるようにするものとする。

　中学生の時期は，生徒自身の興味・関心に応じて，教育課程外の学校教育活動や地域の教育活動など，生徒による自主的・自発的な活動が多様化していく段階にある。少子化や核家族化が進む中にあって，中学生が学校外の様々な活動に参加することは，ともすれば学校生活にとどまりがちな生徒の生活の場を地域社会に広げ，幅広い視野に立って自らのキャリア形成を考える機会となることも期待される。このような教育課程外の様々な教育活動を教育課程と関連付けることは，生徒が多様な学びや経験をする場や自らの興味・関心を深く追究する機会などの充実につながる。

　特に，学校教育の一環として行われる部活動は，異年齢との交流の中で，生徒同士や教員と生徒等の人間関係の構築を図ったり，生徒自身が活動を通して自己肯定感を高めたりするなど，その教育的意義が高いことも指摘されている。

　そうした教育的意義が部活動の充実の中のみで図られるのではなく，例えば，運動部の活動において保健体育科の指導との関連を図り，競技を「すること」のみならず，「みる，支える，知る」といった視点からスポーツに関する科学的知見やスポーツとの多様な関わり方及びスポーツがもつ様々な良さを実感しながら，自

己の適性等に応じて，生涯にわたるスポーツとの豊かな関わり方を学ぶなど，教育課程外で行われる部活動と教育課程内の活動との関連を図る中で，その教育効果が発揮されることが重要である。

このため，本項では生徒の自主的，自発的な参加により行われる部活動について，

①　スポーツや文化及び科学等に親しませ，学習意欲の向上や責任感，連帯感の涵養，互いに協力し合って友情を深めるといった好ましい人間関係の形成等に資するものであるとの意義があること，

②　部活動は，教育課程において学習したことなども踏まえ，自らの適性や興味・関心等をより深く追究していく機会であることから，第2章以下に示す各教科等の目標及び内容との関係にも配慮しつつ，生徒自身が教育課程において学習する内容について改めてその大切さを認識するよう促すなど，学校教育の一環として，教育課程との関連が図られるよう留意すること，

③　一定規模の地域単位で運営を支える体制を構築していくことが長期的には不可欠であることから，設置者等と連携しながら，学校や地域の実態に応じ，教員の勤務負担軽減の観点も考慮しつつ，部活動指導員等のスポーツや文化及び科学等にわたる指導者や地域の人々の協力，体育館や公民館などの社会教育施設や地域のスポーツクラブといった社会教育関係団体等の各種団体との連携などの運営上の工夫を行うこと，

をそれぞれ規定している。

各学校が部活動を実施するに当たっては，本項や，中央教育審議会での学校における働き方改革に関する議論及び運動部活動の在り方に関する総合的なガイドライン（平成30年3月スポーツ庁）も参考に，生徒が参加しやすいよう実施形態などを工夫するとともに，生徒の生活全体を見渡して休養日や活動時間を適切に設定するなど生徒のバランスのとれた生活や成長に配慮することが必要である。その際，生徒の心身の健康管理，事故防止及び体罰・ハラスメントの防止に留意すること。

〈運動部の活動〉

運動部の活動は，スポーツに興味と関心をもつ同好の生徒が，スポーツを通して交流したり，より高い水準の技能や記録に挑戦したりする中で，スポーツの楽しさや喜びを味わい，豊かな学校生活を経験する活動であるとともに，体力の向上や健康の増進にも極めて効果的な活動である。

したがって，生徒が運動部の活動に積極的に参加できるよう配慮することが大切である。また，生徒の能力等に応じた技能や記録の向上を目指すとともに，互

いに協力し合って友情を深めるなど好ましい人間関係を育てるよう適切な指導を行う必要がある。さらに，運動部の活動も学校教育活動の一環であることから，生徒の主体的・対話的で深い学びの実現に向けた視点も参考に指導を行うことが大切である。

　加えて，運動部の活動は，主として放課後に行われ，特に希望する同好の生徒によって行われる活動であることから，生徒の自主性を尊重する必要がある。また，生徒に任せすぎたり，勝つことのみを目指したりした活動にならないよう留意する必要もある。そのため，例えば，競技を「すること」のみならず，生徒自らが所属する運動部の活動を振り返りつつ，目標，練習計画等の在り方や地域との関わり方等について定期的に意見交換をする場を設定することなどが考えられる。このように，運動部の活動の意義が十分発揮されるよう，生徒の個性の尊重と柔軟な運営に留意したり，生徒のバランスのとれた生活や成長のためにも休養日や練習時間を適切に設定したりするなど，生徒の現在及び将来の生活を見渡しながら，生徒の学びと生涯にわたるキャリア形成の関係を意識した活動が展開されることが必要である。また，生徒の能力・適性，興味・関心等に応じつつ，健康・安全に留意し適切な活動が行われるよう配慮して指導することが必要である。

　なお，「学校教育法施行規則の一部を改正する省令」が平成29年4月1日から施行され，中学校，義務教育学校の後期課程，高等学校，中等教育学校並びに特別支援学校の中等部及び高等部におけるスポーツ，文化，科学等に関する教育活動（学校の教育課程として行われるものを除く。）に係る技術的な指導に従事する部活動指導員について，その名称及び職務等を明らかにすることにより，学校における部活動の指導体制の充実が図られるようにした。

　設置者及び各学校においては，部活動指導員を活用する場合，部活動が学校教育の一環であることを踏まえ，生徒の自発的，自主的な参加が促進されるよう部活動指導員との密接な連携を図ることが必要である。

　その際，部活動が，各学校の教育目標の実現に向けた主体的・対話的で深い学びの場となるよう，研修等の機会を適切に確保するなど，部活動指導員の指導力向上を図ることができる機会を適切に確保することが求められる。

運動領域，体育分野の「知識及び技能」系統表（その1）

領域	小学校 第1学年及び第2学年	小学校 第3学年及び第4学年	小学校 第5学年及び第6学年
体つくり運動系	○運動遊びの楽しさに触れる ○行い方を知る ○体を動かす心地よさを味わう ○基本的な動きを身に付ける ※体ほぐしの運動遊び ・心と体の変化に気付く ・みんなで関わり合う ※多様な動きをつくる運動遊び ・体のバランスをとる動き，体を移動する動き，用具を操作する動き，力試しの動きをする	○運動の楽しさや喜びに触れる ○行い方を知る ○体を動かす心地よさを味わう ○基本的な動きを身に付ける ※体ほぐしの運動 ・心と体の変化に気付く ・みんなで関わり合う ※多様な動きをつくる運動 ・体のバランスをとる動き，体を移動する動き，用具を操作する動き，力試しの動きをする ・それらを組み合わせる	○運動の楽しさや喜びを味わう ○行い方を理解する ○体を動かす心地よさを味わう ○体の動きを高めたりする ※体ほぐしの運動 ・心と体との関係に気付く ・仲間と関わり合う ※体の動きを高める運動 ・ねらいに応じて，体の柔らかさ，巧みな動き，力強い動き，動きを持続する能力を高めるための運動をする
器械運動系・	○運動遊びの楽しさに触れる ○行い方を知る ○動きを身に付ける ※固定施設を使った運動遊び ・登り下りや懸垂移行，渡り歩きや跳び下りをする ※マットを使った運動遊び ・いろいろな方向への転がり，手で支えての体の保持や回転をする ※鉄棒を使った運動遊び ・支持しての揺れや上がり下り，ぶら下がりや易しい回転をする ※跳び箱を使った運動遊び ・跳び乗りや跳び下り，手を着いてのまたぎ乗りやまたぎ下りをする	○運動の楽しさや喜びに触れる ○行い方を知る ○技を身に付ける ※マット運動 ・回転系や巧技系の基本的な技をする ※鉄棒運動 ・では，支持系の基本的な技をする ※跳び箱運動 ・切り返し系や回転系の基本的な技をする	○運動の楽しさや喜びを味わう ○行い方を理解する ○技を身に付ける ※マット運動 ・回転系や巧技系の基本的な技を安定して行う ・発展技を行う ・それらを繰り返したり組み合わせたりする ※鉄棒運動 ・支持系の基本的な技を安定して行う ・発展技を行う ・それらを繰り返したり組み合わせたりする ※跳び箱運動 ・切り返し系や回転系の基本的な技を安定して行う ・発展技を行う
陸上運動系	○運動遊びの楽しさに触れる ○行い方を知る ○動きを身に付ける ※走の運動遊び ・いろいろな方向に走ったり，低い障害物を走り越えたりする ※跳の運動遊び ・前方や上方に跳んだり，連続して跳んだりする	○運動の楽しさや喜びに触れる ○行い方を知る ○動きを身に付ける ※かけっこ・リレー ・調子よく走ったりバトンの受渡しをしたりする ※小型ハードル走 ・小型ハードルを調子よく走り越える ※幅跳び ・短い助走から踏み切って跳ぶ ※高跳び ・短い助走から踏み切って跳ぶ	○運動の楽しさや喜びを味わう ○行い方を理解する ○技能を身に付ける ※短距離走・リレー ・一定の距離を全力で走る ・滑らかなバトンの受渡しをする ※ハードル走 ・ハードルをリズミカルに走り越える ※走り幅跳び ・リズミカルな助走から踏み切って跳ぶ ※走り高跳び ・リズミカルな助走から踏み切って跳ぶ

中学校 第1学年及び第2学年	中学校 第3学年	領域
○体を動かす楽しさや心地よさを味わう ○体つくり運動の意義と行い方，体の動きを高める方法などを理解する ○目的に適した運動を身に付け，組み合わせる 　※体ほぐしの運動 　　・心と体との関係や心身の状態に気付く 　　・仲間と積極的に関わり合う 　※体の動きを高める運動 　　・ねらいに応じて，体の柔らかさ，巧みな動き，力強い動き，動きを持続する能力を高めるための運動を行う 　　・それらを組み合わせる	○体を動かす楽しさや心地よさを味わう ○運動を継続する意義，体の構造，運動の原則などを理解する ○目的に適した運動の計画を立て取り組む 　※体ほぐしの運動 　　・心と体は互いに影響し変化することや心身の状態に気付く 　　・仲間と自主的に関わり合う 　※実生活に生かす運動の計画 　　・ねらいに応じて，健康の保持増進や調和のとれた体力の向上を図るための運動の計画を立て取り組む	体つくり運動
○技ができる楽しさや喜びを味わう ○器械運動の特性や成り立ち，技の名称や行い方，その運動に関連して高まる体力などを理解する ○技をよりよく行う 　※マット運動 　　・回転系や巧技系の基本的な技を滑らかに行う 　　・条件を変えた技や発展技を行う 　　・それらを組み合わせる 　※鉄棒運動 　　・支持系や懸垂系の基本的な技を滑らかに行う 　　・条件を変えた技や発展技を行う 　　・それらを組み合わせる 　※平均台運動 　　・体操系やバランス系の基本的な技を滑らかに行う 　　・条件を変えた技や発展技を行う 　　・それらを組み合わせる 　※跳び箱運動 　　・切り返し系や回転系の基本的な技を滑らかに行う 　　・条件を変えた技や発展技を行う	○技ができる楽しさや喜びを味わう ○技の名称や行い方，運動観察の方法，体力の高め方などを理解する ○自己に適した技で演技する 　※マット運動 　　・回転系や巧技系の基本的な技を滑らかに安定して行う 　　・条件を変えた技や発展技を行う 　　・それらを構成し演技する 　※鉄棒運動 　　・支持系や懸垂系の基本的な技を滑らかに安定して行う 　　・条件を変えた技や発展技を行う 　　・それらを構成し演技する 　※平均台運動 　　・体操系やバランス系の基本的な技を滑らかに安定して行う 　　・条件を変えた技や発展技を行う 　　・それらを構成し演技する 　※跳び箱運動 　　・切り返し系や回転系の基本的な技を滑らかに安定して行う 　　・条件を変えた技や発展技を行う	器械運動
○記録の向上や競争の楽しさや喜びを味わう ○陸上競技の特性や成り立ち，技術の名称や行い方，その運動に関連して高まる体力などを理解する ○基本的な動きや効率のよい動きを身に付ける 　※短距離走・リレー 　　・滑らかな動きで速く走る 　　・バトンの受渡しでタイミングを合わせ 　※長距離走 　　・ペースを守って走る 　※ハードル走 　　・リズミカルな走りから滑らかにハードルを越す 　※走り幅跳び 　　・スピードに乗った助走から素早く踏み切って跳ぶ 　※走り高跳び 　　・リズミカルな助走から力強く踏み切って大きな動作で跳ぶ	○記録の向上や競争の楽しさや喜びを味わう ○技術の名称や行い方，体力の高め方，運動観察の方法などを理解する ○各種目特有の技能を身に付ける 　※短距離走・リレー 　　・中間走へのつなぎを滑らかにして速く走る 　　・バトンの受渡しで次走者のスピードを十分高める 　※長距離走 　　・自己に適したペースを維持して走る 　※ハードル走 　　・スピードを維持した走りからハードルを低く越す 　※走り幅跳び 　　・スピードに乗った助走から力強く踏み切って跳ぶ 　※走り高跳び 　　・リズミカルな助走から力強く踏み切り滑らかな空間動作で跳ぶ	陸上競技

3
教育課程外の学校教育活動と教育課程との関連

運動領域，体育分野の「知識及び技能」系統表（その２）

領域	小学校 第１学年及び第２学年	小学校 第３学年及び第４学年	小学校 第５学年及び第６学年
水泳運動系	○運動遊びの楽しさに触れる ○行い方を知る ○動きを身に付ける ※水の中を移動する運動遊び ・水につかって歩いたり走ったりする ※もぐる・浮く運動遊び ・息を止めたり吐いたりしながら，水にもぐったり浮いたりする	○運動の楽しさや喜びに触れる ○行い方を知る ○動きを身に付ける ※浮いて進む運動 ・け伸びや初歩的な泳ぎをする ※もぐる・浮く運動 ・息を止めたり吐いたりしながら，いろいろなもぐり方や浮き方をする	○運動の楽しさや喜びを味わう ○行い方を理解する ○技能を身に付ける ※クロール ・手や足の動きに呼吸を合わせて続けて長く泳ぐ ※平泳ぎ ・手や足の動きに呼吸を合わせて続けて長く泳ぐ ※安全確保につながる運動 ・背浮きや浮き沈みをしながら続けて長く浮く
ボール運動系	○運動遊びの楽しさに触れる ○行い方を知る ○易しいゲームをする ※ボールゲーム ・簡単なボール操作と攻めや守りの動きによって，易しいゲームをする ※鬼遊び ・一定の区域で，逃げる，追いかける，陣地を取り合うなどをする	○運動の楽しさや喜びに触れる ○行い方を知る ○易しいゲームをする ※ゴール型ゲーム ・基本的なボール操作とボールを持たないときの動きによって，易しいゲームをする ※ネット型ゲーム ・基本的なボール操作とボールを操作できる位置に体を移動する動きによって，易しいゲームをする ※ベースボール型ゲーム ・蹴る，打つ，捕る，投げるなどのボール操作と得点をとったり防いだりする動きによって，易しいゲームをする	○運動の楽しさや喜びを味わう ○行い方を理解する ○技能を身に付け，簡易化されたゲームをする ※ゴール型 ・ボール操作とボールを持たないときの動きによって，簡易化されたゲームをする ※ネット型 ・個人やチームによる攻撃と守備によって，簡易化されたゲームをする ※ベースボール型 ・ボールを打つ攻撃と隊形をとった守備によって，簡易化されたゲームをする
表現運動系	○運動遊びの楽しさに触れる ○行い方を知る ○題材になりきったりリズムに乗ったりして踊る ※表現遊び ・身近な題材の特徴を捉え，全身で踊る ※リズム遊び ・軽快なリズムに乗って踊る	○運動の楽しさや喜びに触れる ○行い方を知る ○表したい感じを表現したりリズムに乗ったりして踊る ※表現 ・身近な生活などの題材からその主な特徴を捉え，表したい感じをひと流れの動きで踊る ※リズムダンス ・軽快なリズムに乗って全身で踊る	○運動の楽しさや喜びを味わう ○行い方を理解する ○表したい感じを表現したり踊りで交流したりする ※表現 ・いろいろな題材からそれらの主な特徴を捉え，表したい感じをひと流れの動きで即興的に踊ったり，簡単なひとまとまりの動きにして踊ったりする ※フォークダンス ・日本の民踊や外国の踊りから，それらの踊り方の特徴を捉え，音楽に合わせて簡単なステップや動きで踊る

中学校 第1学年及び第2学年	中学校 第3学年	領域
○記録の向上や競争の楽しさや喜びを味わう ○水泳の特性や成り立ち，技術の名称や行い方，その運動に関連して高まる体力などを理解する ○泳法を身に付ける ※クロール ・手と足の動き，呼吸のバランスをとり速く泳ぐ ※平泳ぎ ・手と足の動き，呼吸のバランスをとり長く泳ぐ ※背泳ぎ ・手と足の動き，呼吸のバランスをとり泳ぐ ※バタフライ ・手と足の動き，呼吸のバランスをとり泳ぐ	○記録の向上や競争の楽しさや喜びを味わう ○技術の名称や行い方，体力の高め方，運動観察の方法などを理解する ○効率的に泳ぐ ※クロール ・手と足の動き，呼吸のバランスを保ち，安定したペースで長く泳いだり速く泳いだりする ※平泳ぎ ・手と足の動き，呼吸のバランスを保ち，安定したペースで長く泳いだり速く泳いだりする ※背泳ぎ ・手と足の動き，呼吸のバランスを保ち，安定したペースで泳ぐ ※バタフライ ・手と足の動き，呼吸のバランスを保ち，安定したペースで泳ぐ ※複数の泳法で泳ぐこと，又はリレーをすること	水泳
○勝敗を競う楽しさや喜びを味わう ○球技の特性や成り立ち，技術の名称や行い方，その運動に関連して高まる体力などを理解する ○基本的な技能や仲間と連携した動きでゲームを展開する ※ゴール型 ・ボール操作と空間に走り込むなどの動きによってゴール前での攻防をする ※ネット型 ・ボールや用具の操作と定位置に戻るなどの動きによって空いた場所をめぐる攻防をする ※ベースボール型 ・基本的なバット操作と走塁での攻撃，ボール操作と定位置での守備などによって攻防をする	○勝敗を競う楽しさや喜びを味わう ○技術の名称や行い方，体力の高め方，運動観察の方法などを理解する ○作戦に応じた技能で仲間と連携しゲームを展開する ※ゴール型 ・安定したボール操作と空間を作りだすなどの動きによってゴール前への侵入などから攻防をする ※ネット型 ・役割に応じたボール操作や安定した用具の操作と連携した動きによって空いた場所をめぐる攻防をする ※ベースボール型 ・安定したバット操作と走塁での攻撃，ボール操作と連携した守備などによって攻防をする	球技
○感じを込めて踊ったりみんなで踊ったりする楽しさや喜びを味わう ○ダンスの特性や由来，表現の仕方，その運動に関連して高まる体力などを理解する ○イメージを捉えた表現や踊りを通した交流をする ※創作ダンス ・多様なテーマから表したいイメージを捉え，動きに変化を付けて即興的に表現したり，変化のあるひとまとまりの表現にしたりして踊る ※フォークダンス ・日本の民踊や外国の踊りから，それらの踊り方の特徴を捉え，音楽に合わせて特徴的なステップや動きで踊る ※現代的なリズムのダンス ・リズムの特徴を捉え，変化のある動きを組み合わせて，リズムに乗って全身で踊る	○感じを込めて踊ったり，みんなで自由に踊ったりする楽しさや喜びを味わう ○ダンスの名称や用語，踊りの特徴と表現の仕方，交流や発表の仕方，運動観察の方法，体力の高め方などを理解する ○イメージを深めた表現や踊りを通した交流や発表をする ※創作ダンス ・表したいテーマにふさわしいイメージを捉え，個や群で，緩急強弱のある動きや空間の使い方で変化を付けて即興的に表現したり，簡単な作品にまとめたりして踊る ※フォークダンス ・日本の民踊や外国の踊りから，それらの踊り方の特徴を捉え，音楽に合わせて特徴的なステップや動きと組み方で踊る ※現代的なリズムのダンス ・リズムの特徴を捉え，変化とまとまりを付けて，リズムに乗って全身で踊る	ダンス

3

教育課程外の学校教育活動と教育課程との関連

運動領域，体育分野の「知識及び技能」系統表（その３）

中学校 第１学年及び第２学年	中学校 第３学年	領域
○技ができる楽しさや喜びを味わう ○武道の特性や成り立ち，伝統的な考え方，技の名称や行い方，その運動に関連して高まる体力などを理解する ○基本動作や基本となる技を用いて簡易な攻防を展開する ※柔道 ・相手の動きに応じた基本動作や基本となる技を用いて，投げたり抑えたりするなどの簡易な攻防をする ※剣道 ・相手の動きに応じた基本動作や基本となる技を用いて，打ったり受けたりするなどの簡易な攻防をする ※相撲 ・相手の動きに応じた基本動作や基本となる技を用いて，押したり寄ったりするなどの簡易な攻防をする	○技を高め勝敗を競う楽しさや喜びを味わう ○伝統的な考え方，技の名称や見取り稽古の仕方，体力の高め方などを理解する ○基本動作や基本となる技を用いて攻防を展開する ※柔道 ・相手の動きの変化に応じた基本動作や基本となる技，連絡技を用いて，相手を崩して投げたり，抑えたりするなどの攻防をする ※剣道 ・相手の動きの変化に応じた基本動作や基本となる技を用いて，相手の構えを崩し，しかけたり応じたりするなどの攻防をする ※相撲 ・相手の動きの変化に応じた基本動作や基本となる技を用いて，相手を崩し，投げたりいなしたりするなどの攻防をする	武道
○運動やスポーツが多様であることについて理解する ※運動やスポーツは，体を動かしたり健康を維持したりするなどの必要性及び競い合うことや課題を達成することなどの楽しさから生みだされ発展してきたこと ※運動やスポーツには，行うこと，見ること，支えること及び知ることなどの多様な関わり方があること ※世代や機会に応じて，生涯にわたって運動やスポーツを楽しむためには，自己に適した多様な楽しみ方を見付けたり，工夫したりすることが大切であること	○文化としてのスポーツの意義について理解する ※スポーツは，文化的な生活を営みよりよく生きていくために重要であること ※オリンピックやパラリンピック及び国際的なスポーツ大会などは，国際親善や世界平和に大きな役割を果たしていること ※スポーツは，民族や国，人種や性，障害の違いなどを超えて人々を結び付けていること	体育理論
○運動やスポーツの意義や効果と学び方や安全な行い方について理解すること。 ※運動やスポーツは，身体の発達やその機能の維持，体力の向上などの効果や自信の獲得，ストレスの解消などの心理的効果及びルールやマナーについて合意したり，適切な人間関係を築いたりするなどの社会性を高める効果が期待できること ※運動やスポーツには，特有の技術があり，その学び方には，運動の課題を合理的に解決するための一定の方法があること ※運動やスポーツを行う際は，その特性や目的，発達の段階や体調などを踏まえて運動を選ぶなど，健康・安全に留意する必要があること		

（系統が見やすいよう，中学校の領域の順序を入れ替えている。）

運動領域，体育分野の「思考力，判断力，表現力等」系統表

領域	小学校 第1学年及び第2学年	小学校 第3学年及び第4学年	小学校 第5学年及び第6学年
体つくり運動系	体をほぐしたり多様な動きをつくったりする遊び方を工夫するとともに，考えたことを友達に伝える	自己の課題を見付け，その解決のための活動を工夫するとともに，考えたことを友達に伝える	自己の体の状態や体力に応じて，運動の行い方を工夫するとともに，自己や仲間の考えたことを他者に伝える
器械運動系	器械・器具を用いた簡単な遊び方を工夫するとともに，考えたことを友達に伝える	自己の能力に適した課題を見付け，技ができるようになるための活動を工夫するとともに，考えたことを友達に伝える	自己の能力に適した課題の解決の仕方や技の組合せ方を工夫するとともに，自己や仲間の考えたことを他者に伝える
陸上運動系	走ったり跳んだりする簡単な遊び方を工夫するとともに，考えたことを友達に伝える	自己の能力に適した課題を見付け，動きを身に付けるための活動や競争の仕方を工夫するとともに，考えたことを友達に伝える	自己の能力に適した課題の解決の仕方，競争や記録への挑戦の仕方を工夫するとともに，自己や仲間の考えたことを他者に伝える
水泳運動系	水の中を移動したり，もぐったり浮いたりする簡単な遊び方を工夫するとともに，考えたことを友達に伝える	自己の能力に適した課題を見付け，水の中での動きを身に付けるための活動を工夫するとともに，考えたことを友達に伝える	自己の能力に適した課題の解決の仕方や記録への挑戦の仕方を工夫するとともに，自己や仲間の考えたことを他者に伝える
ボール運動系	簡単な規則を工夫したり，攻め方を選んだりするとともに，考えたことを友達に伝える	規則を工夫したり，ゲームの型に応じた簡単な作戦を選んだりするとともに，考えたことを友達に伝える	ルールを工夫したり，自己やチームの特徴に応じた作戦を選んだりするとともに，自己や仲間の考えたことを他者に伝える
表現運動系	身近な題材の特徴を捉えて踊ったり，軽快なリズムに乗って踊ったりする簡単な踊り方を工夫するとともに，考えたことを友達に伝える	自己の能力に適した課題を見付け，題材やリズムの特徴を捉えた踊り方や交流の仕方を工夫するとともに，考えたことを友達に伝える	自己やグループの課題の解決に向けて，表したい内容や踊りの特徴を捉えた練習や発表・交流の仕方を工夫するとともに，自己や仲間の考えたことを他者に伝える

中学校 第1学年及び第2学年	中学校 第3学年	領域
自己の課題を発見し，合理的な解決に向けて運動の取り組み方を工夫するとともに，自己や仲間の考えたことを他者に伝える	自己や仲間の課題を発見し，合理的な解決に向けて運動の取り組み方を工夫するとともに，自己や仲間の考えたことを他者に伝える	体つくり運動
技などの自己の課題を発見し，合理的な解決に向けて運動の取り組み方を工夫するとともに，自己の考えたことを他者に伝える	技などの自己や仲間の課題を発見し，合理的な解決に向けて運動の取り組み方を工夫するとともに，自己の考えたことを他者に伝える	器械運動
動きなどの自己の課題を発見し，合理的な解決に向けて運動の取り組み方を工夫するとともに，自己の考えたことを他者に伝える	動きなどの自己や仲間の課題を発見し，合理的な解決に向けて運動の取り組み方を工夫するとともに，自己の考えたことを他者に伝える	陸上競技
泳法などの自己の課題を発見し，合理的な解決に向けて運動の取り組み方を工夫するとともに，自己の考えたことを他者に伝える	泳法などの自己や仲間の課題を発見し，合理的な解決に向けて運動の取り組み方を工夫するとともに，自己の考えたことを他者に伝える	水泳
攻防などの自己の課題を発見し，合理的な解決に向けて運動の取り組み方を工夫するとともに，自己や仲間の考えたことを他者に伝える	攻防などの自己やチームの課題を発見し，合理的な解決に向けて運動の取り組み方を工夫するとともに，自己や仲間の考えたことを他者に伝える	球技
表現などの自己の課題を発見し，合理的な解決に向けて運動の取り組み方を工夫するとともに，自己や仲間の考えたことを他者に伝える	表現などの自己や仲間の課題を発見し，合理的な解決に向けて運動の取り組み方を工夫するとともに，自己や仲間の考えたことを他者に伝える	ダンス
攻防などの自己の課題を発見し，合理的な解決に向けて運動の取り組み方を工夫するとともに，自己の考えたことを他者に伝える	攻防などの自己や仲間の課題を発見し，合理的な解決に向けて運動の取り組み方を工夫するとともに，自己の考えたことを他者に伝える	武道
運動やスポーツが多様であることについて，自己の課題を発見し，よりよい解決に向けて思考し判断するとともに，他者に伝える	文化としてのスポーツの意義について，自己の課題を発見し，よりよい解決に向けて思考し判断するとともに，他者に伝える	体育理論
運動やスポーツの意義や効果と学び方や安全な行い方について，自己の課題を発見し，よりよい解決に向けて思考し判断するとともに，他者に伝える		

（系統が見やすいよう，中学校の領域の順序を入れ替えている。）

運動領域，体育分野の「学びに向かう力，人間性等」系統表

領域	小学校 第1学年及び第2学年	小学校 第3学年及び第4学年	小学校 第5学年及び第6学年
体つくり運動系	・運動遊びに進んで取り組む ・きまりを守り誰とでも仲よく運動をする ・場の安全に気を付ける	・運動に進んで取り組む ・きまりを守り誰とでも仲よく運動をする ・友達の考えを認める ・場や用具の安全に気を付ける	・運動に積極的に取り組む ・約束を守り助け合って運動をする ・仲間の考えや取組を認める ・場や用具の安全に気を配る
器械運動系	・運動遊びに進んで取り組む ・順番やきまりを守り誰とでも仲よく運動をする ・場や器械・器具の安全に気を付ける	・運動に進んで取り組む ・きまりを守り誰とでも仲よく運動をする ・友達の考えを認める ・場や器械・器具の安全に気を付ける	・運動に積極的に取り組む ・約束を守り助け合って運動をする ・仲間の考えや取組を認める ・場や器械・器具の安全に気を配る
陸上運動系	・運動遊びに進んで取り組む ・順番やきまりを守り誰とでも仲よく運動をする ・勝敗を受け入れる ・場の安全に気を付ける	・運動に進んで取り組む ・きまりを守り誰とでも仲よく運動をする ・勝敗を受け入れる ・友達の考えを認める ・場や用具の安全に気を付ける	・運動に積極的に取り組む ・約束を守り助け合って運動をする ・勝敗を受け入れる ・仲間の考えや取組を認める ・場や用具の安全に気を配る
水泳運動系	・運動遊びに進んで取り組む ・順番やきまりを守り誰とでも仲よく運動をする ・水遊びの心得を守って安全に気を付ける	・運動に進んで取り組む ・きまりを守り誰とでも仲よく運動をする ・友達の考えを認める ・水泳運動の心得を守って安全に気を付ける	・運動に積極的に取り組む ・約束を守り助け合って運動をする ・仲間の考えや取組を認める ・水泳運動の心得を守って安全に気を配る
ボール運動系	・運動遊びに進んで取り組む ・規則を守り誰とでも仲よく運動をする ・勝敗を受け入れる ・場や用具の安全に気を付ける	・運動に進んで取り組む ・規則を守り誰とでも仲よく運動をする ・勝敗を受け入れる ・友達の考えを認める ・場や用具の安全に気を付ける	・運動に積極的に取り組む ・ルールを守り助け合って運動をする ・勝敗を受け入れる ・仲間の考えや取組を認める ・場や用具の安全に気を配る
表現運動系	・運動遊びに進んで取り組む ・誰とでも仲よく踊る ・場の安全に気を付ける	・運動に進んで取り組む ・誰とでも仲よく踊る ・友達の動きや考えを認める ・場の安全に気を付ける	・運動に積極的に取り組む ・互いのよさを認め合い助け合って踊る ・場の安全に気を配る

中学校 第1学年及び第2学年	中学校 第3学年	領域
・体つくり運動に積極的に取り組む ・仲間の学習を援助しようとする ・一人一人の違いに応じた動きなどを認めようとする ・話合いに参加しようとする ・健康・安全に気を配る	・体つくり運動に自主的に取り組む ・互いに助け合い教え合おうとする ・一人一人の違いに応じた動きなどを大切にしようとする ・話合いに貢献しようとする ・健康・安全を確保する	体つくり運動
・器械運動に積極的に取り組む ・よい演技を認めようとする ・仲間の学習を援助しようとする ・一人一人の違いに応じた課題や挑戦を認めようとする ・健康・安全に気を配る	・器械運動に自主的に取り組む ・よい演技を讃えようとする ・互いに助け合い教え合おうとする ・一人一人の違いに応じた課題や挑戦を大切にしようとする ・健康・安全を確保する	器械運動
・陸上競技に積極的に取り組む ・勝敗などを認め，ルールやマナーを守ろうとする ・分担した役割を果たそうとする ・一人一人の違いに応じた課題や挑戦を認めようとする ・健康・安全に気を配る	・陸上競技に自主的に取り組む ・勝敗などを冷静に受け止め，ルールやマナーを大切にしようとする ・自己の責任を果たそうとする ・一人一人の違いに応じた課題や挑戦を大切にしようとする ・健康・安全を確保する	陸上競技
・水泳に積極的に取り組む ・勝敗などを認め，ルールやマナーを守ろうとする ・分担した役割を果たそうとする ・一人一人の違いに応じた課題や挑戦を認めようとする ・水泳の事故防止に関する心得を遵守するなど健康・安全に気を配る	・水泳に自主的に取り組む ・勝敗などを冷静に受け止め，ルールやマナーを大切にしようとする ・自己の責任を果たそうとする ・一人一人の違いに応じた課題や挑戦を大切にしようとする ・水泳の事故防止に関する心得を遵守するなど健康・安全を確保する	水泳
・球技に積極的に取り組む ・フェアなプレイを守ろうとする ・作戦などについての話合いに参加しようとする ・一人一人の違いに応じたプレイなどを認めようとする ・仲間の学習を援助しようとする ・健康・安全に気を配る	・球技に自主的に取り組む ・フェアなプレイを大切にしようとする ・作戦などについての話合いに貢献しようとする ・一人一人の違いに応じたプレイなどを大切にしようとする ・互いに助け合い教え合おうとする ・健康・安全を確保する	球技
・ダンスに積極的に取り組む ・仲間の学習を援助しようとする ・交流などの話合いに参加しようとする ・一人一人の違いに応じた表現や役割を認めようとする ・健康・安全に気を配る	・ダンスに自主的に取り組む ・互いに助け合い教え合おうとする ・作品や発表などの話合いに貢献しようとする ・一人一人の違いに応じた表現や役割を大切にしようとする ・健康・安全を確保する	ダンス
・武道に積極的に取り組む ・相手を尊重し，伝統的な行動の仕方を守ろうとする ・分担した役割を果たそうとする ・一人一人の違いに応じた課題や挑戦を認めようとする ・禁じ技を用いないなど健康・安全に気を配る	・武道に自主的に取り組む ・相手を尊重し，伝統的な行動の仕方を大切にしようとする ・自己の責任を果たそうとする ・一人一人の違いに応じた課題や挑戦を大切にしようとする ・健康・安全を確保する	武道
・運動やスポーツが多様であることについての学習に積極的に取り組む ・運動やスポーツの意義や効果と学び方や安全な行い方についての学習に積極的に取り組む	・文化としてのスポーツの意義についての学習に自主的に取り組む	体育理論

（系統が見やすいよう，中学校の領域の順序を入れ替えている。）

保健領域，保健分野の「知識及び技能」系統表

	小学校 第3学年	小学校 第4学年	小学校 第5学年	小学校 第6学年
保健領域	ア　健康な生活について理解すること。 (ｱ) 健康の状態は，主体の要因や周囲の環境の要因が関わっていること (ｲ) 運動，食事，休養及び睡眠の調和のとれた生活と体の清潔 (ｳ) 明るさの調節，換気などの生活環境	ア　体の発育・発達について理解すること。 (ｱ) 年齢に伴う体の変化と個人差 (ｲ) 思春期の体の変化 ・体つきの変化 ・初経，精通など ・異性への関心の芽生え (ｳ) 体をよりよく発育・発達させるための生活	ア　心の発達及び不安や悩みへの対処について理解するとともに，簡単な対処をすること。 (ｱ) 心の発達 (ｲ) 心と体との密接な関係 (ｳ) 不安や悩みなどへの対処の知識及び技能	ア　病気の予防について理解すること。 (ｱ) 病気の起こり方 (ｲ) 病原体が主な要因となって起こる病気の予防 ・病原体が体に入るのを防ぐこと ・病原体に対する体の抵抗力を高めること (ｳ) 生活習慣病など生活行動が主な要因となって起こる病気の予防 ・適切な運動，栄養の偏りのない食事をとること ・口腔の衛生を保つこと (ｴ) 喫煙，飲酒，薬物乱用と健康 ・健康を損なう原因 (ｵ) 地域の保健に関わる様々な活動
			ア　けがの防止に関する次の事項を理解するとともに，けがなどの簡単な手当をすること。 (ｱ) 交通事故や身の回りの生活の危険が原因となって起こるけがの防止 ・周囲の危険に気付くこと ・的確な判断の下に安全に行動すること ・環境を安全に整えること (ｲ) けがなどの簡単な手当の知識及び技能	

中学校 第1学年	中学校 第2学年	中学校 第3学年	
ア　健康な生活と疾病の予防について理解を深めること。 (ア) 健康は，主体と環境の相互作用の下に成り立っていること。また，疾病は，主体の要因と環境の要因が関わり合って発生すること (イ) 年齢，生活環境等に応じた運動，食事，休養及び睡眠の調和のとれた生活	ア　健康な生活と疾病の予防について理解を深めること。 (ウ) 生活習慣病などの予防 ・運動不足，食事の量や質の偏り，休養や睡眠の不足などの生活習慣の乱れが主な要因 ・適切な運動，食事，休養及び睡眠の調和のとれた生活の実践 (エ) 喫煙，飲酒，薬物乱用と健康 ・心身に様々な影響 ・健康を損なう原因 ・個人の心理状態や人間関係，社会環境が影響	ア　健康な生活と疾病の予防について理解を深めること。 (オ) 感染症の予防 ・病原体が主な要因 ・発生源をなくすこと ・感染経路を遮断すること ・主体の抵抗力を高めること (カ) 健康の保持増進や疾病の予防のための個人や社会の取組 ・保健・医療機関の有効利用 ・医薬品の正しい使用	<div style="writing-mode: vertical-rl">保健分野</div>
ア　心身の機能の発達と心の健康について理解を深めるとともに，ストレスへの対処をすること。 (ア) 身体機能の発達と個人差 (イ) 生殖に関わる機能の成熟と適切な行動 (ウ) 精神機能の発達と自己形成 (エ) 欲求やストレスの心身への影響と欲求やストレスへの対処の知識及び技能	ア　傷害の防止について理解を深めるとともに，応急手当をすること。 (ア) 交通事故や自然災害などによる傷害は，人的要因や環境要因などが関わって発生すること (イ) 交通事故などによる傷害の防止 ・安全な行動 ・環境の改善 (ウ) 自然災害による傷害の防止 ・災害発生時と二次災害 ・災害に備えておくこと ・安全に避難すること (エ) 応急手当 ・傷害の悪化の防止 ・心肺蘇生法などの応急手当の知識及び技能	ア　健康と環境について理解を深めること。 (ア) 身体の適応能力とそれを超えた環境による健康に影響，快適で能率のよい生活を送る環境の範囲 (イ) 飲料水や空気と健康との関わり，飲料水や空気の衛生的管理 (ウ) 生活によって生じた廃棄物の衛生的な処理	

保健領域，保健分野の「思考力，判断力，表現力等」系統表

	小学校 第3学年	小学校 第4学年	小学校 第5学年	小学校 第6学年
保健領域	イ　健康な生活について課題を見付け，その解決に向けて考え，それを表現すること。	イ　体がよりよく発育・発達するために，課題を見付け，その解決に向けて考え，それを表現すること。	イ　心の健康について，課題を見付け，その解決に向けて思考し判断するとともに，それらを表現すること。	イ　病気を予防するために，課題を見付け，その解決に向けて思考し判断するとともに，それらを表現すること。
			イ　けがを防止するために，危険の予測や回避の方法を考え，それらを表現すること。	

中学校 第1学年	中学校 第2学年	中学校 第3学年	
イ　健康な生活と疾病の予防について，課題を発見し，その解決に向けて思考し判断するとともに，それらを表現すること。	イ　健康な生活と疾病の予防について，課題を発見し，その解決に向けて思考し判断するとともに，それらを表現すること。	イ　健康な生活と疾病の予防について，課題を発見し，その解決に向けて思考し判断するとともに，それらを表現すること。	保健分野
イ　心身の機能の発達と心の健康について，課題を発見し，その解決に向けて思考し判断するとともに，それらを表現すること。	イ　傷害の防止について，危険の予測やその回避の方法を考え，それらを表現すること。	イ　健康と環境に関する情報から課題を発見し，その解決に向けて思考し判断するとともに，それらを表現すること。	

ゲーム，ボール運動，球技にみる「型」の特性と例

	ゴール型	ネット型	ベースボール型
特性	ドリブルやパスなどのボール操作で相手コートに侵入し，シュートを放ち，一定時間内に相手チームより多くの得点を競い合うゲーム	コート上でネットを挟んで相対し，身体や用具を操作してボールを空いている場所に返球し，一定の得点に早く到達することを競い合うゲーム	身体やバットの操作と走塁での攻撃，ボール操作と定位置での守備などによって攻守を規則的に交代し，一定の回数内で相手チームより多くの得点を競い合うゲーム
例	バスケットボール ハンドボール サッカー ラグビー アメリカンフットボール フィールドホッケー アイスホッケー ラクロス タグラグビー フラッグフットボール アルティメット フットサル	バレーボール 卓球 テニス バドミントン パドルテニス ラケットボール スカッシュ インディアカ ソフトバレーボール プレルボール	ソフトボール 野球 ティーボール クリケット キックベースボール

日本武道協議会加盟団体実施種目

柔道，剣道，弓道，相撲，空手道，合気道，少林寺拳法，なぎなた，銃剣道

フォークダンスの曲名の例

	日本の民踊	外国のフォークダンス
主に小学校	（北海道・東北）ソーラン節， 　　　　　　津軽じょんがら節 （関東）八木節，東京音頭 （中部・近畿）春駒，河内音頭，ちゃっきり節 （中四国）阿波踊り （九州）エイサー，炭坑節	（一重円）タタロチカ，キンダー・ポルカ 　　　　マイム・マイム （二重円）コロブチカ，アパット・アパット 　　　　エース・オブ・ダイヤモンド （特徴的な隊形）ジェンカ，トロイカ， 　　　　グスタフス・スコール
主に中学校	（北海道・東北）北海盆唄，秋田音頭， 　　　　　　花笠音頭，大漁唄い込み （関東）日光和楽踊り，秩父音頭，こまづくり唄 （中部・近畿）浜おけさ，越中おわら節，木曽節， 　　　　　　げんげんばらばら，串本節 （中四国）貝殻節，金毘羅船船， 　　　　キンニャモニャ，よさこい鳴子踊り （九州）おてもやん，のんのこ節， 　　　　鹿児島おはら節	（一重円）オスロー・ワルツ，ハーモニカ， 　　　　ラ・クカラーチャ （二重円）オクラホマ・ミクサー 　　　　パティーケーク・ポルカ 　　　　ドードレブスカ・ポルカ 　　　　ヒンキー・ディンキー・パーリ・ブー （特徴的な隊形）バージニア・リール，リトル・マン・イン・ナ・フィックス

付録

目次

学校教育法施行規則（抄）

昭和二十二年五月二十三日文部省令第十一号
一部改正：平成二十九年三月三十一日文部科学省令第二十号
平成三十年八月二十七日文部科学省令第二十七号

第四章　小学校

第二節　教育課程

第五十条　小学校の教育課程は，国語，社会，算数，理科，生活，音楽，図画工作，家庭，体育及び外国語の各教科（以下この節において「各教科」という。），特別の教科である道徳，外国語活動，総合的な学習の時間並びに特別活動によつて編成するものとする。

2　私立の小学校の教育課程を編成する場合は，前項の規定にかかわらず，宗教を加えることができる。この場合においては，宗教をもつて前項の特別の教科である道徳に代えることができる。

第五十四条　児童が心身の状況によつて履修することが困難な各教科は，その児童の心身の状況に適合するように課さなければならない。

第五十五条　小学校の教育課程に関し，その改善に資する研究を行うため特に必要があり，かつ，児童の教育上適切な配慮がなされていると文部科学大臣が認める場合においては，文部科学大臣が別に定めるところにより，第五十条第一項，第五十一条（中学校連携型小学校にあつては第五十二条の三，第七十九条の九第二項に規定する中学校併設型小学校にあつては第七十九条の十二において準用する第七十九条の五第一項）又は第五十二条の規定によらないことができる。

第五十五条の二　文部科学大臣が，小学校において，当該小学校又は当該小学校が設置されている地域の実態に照らし，より効果的な教育を実施するため，当該小学校又は当該地域の特色を生かした特別の教育課程を編成して教育を実施する必要があり，かつ，当該特別の教育課程について，教育基本法（平成十八年法律第百二十号）及び学校教育法第三十条第一項の規定等に照らして適切であり，児童の教育上適切な配慮がなされているものとして文部科学大臣が定める基準を満たしていると認める場合においては，文部科学大臣が別に定めるところにより，第五十条第一項，第五十一条（中学校連携型小学校にあつては第五十二条の三，第七十九条の九第二項に規定する中学校併設型小学校にあつては第七十九条の十二において準用する第七十九条の五第一項）又は第五十二条の規定の全部又は一部によらないことができる。

第五十六条　小学校において，学校生活への適応が困難であるため相当の期間小学校を欠席し引き続き欠席すると認められる児童を対象として，その実態に配慮した特別の教育課程を編成して教育を実施する必要があると文部科学大臣が認める場合においては，文部科学大臣が別に定めるところにより，第五十条第一項，第五十一条（中学校連携型小学校にあつては第五十二条の三，第七十九条の九第二項に規定する中学校併設型小学校にあつては第七十九条の十二において準用する第七十九条の五第一項）又は第五十二条の規定によらないことができる。

第五十六条の二　小学校において，日本語に通じない児童のうち，当該児童の日本語を理解し，使用する能力に応じた特別の指導を行う必要があるものを教育する場合には，文

部科学大臣が別に定めるところにより，第五十条第一項，第五十一条（中学校連携型小学校にあつては第五十二条の三，第七十九条の九第二項に規定する中学校併設型小学校にあつては第七十九条の十二において準用する第七十九条の五第一項）及び第五十二条の規定にかかわらず，特別の教育課程によることができる。

第五十六条の三　前条の規定により特別の教育課程による場合においては，校長は，児童が設置者の定めるところにより他の小学校，義務教育学校の前期課程又は特別支援学校の小学部において受けた授業を，当該児童の在学する小学校において受けた当該特別の教育課程に係る授業とみなすことができる。

第五十六条の四　小学校において，学齢を経過した者のうち，その者の年齢，経験又は勤労の状況その他の実情に応じた特別の指導を行う必要があるものを夜間その他特別の時間において教育する場合には，文部科学大臣が別に定めるところにより，第五十条第一項，第五十一条（中学校連携型小学校にあつては第五十二条の三，第七十九条の九第二項に規定する中学校併設型小学校にあつては第七十九条の十二において準用する第七十九条の五第一項）及び第五十二条の規定にかかわらず，特別の教育課程によることができる。

第三節　学年及び授業日

第六十一条　公立小学校における休業日は，次のとおりとする。ただし，第三号に掲げる日を除き，当該学校を設置する地方公共団体の教育委員会（公立大学法人の設置する小学校にあつては，当該公立大学法人の理事長。第三号において同じ。）が必要と認める場合は，この限りでない。
　一　国民の祝日に関する法律（昭和二十三年法律第百七十八号）に規定する日
　二　日曜日及び土曜日
　三　学校教育法施行令第二十九条第一項の規定により教育委員会が定める日
第六十二条　私立小学校における学期及び休業日は，当該学校の学則で定める。

第五章　中学校

第七十二条　中学校の教育課程は，国語，社会，数学，理科，音楽，美術，保健体育，技術・家庭及び外国語の各教科（以下本章及び第七章中「各教科」という。），特別の教科である道徳，総合的な学習の時間並びに特別活動によつて編成するものとする。

第七十三条　中学校（併設型中学校，第七十四条の二第二項に規定する小学校連携型中学校，第七十五条第二項に規定する連携型中学校及び第七十九条の九第二項に規定する小学校併設型中学校を除く。）の各学年における各教科，特別の教科である道徳，総合的な学習の時間及び特別活動のそれぞれの授業時数並びに各学年におけるこれらの総授業時数は，別表第二に定める授業時数を標準とする。

第七十四条　中学校の教育課程については，この章に定めるもののほか，教育課程の基準として文部科学大臣が別に公示する中学校学習指導要領によるものとする。

267

第七十九条　第四十一条から第四十九条まで，第五十条第二項，第五十四条から第六十八条までの規定は，中学校に準用する。この場合において，第四十二条中「五学級」とあるのは「二学級」と，第五十五条から第五十六条の二まで及び第五十六条の四の規定中「第五十条第一項」とあるのは「第七十二条」と，「第五十一条（中学校連携型小学校にあつては第五十二条の三，第七十九条の九第二項に規定する中学校併設型小学校にあつては第七十九条の十二において準用する第七十九条の五第一項）」とあるのは「第七十三条（併設型中学校にあつては第百十七条において準用する第百七条，小学校連携型中学校にあつては第七十四条の三，連携型中学校にあつては第七十六条，第七十九条の九第二項に規定する小学校併設型中学校にあつては第七十九条の十二において準用する第七十九条の五第二項）」と，「第五十二条」とあるのは「第七十四条」と，第五十五条の二中「第三十条第一項」とあるのは「第四十六条」と，第五十六条の三中「他の小学校，義務教育学校の前期課程又は特別支援学校の小学部」とあるのは「他の中学校，義務教育学校の後期課程，中等教育学校の前期課程又は特別支援学校の中学部」と読み替えるものとする。

第八章　特別支援教育

第百三十四条の二　校長は，特別支援学校に在学する児童等について個別の教育支援計画（学校と医療，保健，福祉，労働等に関する業務を行う関係機関及び民間団体（次項において「関係機関等」という。）との連携の下に行う当該児童等に対する長期的な支援に関する計画をいう。）を作成しなければならない。

2　校長は，前項の規定により個別の教育支援計画を作成するに当たつては，当該児童等又はその保護者の意向を踏まえつつ，あらかじめ，関係機関等と当該児童等の支援に関する必要な情報の共有を図らなければならない。

第百三十八条　小学校，中学校若しくは義務教育学校又は中等教育学校の前期課程における特別支援学級に係る教育課程については，特に必要がある場合は，第五十条第一項（第七十九条の六第一項において準用する場合を含む。），第五十一条，第五十二条（第七十九条の六第一項において準用する場合を含む。），第五十二条の三，第七十二条（第七十九条の六第二項及び第百八条第一項において準用する場合を含む。），第七十三条，第七十四条（第七十九条の六第二項及び第百八条第一項において準用する場合を含む。），第七十四条の三，第七十六条，第七十九条の五（第七十九条の十二において準用する場合を含む。）及び第百七条（第百十七条において準用する場合を含む。）の規定にかかわらず，特別の教育課程によることができる。

第百三十九条の二　第百三十四条の二の規定は，小学校，中学校若しくは義務教育学校又は中等教育学校の前期課程における特別支援学級の児童又は生徒について準用する。

第百四十条　小学校，中学校，義務教育学校，高等学校又は中等教育学校において，次の各号のいずれかに該当する児童又は生徒（特別支援学級の児童及び生徒を除く。）のうち当該障害に応じた特別の指導を行う必要があるものを教育する場合には，文部科学大臣が別に定めるところにより，第五十条第一項（第七十九条の六第一項において準用する

場合を含む。）,第五十一条,第五十二条（第七十九条の六第一項において準用する場合を含む。）,第五十二条の三,第七十二条（第七十九条の六第二項及び第百八条第一項において準用する場合を含む。）,第七十三条,第七十四条（第七十九条の六第二項及び第百八条第一項において準用する場合を含む。）,第七十四条の三,第七十六条,第七十九条の五（第七十九条の十二において準用する場合を含む。）,第八十三条及び第八十四条（第百八条第二項において準用する場合を含む。）並びに第百七条（第百十七条において準用する場合を含む。）の規定にかかわらず,特別の教育課程によることができる。

一　言語障害者

二　自閉症者

三　情緒障害者

四　弱視者

五　難聴者

六　学習障害者

七　注意欠陥多動性障害者

八　その他障害のある者で,この条の規定により特別の教育課程による教育を行うことが適当なもの

第百四十一条　前条の規定により特別の教育課程による場合においては,校長は,児童又は生徒が,当該小学校,中学校,義務教育学校,高等学校又は中等教育学校の設置者の定めるところにより他の小学校,中学校,義務教育学校,高等学校,中等教育学校又は特別支援学校の小学部,中学部若しくは高等部において受けた授業を,当該小学校,中学校,義務教育学校,高等学校又は中等教育学校において受けた当該特別の教育課程に係る授業とみなすことができる。

第百四十一条の二　第百三十四条の二の規定は,第百四十条の規定により特別の指導が行われている児童又は生徒について準用する。

附　則（平成二十九年三月三十一日文部科学省令第二十号）

この省令は,平成三十二年四月一日から施行する。

別表第二（第七十三条関係）

区　　分		第1学年	第2学年	第3学年
各 教 科 の 授 業 時 数	国　　語	140	140	105
	社　　会	105	105	140
	数　　学	140	105	140
	理　　科	105	140	140
	音　　楽	45	35	35
	美　　術	45	35	35
	保 健 体 育	105	105	105
	技 術 ・ 家 庭	70	70	35
	外　国　語	140	140	140
特別の教科である道徳の授業時数		35	35	35
総合的な学習の時間の授業時数		50	70	70
特 別 活 動 の 授 業 時 数		35	35	35
総 授 業 時 数		1015	1015	1015

備考

一　この表の授業時数の一単位時間は，五十分とする。

二　特別活動の授業時数は，中学校学習指導要領で定める学級活動（学校給食に係るものを除く。）に充てるものとする。

付録1

270

● 第1　中学校教育の基本と教育課程の役割

1　各学校においては，教育基本法及び学校教育法その他の法令並びにこの章以下に示すところに従い，生徒の人間として調和のとれた育成を目指し，生徒の心身の発達の段階や特性及び学校や地域の実態を十分考慮して，適切な教育課程を編成するものとし，これらに掲げる目標を達成するよう教育を行うものとする。

2　学校の教育活動を進めるに当たっては，各学校において，第3の1に示す主体的・対話的で深い学びの実現に向けた授業改善を通して，創意工夫を生かした特色ある教育活動を展開する中で，次の(1)から(3)までに掲げる事項の実現を図り，生徒に生きる力を育むことを目指すものとする。

(1)　基礎的・基本的な知識及び技能を確実に習得させ，これらを活用して課題を解決するために必要な思考力，判断力，表現力等を育むとともに，主体的に学習に取り組む態度を養い，個性を生かし多様な人々との協働を促す教育の充実に努めること。その際，生徒の発達の段階を考慮して，生徒の言語活動など，学習の基盤をつくる活動を充実するとともに，家庭との連携を図りながら，生徒の学習習慣が確立するよう配慮すること。

(2)　道徳教育や体験活動，多様な表現や鑑賞の活動等を通して，豊かな心や創造性の涵養を目指した教育の充実に努めること。

　　学校における道徳教育は，特別の教科である道徳（以下「道徳科」という。）を要として学校の教育活動全体を通じて行うものであり，道徳科はもとより，各教科，総合的な学習の時間及び特別活動のそれぞれの特質に応じて，生徒の発達の段階を考慮して，適切な指導を行うこと。

　　道徳教育は，教育基本法及び学校教育法に定められた教育の根本精神に基づき，人間としての生き方を考え，主体的な判断の下に行動し，自立した人間として他者と共によりよく生きるための基盤となる道徳性を養うことを目標とすること。

　　道徳教育を進めるに当たっては，人間尊重の精神と生命に対する畏敬の念を家庭，学校，その他社会における具体的な生活の中に生かし，豊かな心をもち，伝統と文化を尊重し，それらを育んできた我が国と郷土を愛し，個性豊かな文化の創造を図るとともに，平和で民主的な国家及び社会の形成者として，公共の精神を尊び，社会及び国家の発展に努め，他国を尊重し，国際社会の平和と発展や環境の保全に貢献し未来を拓く主体性のある日本人の育成に資することとなるよう特に留意すること。

(3)　学校における体育・健康に関する指導を，生徒の発達の段階を考慮して，学校の教育活動全体を通じて適切に行うことにより，健康で安全な生活と豊かなスポーツライフの実現を目指した教育の充実に努めること。特に，学校における食育の推進並びに体力の向上に関する指導，安全に関する指導及び心身の健康の保持増進に関する指導については，保健体育科，技術・家庭科及び特別活動の時間はもとより，各教科，道徳科及び総合的な学習の時間などにおいてもそれぞれの特質に応じて適切に行うよう努めること。また，それらの指導を通して，家庭や地域社会との連携を図りながら，日常生活において適切な体育・健康に関する活動の実践を促し，生涯を通じて健康・安全で活力ある生活を送るための基礎が培われるよう配慮すること。

3　2の(1)から(3)までに掲げる事項の実現を図り，豊かな創造性を備え持続可能な社会の創り手となることが期待される生徒に，生きる力を育むことを目指すに当たっては，学校教育全体並びに各教科，道徳科，総合的な学習の時間及び特別活動（以下「各教科等」という。ただし，第2の3の(2)のア及びウにおいて，特別活動については学級活動（学校給食に係るものを除く。）に限る。）の指導を通してどのような資質・能力の育成を目指すのかを明確にしながら，教育活動の

付録2

充実を図るものとする。その際，生徒の発達の段階や特性等を踏まえつつ，次に掲げることが偏りなく実現できるようにするものとする。

(1) 知識及び技能が習得されるようにすること。

(2) 思考力，判断力，表現力等を育成すること。

(3) 学びに向かう力，人間性等を涵養すること。

4　各学校においては，生徒や学校，地域の実態を適切に把握し，教育の目的や目標の実現に必要な教育の内容等を教科等横断的な視点で組み立てていくこと，教育課程の実施状況を評価してその改善を図っていくこと，教育課程の実施に必要な人的又は物的な体制を確保するとともにその改善を図っていくことなどを通して，教育課程に基づき組織的かつ計画的に各学校の教育活動の質の向上を図っていくこと（以下「カリキュラム・マネジメント」という。）に努めるものとする。

● 第2　教育課程の編成

1　各学校の教育目標と教育課程の編成

　教育課程の編成に当たっては，学校教育全体や各教科等における指導を通して育成を目指す資質・能力を踏まえつつ，各学校の教育目標を明確にするとともに，教育課程の編成についての基本的な方針が家庭や地域とも共有されるよう努めるものとする。その際，第4章総合的な学習の時間の第2の1に基づき定められる目標との関連を図るものとする。

2　教科等横断的な視点に立った資質・能力の育成

(1) 各学校においては，生徒の発達の段階を考慮し，言語能力，情報活用能力（情報モラルを含む。），問題発見・解決能力等の学習の基盤となる資質・能力を育成していくことができるよう，各教科等の特質を生かし，教科等横断的な視点から教育課程の編成を図るものとする。

(2) 各学校においては，生徒や学校，地域の実態及び生徒の発達の段階を考慮し，豊かな人生の実現や災害等を乗り越えて次代の社会を形成することに向けた現代的な諸課題に対応して求められる資質・能力を，教科等横断的な視点で育成していくことができるよう，各学校の特色を生かした教育課程の編成を図るものとする。

3　教育課程の編成における共通的事項

(1) 内容等の取扱い

　ア　第2章以下に示す各教科，道徳科及び特別活動の内容に関する事項は，特に示す場合を除き，いずれの学校においても取り扱わなければならない。

　イ　学校において特に必要がある場合には，第2章以下に示していない内容を加えて指導することができる。また，第2章以下に示す内容の取扱いのうち内容の範囲や程度等を示す事項は，全ての生徒に対して指導するものとする内容の範囲や程度等を示したものであり，学校において特に必要がある場合には，この事項にかかわらず加えて指導することができる。ただし，これらの場合には，第2章以下に示す各教科，道徳科及び特別活動の目標や内容の趣旨を逸脱したり，生徒の負担過重となったりすることのないようにしなければならない。

　ウ　第2章以下に示す各教科，道徳科及び特別活動の内容に掲げる事項の順序は，特に示す場合を除き，指導の順序を示すものではないので，学校においては，その取扱いについて適切な工夫を加えるものとする。

　エ　学校において2以上の学年の生徒で編制する学級について特に必要がある場合には，各教科の目標の達成に支障のない範囲内で，各教科の目標及び内容について学年別の順序によらないことができる。

　オ　各学校においては，生徒や学校，地域の実態を考慮して，生徒の特性等に応じた多様な学習活動が行えるよう，第2章に示す各教科や，特に必要な教科を，選択教科として開設し生

徒に履修させることができる。その場合にあっては，全ての生徒に指導すべき内容との関連を図りつつ，選択教科の授業時数及び内容を適切に定め選択教科の指導計画を作成し，生徒の負担過重となることのないようにしなければならない。また，特に必要な教科の名称，目標，内容などについては，各学校が適切に定めるものとする。

カ　道徳科を要として学校の教育活動全体を通じて行う道徳教育の内容は，第3章特別の教科道徳の第2に示す内容とし，その実施に当たっては，第6に示す道徳教育に関する配慮事項を踏まえるものとする。

(2) 授業時数等の取扱い

ア　各教科等の授業は，年間35週以上にわたって行うよう計画し，週当たりの授業時数が生徒の負担過重にならないようにするものとする。ただし，各教科等や学習活動の特質に応じ効果的な場合には，夏季，冬季，学年末等の休業日の期間に授業日を設定する場合を含め，これらの授業を特定の期間に行うことができる。

イ　特別活動の授業のうち，生徒会活動及び学校行事については，それらの内容に応じ，年間，学期ごと，月ごとなどに適切な授業時数を充てるものとする。

ウ　各学校の時間割については，次の事項を踏まえ適切に編成するものとする。

(ア) 各教科等のそれぞれの授業の1単位時間は，各学校において，各教科等の年間授業時数を確保しつつ，生徒の発達の段階及び各教科等や学習活動の特質を考慮して適切に定めること。

(イ) 各教科等の特質に応じ，10分から15分程度の短い時間を活用して特定の教科等の指導を行う場合において，当該教科等を担当する教師が，単元や題材など内容や時間のまとまりを見通した中で，その指導内容の決定や指導の成果の把握と活用等を責任をもって行う体制が整備されているときは，その時間を当該教科等の年間授業時数に含めることができること。

(ウ) 給食，休憩などの時間については，各学校において工夫を加え，適切に定めること。

(エ) 各学校において，生徒や学校，地域の実態，各教科等や学習活動の特質等に応じて，創意工夫を生かした時間割を弾力的に編成できること。

エ　総合的な学習の時間における学習活動により，特別活動の学校行事に掲げる各行事の実施と同様の成果が期待できる場合においては，総合的な学習の時間における学習活動をもって相当する特別活動の学校行事に掲げる各行事の実施に替えることができる。

(3) 指導計画の作成等に当たっての配慮事項

各学校においては，次の事項に配慮しながら，学校の創意工夫を生かし，全体として，調和のとれた具体的な指導計画を作成するものとする。

ア　各教科等の指導内容については，(1)のアを踏まえつつ，単元や題材など内容や時間のまとまりを見通しながら，そのまとめ方や重点の置き方に適切な工夫を加え，第3の1に示す主体的・対話的で深い学びの実現に向けた授業改善を通して資質・能力を育む効果的な指導ができるようにすること。

イ　各教科等及び各学年相互間の関連を図り，系統的，発展的な指導ができるようにすること。

4　学校段階間の接続

教育課程の編成に当たっては，次の事項に配慮しながら，学校段階間の接続を図るものとする。

(1) 小学校学習指導要領を踏まえ，小学校教育までの学習の成果が中学校教育に円滑に接続され，義務教育段階の終わりまでに育成することを目指す資質・能力を，生徒が確実に身に付けることができるよう工夫すること。特に，義務教育学校，小学校連携型中学校及び小学校併設型中学校においては，義務教育9年間を見通した計画的かつ継続的な教育課程を編成すること。

(2) 高等学校学習指導要領を踏まえ，高等学校教育及びその後の教育との円滑な接続が図られる

よう工夫すること。特に，中等教育学校，連携型中学校及び併設型中学校においては，中等教育6年間を見通した計画的かつ継続的な教育課程を編成すること。

● 第3　教育課程の実施と学習評価

1　主体的・対話的で深い学びの実現に向けた授業改善

各教科等の指導に当たっては，次の事項に配慮するものとする。

(1) 第1の3の(1)から(3)までに示すことが偏りなく実現されるよう，単元や題材など内容や時間のまとまりを見通しながら，生徒の主体的・対話的で深い学びの実現に向けた授業改善を行うこと。

特に，各教科等において身に付けた知識及び技能を活用したり，思考力，判断力，表現力等や学びに向かう力，人間性等を発揮させたりして，学習の対象となる物事を捉え思考することにより，各教科等の特質に応じた物事を捉える視点や考え方（以下「見方・考え方」という。）が鍛えられていくことに留意し，生徒が各教科等の特質に応じた見方・考え方を働かせながら，知識を相互に関連付けてより深く理解したり，情報を精査して考えを形成したり，問題を見いだして解決策を考えたり，思いや考えを基に創造したりすることに向かう過程を重視した学習の充実を図ること。

(2) 第2の2の(1)に示す言語能力の育成を図るため，各学校において必要な言語環境を整えるとともに，国語科を要としつつ各教科等の特質に応じて，生徒の言語活動を充実すること。あわせて，(7)に示すとおり読書活動を充実すること。

(3) 第2の2の(1)に示す情報活用能力の育成を図るため，各学校において，コンピュータや情報通信ネットワークなどの情報手段を活用するために必要な環境を整え，これらを適切に活用した学習活動の充実を図ること。また，各種の統計資料や新聞，視聴覚教材や教育機器などの教材・教具の適切な活用を図ること。

(4) 生徒が学習の見通しを立てたり学習したことを振り返ったりする活動を，計画的に取り入れるように工夫すること。

(5) 生徒が生命の有限性や自然の大切さ，主体的に挑戦してみることや多様な他者と協働することの重要性などを実感しながら理解することができるよう，各教科等の特質に応じた体験活動を重視し，家庭や地域社会と連携しつつ体系的・継続的に実施できるよう工夫すること。

(6) 生徒が自ら学習課題や学習活動を選択する機会を設けるなど，生徒の興味・関心を生かした自主的，自発的な学習が促されるよう工夫すること。

(7) 学校図書館を計画的に利用しその機能の活用を図り，生徒の主体的・対話的で深い学びの実現に向けた授業改善に生かすとともに，生徒の自主的，自発的な学習活動や読書活動を充実すること。また，地域の図書館や博物館，美術館，劇場，音楽堂等の施設の活用を積極的に図り，資料を活用した情報の収集や鑑賞等の学習活動を充実すること。

2　学習評価の充実

学習評価の実施に当たっては，次の事項に配慮するものとする。

(1) 生徒のよい点や進歩の状況などを積極的に評価し，学習したことの意義や価値を実感できるようにすること。また，各教科等の目標の実現に向けた学習状況を把握する観点から，単元や題材など内容や時間のまとまりを見通しながら評価の場面や方法を工夫して，学習の過程や成果を評価し，指導の改善や学習意欲の向上を図り，資質・能力の育成に生かすようにすること。

(2) 創意工夫の中で学習評価の妥当性や信頼性が高められるよう，組織的かつ計画的な取組を推進するとともに，学年や学校段階を越えて生徒の学習の成果が円滑に接続されるように工夫すること。

● 第4　生徒の発達の支援

1　生徒の発達を支える指導の充実

教育課程の編成及び実施に当たっては，次の事項に配慮するものとする。

(1)　学習や生活の基盤として，教師と生徒との信頼関係及び生徒相互のよりよい人間関係を育てるため，日頃から学級経営の充実を図ること。また，主に集団の場面で必要な指導や援助を行うガイダンスと，個々の生徒の多様な実態を踏まえ，一人一人が抱える課題に個別に対応した指導を行うカウンセリングの双方により，生徒の発達を支援すること。

(2)　生徒が，自己の存在感を実感しながら，よりよい人間関係を形成し，有意義で充実した学校生活を送る中で，現在及び将来における自己実現を図っていくことができるよう，生徒理解を深め，学習指導と関連付けながら，生徒指導の充実を図ること。

(3)　生徒が，学ぶことと自己の将来とのつながりを見通しながら，社会的・職業的自立に向けて必要な基盤となる資質・能力を身に付けていくことができるよう，特別活動を要としつつ各教科等の特質に応じて，キャリア教育の充実を図ること。その中で，生徒が自らの生き方を考え主体的に進路を選択することができるよう，学校の教育活動全体を通じ，組織的かつ計画的な進路指導を行うこと。

(4)　生徒が，基礎的・基本的な知識及び技能の習得も含め，学習内容を確実に身に付けることができるよう，生徒や学校の実態に応じ，個別学習やグループ別学習，繰り返し学習，学習内容の習熟の程度に応じた学習，生徒の興味・関心等に応じた課題学習，補充的な学習や発展的な学習などの学習活動を取り入れることや，教師間の協力による指導体制を確保することなど，指導方法や指導体制の工夫改善により，個に応じた指導の充実を図ること。その際，第3の1の(3)に示す情報手段や教材・教具の活用を図ること。

2　特別な配慮を必要とする生徒への指導

(1)　障害のある生徒などへの指導

ア　障害のある生徒などについては，特別支援学校等の助言又は援助を活用しつつ，個々の生徒の障害の状態等に応じた指導内容や指導方法の工夫を組織的かつ計画的に行うものとする。

イ　特別支援学級において実施する特別の教育課程については，次のとおり編成するものとする。

　(ｱ)　障害による学習上又は生活上の困難を克服し自立を図るため，特別支援学校小学部・中学部学習指導要領第7章に示す自立活動を取り入れること。

　(ｲ)　生徒の障害の程度や学級の実態等を考慮の上，各教科の目標や内容を下学年の教科の目標や内容に替えたり，各教科を，知的障害者である生徒に対する教育を行う特別支援学校の各教科に替えたりするなどして，実態に応じた教育課程を編成すること。

ウ　障害のある生徒に対して，通級による指導を行い，特別の教育課程を編成する場合には，特別支援学校小学部・中学部学習指導要領第7章に示す自立活動の内容を参考とし，具体的な目標や内容を定め，指導を行うものとする。その際，効果的な指導が行われるよう，各教科等と通級による指導との関連を図るなど，教師間の連携に努めるものとする。

エ　障害のある生徒などについては，家庭，地域及び医療や福祉，保健，労働等の業務を行う関係機関との連携を図り，長期的な視点で生徒への教育的支援を行うために，個別の教育支援計画を作成し活用することに努めるとともに，各教科等の指導に当たって，個々の生徒の実態を的確に把握し，個別の指導計画を作成し活用することに努めるものとする。特に，特別支援学級に在籍する生徒や通級による指導を受ける生徒については，個々の生徒の実態を的確に把握し，個別の教育支援計画や個別の指導計画を作成し，効果的に活用するものとする。

付録2

(2) 海外から帰国した生徒などの学校生活への適応や，日本語の習得に困難のある生徒に対する日本語指導

　　ア　海外から帰国した生徒などについては，学校生活への適応を図るとともに，外国における生活経験を生かすなどの適切な指導を行うものとする。

　　イ　日本語の習得に困難のある生徒については，個々の生徒の実態に応じた指導内容や指導方法の工夫を組織的かつ計画的に行うものとする。特に，通級による日本語指導については，教師間の連携に努め，指導についての計画を個別に作成することなどにより，効果的な指導に努めるものとする。

(3) 不登校生徒への配慮

　　ア　不登校生徒については，保護者や関係機関と連携を図り，心理や福祉の専門家の助言又は援助を得ながら，社会的自立を目指す観点から，個々の生徒の実態に応じた情報の提供その他の必要な支援を行うものとする。

　　イ　相当の期間中学校を欠席し引き続き欠席すると認められる生徒を対象として，文部科学大臣が認める特別の教育課程を編成する場合には，生徒の実態に配慮した教育課程を編成するとともに，個別学習やグループ別学習など指導方法や指導体制の工夫改善に努めるものとする。

(4) 学齢を経過した者への配慮

　　ア　夜間その他の特別の時間に授業を行う課程において学齢を経過した者を対象として特別の教育課程を編成する場合には，学齢を経過した者の年齢，経験又は勤労状況その他の実情を踏まえ，中学校教育の目的及び目標並びに第2章以下に示す各教科等の目標に照らして，中学校教育を通じて育成を目指す資質・能力を身に付けることができるようにするものとする。

　　イ　学齢を経過した者を教育する場合には，個別学習やグループ別学習など指導方法や指導体制の工夫改善に努めるものとする。

● 第5　学校運営上の留意事項

1　教育課程の改善と学校評価，教育課程外の活動との連携等

　　ア　各学校においては，校長の方針の下に，校務分掌に基づき教職員が適切に役割を分担しつつ，相互に連携しながら，各学校の特色を生かしたカリキュラム・マネジメントを行うよう努めるものとする。また，各学校が行う学校評価については，教育課程の編成，実施，改善が教育活動や学校運営の中核となることを踏まえ，カリキュラム・マネジメントと関連付けながら実施するよう留意するものとする。

　　イ　教育課程の編成及び実施に当たっては，学校保健計画，学校安全計画，食に関する指導の全体計画，いじめの防止等のための対策に関する基本的な方針など，各分野における学校の全体計画等と関連付けながら，効果的な指導が行われるように留意するものとする。

　　ウ　教育課程外の学校教育活動と教育課程の関連が図られるように留意するものとする。特に，生徒の自主的，自発的な参加により行われる部活動については，スポーツや文化，科学等に親しませ，学習意欲の向上や責任感，連帯感の涵養等，学校教育が目指す資質・能力の育成に資するものであり，学校教育の一環として，教育課程との関連が図られるよう留意すること。その際，学校や地域の実態に応じ，地域の人々の協力，社会教育施設や社会教育関係団体等の各種団体との連携などの運営上の工夫を行い，持続可能な運営体制が整えられるようにするものとする。

2　家庭や地域社会との連携及び協働と学校間の連携

教育課程の編成及び実施に当たっては，次の事項に配慮するものとする。

ア　学校がその目的を達成するため，学校や地域の実態等に応じ，教育活動の実施に必要な人的又は物的な体制を家庭や地域の人々の協力を得ながら整えるなど，家庭や地域社会との連携及び協働を深めること。また，高齢者や異年齢の子供など，地域における世代を越えた交流の機会を設けること。

イ　他の中学校や，幼稚園，認定こども園，保育所，小学校，高等学校，特別支援学校などとの間の連携や交流を図るとともに，障害のある幼児児童生徒との交流及び共同学習の機会を設け，共に尊重し合いながら協働して生活していく態度を育むようにすること。

● 第6　道徳教育に関する配慮事項

　　道徳教育を進めるに当たっては，道徳教育の特質を踏まえ，前項までに示す事項に加え，次の事項に配慮するものとする。

1　各学校においては，第1の2の(2)に示す道徳教育の目標を踏まえ，道徳教育の全体計画を作成し，校長の方針の下に，道徳教育の推進を主に担当する教師（以下「道徳教育推進教師」という。）を中心に，全教師が協力して道徳教育を展開すること。なお，道徳教育の全体計画の作成に当たっては，生徒や学校，地域の実態を考慮して，学校の道徳教育の重点目標を設定するとともに，道徳科の指導方針，第3章特別の教科道徳の第2に示す内容との関連を踏まえた各教科，総合的な学習の時間及び特別活動における指導の内容及び時期並びに家庭や地域社会との連携の方法を示すこと。

2　各学校においては，生徒の発達の段階や特性等を踏まえ，指導内容の重点化を図ること。その際，小学校における道徳教育の指導内容を更に発展させ，自立心や自律性を高め，規律ある生活をすること，生命を尊重する心や自らの弱さを克服して気高く生きようとする心を育てること，法やきまりの意義に関する理解を深めること，自らの将来の生き方を考え主体的に社会の形成に参画する意欲と態度を養うこと，伝統と文化を尊重し，それらを育んできた我が国と郷土を愛するとともに，他国を尊重すること，国際社会に生きる日本人としての自覚を身に付けることに留意すること。

3　学校や学級内の人間関係や環境を整えるとともに，職場体験活動やボランティア活動，自然体験活動，地域の行事への参加などの豊かな体験を充実すること。また，道徳教育の指導内容が，生徒の日常生活に生かされるようにすること。その際，いじめの防止や安全の確保等にも資することとなるよう留意すること。

4　学校の道徳教育の全体計画や道徳教育に関する諸活動などの情報を積極的に公表したり，道徳教育の充実のために家庭や地域の人々の積極的な参加や協力を得たりするなど，家庭や地域社会との共通理解を深め，相互の連携を図ること。

付録2

● 第1　目　標

　体育や保健の見方・考え方を働かせ，課題を発見し，合理的な解決に向けた学習過程を通して，心と体を一体として捉え，生涯にわたって心身の健康を保持増進し豊かなスポーツライフを実現するための資質・能力を次のとおり育成することを目指す。

(1) 各種の運動の特性に応じた技能等及び個人生活における健康・安全について理解するとともに，基本的な技能を身に付けるようにする。

(2) 運動や健康についての自他の課題を発見し，合理的な解決に向けて思考し判断するとともに，他者に伝える力を養う。

(3) 生涯にわたって運動に親しむとともに健康の保持増進と体力の向上を目指し，明るく豊かな生活を営む態度を養う。

● 第2　各学年の目標及び内容

〔体育分野　第1学年及び第2学年〕

1　目　標

(1) 運動の合理的な実践を通して，運動の楽しさや喜びを味わい，運動を豊かに実践することができるようにするため，運動，体力の必要性について理解するとともに，基本的な技能を身に付けるようにする。

(2) 運動についての自己の課題を発見し，合理的な解決に向けて思考し判断するとともに，自己や仲間の考えたことを他者に伝える力を養う。

(3) 運動における競争や協働の経験を通して，公正に取り組む，互いに協力する，自己の役割を果たす，一人一人の違いを認めようとするなどの意欲を育てるとともに，健康・安全に留意し，自己の最善を尽くして運動をする態度を養う。

2　内　容

A　体つくり運動

　体つくり運動について，次の事項を身に付けることができるよう指導する。

(1) 次の運動を通して，体を動かす楽しさや心地よさを味わい，体つくり運動の意義と行い方，体の動きを高める方法などを理解し，目的に適した運動を身に付け，組み合わせること。

　ア　体ほぐしの運動では，手軽な運動を行い，心と体との関係や心身の状態に気付き，仲間と積極的に関わり合うこと。

　イ　体の動きを高める運動では，ねらいに応じて，体の柔らかさ，巧みな動き，力強い動き，動きを持続する能力を高めるための運動を行うとともに，それらを組み合わせること。

(2) 自己の課題を発見し，合理的な解決に向けて運動の取り組み方を工夫するとともに，自己や仲間の考えたことを他者に伝えること。

(3) 体つくり運動に積極的に取り組むとともに，仲間の学習を援助しようとすること，一人一人の違いに応じた動きなどを認めようとすること，話合いに参加しようとすることなどや，健康・安全に気を配ること。

B　器械運動

　器械運動について，次の事項を身に付けることができるよう指導する。

(1) 次の運動について，技ができる楽しさや喜びを味わい，器械運動の特性や成り立ち，技の名称や行い方，その運動に関連して高まる体力などを理解するとともに，技をよりよく行うこと。

ア　マット運動では，回転系や巧技系の基本的な技を滑らかに行うこと，条件を変えた技や発展技を行うこと及びそれらを組み合わせること。

イ　鉄棒運動では，支持系や懸垂系の基本的な技を滑らかに行うこと，条件を変えた技や発展技を行うこと及びそれらを組み合わせること。

ウ　平均台運動では，体操系やバランス系の基本的な技を滑らかに行うこと，条件を変えた技や発展技を行うこと及びそれらを組み合わせること。

エ　跳び箱運動では，切り返し系や回転系の基本的な技を滑らかに行うこと，条件を変えた技や発展技を行うこと。

(2) 技などの自己の課題を発見し，合理的な解決に向けて運動の取り組み方を工夫するとともに，自己の考えたことを他者に伝えること。

(3) 器械運動に積極的に取り組むとともに，よい演技を認めようとすること，仲間の学習を援助しようとすること，一人一人の違いに応じた課題や挑戦を認めようとすることなどや，健康・安全に気を配ること。

C　陸上競技

陸上競技について，次の事項を身に付けることができるよう指導する。

(1) 次の運動について，記録の向上や競争の楽しさや喜びを味わい，陸上競技の特性や成り立ち，技術の名称や行い方，その運動に関連して高まる体力などを理解するとともに，基本的な動きや効率のよい動きを身に付けること。

ア　短距離走・リレーでは，滑らかな動きで速く走ることやバトンの受渡しでタイミングを合わせること，長距離走では，ペースを守って走ること，ハードル走では，リズミカルな走りから滑らかにハードルを越すこと。

イ　走り幅跳びでは，スピードに乗った助走から素早く踏み切って跳ぶこと，走り高跳びでは，リズミカルな助走から力強く踏み切って大きな動作で跳ぶこと。

(2) 動きなどの自己の課題を発見し，合理的な解決に向けて運動の取り組み方を工夫するとともに，自己の考えたことを他者に伝えること。

(3) 陸上競技に積極的に取り組むとともに，勝敗などを認め，ルールやマナーを守ろうとすること，分担した役割を果たそうとすること，一人一人の違いに応じた課題や挑戦を認めようとすることなどや，健康・安全に気を配ること。

D　水泳

水泳について，次の事項を身に付けることができるよう指導する。

(1) 次の運動について，記録の向上や競争の楽しさや喜びを味わい，水泳の特性や成り立ち，技術の名称や行い方，その運動に関連して高まる体力などを理解するとともに，泳法を身に付けること。

ア　クロールでは，手と足の動き，呼吸のバランスをとり速く泳ぐこと。

イ　平泳ぎでは，手と足の動き，呼吸のバランスをとり長く泳ぐこと。

ウ　背泳ぎでは，手と足の動き，呼吸のバランスをとり泳ぐこと。

エ　バタフライでは，手と足の動き，呼吸のバランスをとり泳ぐこと。

(2) 泳法などの自己の課題を発見し，合理的な解決に向けて運動の取り組み方を工夫するとともに，自己の考えたことを他者に伝えること。

(3) 水泳に積極的に取り組むとともに，勝敗などを認め，ルールやマナーを守ろうとすること，分担した役割を果たそうとすること，一人一人の違いに応じた課題や挑戦を認めようとすることなどや，水泳の事故防止に関する心得を遵守するなど健康・安全に気を配ること。

E　球　技

　　球技について，次の事項を身に付けることができるよう指導する。

（1）次の運動について，勝敗を競う楽しさや喜びを味わい，球技の特性や成り立ち，技術の名称や行い方，その運動に関連して高まる体力などを理解するとともに，基本的な技能や仲間と連携した動きでゲームを展開すること。

　　ア　ゴール型では，ボール操作と空間に走り込むなどの動きによってゴール前での攻防をすること。

　　イ　ネット型では，ボールや用具の操作と定位置に戻るなどの動きによって空いた場所をめぐる攻防をすること。

　　ウ　ベースボール型では，基本的なバット操作と走塁での攻撃，ボール操作と定位置での守備などによって攻防をすること。

（2）攻防などの自己の課題を発見し，合理的な解決に向けて運動の取り組み方を工夫するとともに，自己や仲間の考えたことを他者に伝えること。

（3）球技に積極的に取り組むとともに，フェアなプレイを守ろうとすること，作戦などについての話合いに参加しようとすること，一人一人の違いに応じたプレイなどを認めようとすること，仲間の学習を援助しようとすることなどや，健康・安全に気を配ること。

F　武　道

　　武道について，次の事項を身に付けることができるよう指導する。

（1）次の運動について，技ができる楽しさや喜びを味わい，武道の特性や成り立ち，伝統的な考え方，技の名称や行い方，その運動に関連して高まる体力などを理解するとともに，基本動作や基本となる技を用いて簡易な攻防を展開すること。

　　ア　柔道では，相手の動きに応じた基本動作や基本となる技を用いて，投げたり抑えたりするなどの簡易な攻防をすること。

　　イ　剣道では，相手の動きに応じた基本動作や基本となる技を用いて，打ったり受けたりするなどの簡易な攻防をすること。

　　ウ　相撲では，相手の動きに応じた基本動作や基本となる技を用いて，押したり寄ったりするなどの簡易な攻防をすること。

（2）攻防などの自己の課題を発見し，合理的な解決に向けて運動の取り組み方を工夫するとともに，自己の考えたことを他者に伝えること。

（3）武道に積極的に取り組むとともに，相手を尊重し，伝統的な行動の仕方を守ろうとすること，分担した役割を果たそうとすること，一人一人の違いに応じた課題や挑戦を認めようとすることなどや，禁じ技を用いないなど健康・安全に気を配ること。

G　ダンス

　　ダンスについて，次の事項を身に付けることができるよう指導する。

（1）次の運動について，感じを込めて踊ったりみんなで踊ったりする楽しさや喜びを味わい，ダンスの特性や由来，表現の仕方，その運動に関連して高まる体力などを理解するとともに，イメージを捉えた表現や踊りを通した交流をすること。

　　ア　創作ダンスでは，多様なテーマから表したいイメージを捉え，動きに変化を付けて即興的に表現したり，変化のあるひとまとまりの表現にしたりして踊ること。

　　イ　フォークダンスでは，日本の民踊や外国の踊りから，それらの踊り方の特徴を捉え，音楽に合わせて特徴的なステップや動きで踊ること。

　　ウ　現代的なリズムのダンスでは，リズムの特徴を捉え，変化のある動きを組み合わせて，リズムに乗って全身で踊ること。

（2）表現などの自己の課題を発見し，合理的な解決に向けて運動の取り組み方を工夫するととも

に，自己や仲間の考えたことを他者に伝えること。

(3) ダンスに積極的に取り組むとともに，仲間の学習を援助しようとすること，交流などの話合いに参加しようとすること，一人一人の違いに応じた表現や役割を認めようとすることなどや，健康・安全に気を配ること。

H　体育理論

(1) 運動やスポーツが多様であることについて，課題を発見し，その解決を目指した活動を通して，次の事項を身に付けることができるよう指導する。

　ア　運動やスポーツが多様であることについて理解すること。

　　(ｱ) 運動やスポーツは，体を動かしたり健康を維持したりするなどの必要性及び競い合うことや課題を達成することなどの楽しさから生みだされ発展してきたこと。

　　(ｲ) 運動やスポーツには，行うこと，見ること，支えること及び知ることなどの多様な関わり方があること。

　　(ｳ) 世代や機会に応じて，生涯にわたって運動やスポーツを楽しむためには，自己に適した多様な楽しみ方を見付けたり，工夫したりすることが大切であること。

　イ　運動やスポーツが多様であることについて，自己の課題を発見し，よりよい解決に向けて思考し判断するとともに，他者に伝えること。

　ウ　運動やスポーツが多様であることについての学習に積極的に取り組むこと。

(2) 運動やスポーツの意義や効果と学び方や安全な行い方について，課題を発見し，その解決を目指した活動を通して，次の事項を身に付けることができるよう指導する。

　ア　運動やスポーツの意義や効果と学び方や安全な行い方について理解すること。

　　(ｱ) 運動やスポーツは，身体の発達やその機能の維持，体力の向上などの効果や自信の獲得，ストレスの解消などの心理的効果及びルールやマナーについて合意したり，適切な人間関係を築いたりするなどの社会性を高める効果が期待できること。

　　(ｲ) 運動やスポーツには，特有の技術があり，その学び方には，運動の課題を合理的に解決するための一定の方法があること。

　　(ｳ) 運動やスポーツを行う際は，その特性や目的，発達の段階や体調などを踏まえて運動を選ぶなど，健康・安全に留意する必要があること。

　イ　運動やスポーツの意義や効果と学び方や安全な行い方について，自己の課題を発見し，よりよい解決に向けて思考し判断するとともに，他者に伝えること。

　ウ　運動やスポーツの意義や効果と学び方や安全な行い方についての学習に積極的に取り組むこと。

〔体育分野　第3学年〕

1　目　標

(1) 運動の合理的な実践を通して，運動の楽しさや喜びを味わい，生涯にわたって運動を豊かに実践することができるようにするため，運動，体力の必要性について理解するとともに，基本的な技能を身に付けるようにする。

(2) 運動についての自己や仲間の課題を発見し，合理的な解決に向けて思考し判断するとともに，自己や仲間の考えたことを他者に伝える力を養う。

(3) 運動における競争や協働の経験を通して，公正に取り組む，互いに協力する，自己の責任を果たす，参画する，一人一人の違いを大切にしようとするなどの意欲を育てるとともに，健康・安全を確保して，生涯にわたって運動に親しむ態度を養う。

2 内容

A 体つくり運動

体つくり運動について，次の事項を身に付けることができるよう指導する。

(1) 次の運動を通して，体を動かす楽しさや心地よさを味わい，運動を継続する意義，体の構造，運動の原則などを理解するとともに，健康の保持増進や体力の向上を目指し，目的に適した運動の計画を立て取り組むこと。

　ア　体ほぐしの運動では，手軽な運動を行い，心と体は互いに影響し変化することや心身の状態に気付き，仲間と自主的に関わり合うこと。

　イ　実生活に生かす運動の計画では，ねらいに応じて，健康の保持増進や調和のとれた体力の向上を図るための運動の計画を立て取り組むこと。

(2) 自己や仲間の課題を発見し，合理的な解決に向けて運動の取り組み方を工夫するとともに，自己や仲間の考えたことを他者に伝えること。

(3) 体つくり運動に自主的に取り組むとともに，互いに助け合い教え合おうとすること，一人一人の違いに応じた動きなどを大切にしようとすること，話合いに貢献しようとすることなどや，健康・安全を確保すること。

B 器械運動

器械運動について，次の事項を身に付けることができるよう指導する。

(1) 次の運動について，技ができる楽しさや喜びを味わい，技の名称や行い方，運動観察の方法，体力の高め方などを理解するとともに，自己に適した技で演技すること。

　ア　マット運動では，回転系や巧技系の基本的な技を滑らかに安定して行うこと，条件を変えた技や発展技を行うこと及びそれらを構成し演技すること。

　イ　鉄棒運動では，支持系や懸垂系の基本的な技を滑らかに安定して行うこと，条件を変えた技や発展技を行うこと及びそれらを構成し演技すること。

　ウ　平均台運動では，体操系やバランス系の基本的な技を滑らかに安定して行うこと，条件を変えた技や発展技を行うこと及びそれらを構成し演技すること。

　エ　跳び箱運動では，切り返し系や回転系の基本的な技を滑らかに安定して行うこと，条件を変えた技や発展技を行うこと。

(2) 技などの自己や仲間の課題を発見し，合理的な解決に向けて運動の取り組み方を工夫するとともに，自己の考えたことを他者に伝えること。

(3) 器械運動に自主的に取り組むとともに，よい演技を讃えようとすること，互いに助け合い教え合おうとすること，一人一人の違いに応じた課題や挑戦を大切にしようとすることなどや，健康・安全を確保すること。

C 陸上競技

陸上競技について，次の事項を身に付けることができるよう指導する。

(1) 次の運動について，記録の向上や競争の楽しさや喜びを味わい，技術の名称や行い方，体力の高め方，運動観察の方法などを理解するとともに，各種目特有の技能を身に付けること。

　ア　短距離走・リレーでは，中間走へのつなぎを滑らかにして速く走ることやバトンの受渡しで次走者のスピードを十分高めること，長距離走では，自己に適したペースを維持して走ること，ハードル走では，スピードを維持した走りからハードルを低く越すこと。

　イ　走り幅跳びでは，スピードに乗った助走から力強く踏み切って跳ぶこと，走り高跳びでは，リズミカルな助走から力強く踏み切り滑らかな空間動作で跳ぶこと。

(2) 動きなどの自己や仲間の課題を発見し，合理的な解決に向けて運動の取り組み方を工夫するとともに，自己の考えたことを他者に伝えること。

(3) 陸上競技に自主的に取り組むとともに，勝敗などを冷静に受け止め，ルールやマナーを大切

にしようとすること，自己の責任を果たそうとすること，一人一人の違いに応じた課題や挑戦
を大切にしようとすることなどや，健康・安全を確保すること。

D　水　泳

水泳について，次の事項を身に付けることができるよう指導する。

(1) 次の運動について，記録の向上や競争の楽しさや喜びを味わい，技術の名称や行い方，体力
の高め方，運動観察の方法などを理解するとともに，効率的に泳ぐこと。

ア　クロールでは，手と足の動き，呼吸のバランスを保ち，安定したペースで長く泳いだり速
く泳いだりすること。

イ　平泳ぎでは，手と足の動き，呼吸のバランスを保ち，安定したペースで長く泳いだり速く
泳いだりすること。

ウ　背泳ぎでは，手と足の動き，呼吸のバランスを保ち，安定したペースで泳ぐこと。

エ　バタフライでは，手と足の動き，呼吸のバランスを保ち，安定したペースで泳ぐこと。

オ　複数の泳法で泳ぐこと，又はリレーをすること。

(2) 泳法などの自己や仲間の課題を発見し，合理的な解決に向けて運動の取り組み方を工夫する
とともに，自己の考えたことを他者に伝えること。

(3) 水泳に自主的に取り組むとともに，勝敗などを冷静に受け止め，ルールやマナーを大切にし
ようとすること，自己の責任を果たそうとすること，一人一人の違いに応じた課題や挑戦を大
切にしようとすることなどや，水泳の事故防止に関する心得を遵守するなど健康・安全を確保
すること。

E　球　技

球技について，次の事項を身に付けることができるよう指導する。

(1) 次の運動について，勝敗を競う楽しさや喜びを味わい，技術の名称や行い方，体力の高め方，
運動観察の方法などを理解するとともに，作戦に応じた技能で仲間と連携しゲームを展開する
こと。

ア　ゴール型では，安定したボール操作と空間を作りだすなどの動きによってゴール前への侵
入などから攻防をすること。

イ　ネット型では，役割に応じたボール操作や安定した用具の操作と連携した動きによって空
いた場所をめぐる攻防をすること。

ウ　ベースボール型では，安定したバット操作と走塁での攻撃，ボール操作と連携した守備な
どによって攻防をすること。

(2) 攻防などの自己やチームの課題を発見し，合理的な解決に向けて運動の取り組み方を工夫す
るとともに，自己や仲間の考えたことを他者に伝えること。

(3) 球技に自主的に取り組むとともに，フェアなプレイを大切にしようとすること，作戦などに
ついての話合いに貢献しようとすること，一人一人の違いに応じたプレイなどを大切にしよう
とすること，互いに助け合い教え合おうとすることなどや，健康・安全を確保すること。

F　武　道

武道について，次の事項を身に付けることができるよう指導する。

(1) 次の運動について，技を高め勝敗を競う楽しさや喜びを味わい，伝統的な考え方，技の名称
や見取り稽古の仕方，体力の高め方などを理解するとともに，基本動作や基本となる技を用い
て攻防を展開すること。

ア　柔道では，相手の動きの変化に応じた基本動作や基本となる技，連絡技を用いて，相手を
崩して投げたり，抑えたりするなどの攻防をすること。

イ　剣道では，相手の動きの変化に応じた基本動作や基本となる技を用いて，相手の構えを崩
し，しかけたり応じたりするなどの攻防をすること。

ウ　相撲では，相手の動きの変化に応じた基本動作や基本となる技を用いて，相手を崩し，投げたりいなしたりするなどの攻防をすること。

(2) 攻防などの自己や仲間の課題を発見し，合理的な解決に向けて運動の取り組み方を工夫するとともに，自己の考えたことを他者に伝えること。

(3) 武道に自主的に取り組むとともに，相手を尊重し，伝統的な行動の仕方を大切にしようとすること，自己の責任を果たそうとすること，一人一人の違いに応じた課題や挑戦を大切にしようとすることなどや，健康・安全を確保すること。

G　ダンス

ダンスについて，次の事項を身に付けることができるよう指導する。

(1) 次の運動について，感じを込めて踊ったり，みんなで自由に踊ったりする楽しさや喜びを味わい，ダンスの名称や用語，踊りの特徴と表現の仕方，交流や発表の仕方，運動観察の方法，体力の高め方などを理解するとともに，イメージを深めた表現や踊りを通した交流や発表をすること。

　　ア　創作ダンスでは，表したいテーマにふさわしいイメージを捉え，個や群で，緩急強弱のある動きや空間の使い方で変化を付けて即興的に表現したり，簡単な作品にまとめたりして踊ること。

　　イ　フォークダンスでは，日本の民踊や外国の踊りから，それらの踊り方の特徴を捉え，音楽に合わせて特徴的なステップや動きと組み方で踊ること。

　　ウ　現代的なリズムのダンスでは，リズムの特徴を捉え，変化とまとまりを付けて，リズムに乗って全身で踊ること。

(2) 表現などの自己や仲間の課題を発見し，合理的な解決に向けて運動の取り組み方を工夫するとともに，自己や仲間の考えたことを他者に伝えること。

(3) ダンスに自主的に取り組むとともに，互いに助け合い教え合おうとすること，作品や発表などの話合いに貢献しようとすること，一人一人の違いに応じた表現や役割を大切にしようとすることなどや，健康・安全を確保すること。

H　体育理論

(1) 文化としてのスポーツの意義について，課題を発見し，その解決を目指した活動を通して，次の事項を身に付けることができるよう指導する。

　　ア　文化としてのスポーツの意義について理解すること。

　　　(ｱ)　スポーツは，文化的な生活を営みよりよく生きていくために重要であること。

　　　(ｲ)　オリンピックやパラリンピック及び国際的なスポーツ大会などは，国際親善や世界平和に大きな役割を果たしていること。

　　　(ｳ)　スポーツは，民族や国，人種や性，障害の違いなどを超えて人々を結び付けていること。

　　イ　文化としてのスポーツの意義について，自己の課題を発見し，よりよい解決に向けて思考し判断するとともに，他者に伝えること。

　　ウ　文化としてのスポーツの意義についての学習に自主的に取り組むこと。

〔内容の取扱い〕

(1) 内容の各領域については，次のとおり取り扱うものとする。

　　ア　第1学年及び第2学年においては，「A体つくり運動」から「H体育理論」までについては，全ての生徒に履修させること。その際，「A体つくり運動」及び「H体育理論」については，2学年間にわたって履修させること。

　　イ　第3学年においては，「A体つくり運動」及び「H体育理論」については，全ての生徒に履修させること。「B器械運動」，「C陸上競技」，「D水泳」及び「Gダンス」についてはいずれ

かから一以上を,「E球技」及び「F武道」についてはいずれか一以上をそれぞれ選択して履修できるようにすること。

(2) 内容の「A体つくり運動」から「H体育理論」までに示す事項については,次のとおり取り扱うものとする。

ア 「A体つくり運動」の(1)のアの運動については,「B器械運動」から「Gダンス」までにおいても関連を図って指導することができるとともに,心の健康など保健分野との関連を図って指導すること。また,「A体つくり運動」の(1)のイの運動については,第1学年及び第2学年においては,動きを持続する能力を高めるための運動に重点を置いて指導することができるが,調和のとれた体力を高めることに留意すること。その際,音楽に合わせて運動をするなどの工夫を図ること。第3学年においては,日常的に取り組める運動例を取り上げるなど指導方法の工夫を図ること。

イ 「B器械運動」の(1)の運動については,第1学年及び第2学年においては,アからエまでの中からアを含む二を選択して履修できるようにすること。第3学年においては,アからエまでの中から選択して履修できるようにすること。

ウ 「C陸上競技」の(1)の運動については,ア及びイに示すそれぞれの運動の中から選択して履修できるようにすること。

エ 「D水泳」の(1)の運動については,第1学年及び第2学年においては,アからエまでの中からア又はイのいずれかを含む二を選択して履修できるようにすること。第3学年においては,アからオまでの中から選択して履修できるようにすること。なお,学校や地域の実態に応じて,安全を確保するための泳ぎを加えて履修させることができること。また,泳法との関連において水中からのスタート及びターンを取り上げること。なお,水泳の指導については,適切な水泳場の確保が困難な場合にはこれを扱わないことができるが,水泳の事故防止に関する心得については,必ず取り上げること。また,保健分野の応急手当との関連を図ること。

オ 「E球技」の(1)の運動については,第1学年及び第2学年においては,アからウまでを全ての生徒に履修させること。第3学年においては,アからウまでの中から二を選択して履修できるようにすること。また,アについては,バスケットボール,ハンドボール,サッカーの中から,イについては,バレーボール,卓球,テニス,バドミントンの中から,ウについては,ソフトボールを適宜取り上げることとし,学校や地域の実態に応じて,その他の運動についても履修させることができること。なお,ウの実施に当たり,十分な広さの運動場の確保が難しい場合は指導方法を工夫して行うこと。

カ 「F武道」については,柔道,剣道,相撲,空手道,なぎなた,弓道,合気道,少林寺拳法,銃剣道などを通して,我が国固有の伝統と文化により一層触れることができるようにすること。また,(1)の運動については,アからウまでの中から一を選択して履修できるようにすること。なお,学校や地域の実態に応じて,空手道,なぎなた,弓道,合気道,少林寺拳法,銃剣道などについても履修させることができること。また,武道場などの確保が難しい場合は指導方法を工夫して行うとともに,学習段階や個人差を踏まえ,段階的な指導を行うなど安全を十分に確保すること。

キ 「Gダンス」の(1)の運動については,アからウまでの中から選択して履修できるようにすること。なお,学校や地域の実態に応じて,その他のダンスについても履修させることができること。

ク 第1学年及び第2学年の内容の「H体育理論」については,(1)は第1学年,(2)は第2学年で取り上げること。

(3) 内容の「A体つくり運動」から「Gダンス」までの領域及び運動の選択並びにその指導に当

付録3

285

たっては，学校や地域の実態及び生徒の特性等を考慮するものとする。また，第3学年の領域の選択に当たっては，安全を十分に確保した上で，生徒が自由に選択して履修することができるよう配慮すること。その際，指導に当たっては，内容の「B器械運動」から「Gダンス」までの領域については，それぞれの運動の特性に触れるために必要な体力を生徒自ら高めるように留意するものとする。

(4) 自然との関わりの深いスキー，スケートや水辺活動などの指導については，学校や地域の実態に応じて積極的に行うことに留意するものとする。

(5) 集合，整頓，列の増減，方向変換などの行動の仕方を身に付け，能率的で安全な集団としての行動ができるようにするための指導については，内容の「A体つくり運動」から「Gダンス」までの領域において適切に行うものとする。

〔保健分野〕

1 目 標

(1) 個人生活における健康・安全について理解するとともに，基本的な技能を身に付けるようにする。

(2) 健康についての自他の課題を発見し，よりよい解決に向けて思考し判断するとともに，他者に伝える力を養う。

(3) 生涯を通じて心身の健康の保持増進を目指し，明るく豊かな生活を営む態度を養う。

2 内 容

(1) 健康な生活と疾病の予防について，課題を発見し，その解決を目指した活動を通して，次の事項を身に付けることができるよう指導する。

  ア 健康な生活と疾病の予防について理解を深めること。

   (ｱ) 健康は，主体と環境の相互作用の下に成り立っていること。また，疾病は，主体の要因と環境の要因が関わり合って発生すること。

   (ｲ) 健康の保持増進には，年齢，生活環境等に応じた運動，食事，休養及び睡眠の調和のとれた生活を続ける必要があること。

   (ｳ) 生活習慣病などは，運動不足，食事の量や質の偏り，休養や睡眠の不足などの生活習慣の乱れが主な要因となって起こること。また，生活習慣病などの多くは，適切な運動，食事，休養及び睡眠の調和のとれた生活を実践することによって予防できること。

   (ｴ) 喫煙，飲酒，薬物乱用などの行為は，心身に様々な影響を与え，健康を損なう原因となること。また，これらの行為には，個人の心理状態や人間関係，社会環境が影響することから，それぞれの要因に適切に対処する必要があること。

   (ｵ) 感染症は，病原体が主な要因となって発生すること。また，感染症の多くは，発生源をなくすこと，感染経路を遮断すること，主体の抵抗力を高めることによって予防できること。

   (ｶ) 健康の保持増進や疾病の予防のためには，個人や社会の取組が重要であり，保健・医療機関を有効に利用することが必要であること。また，医薬品は，正しく使用すること。

  イ 健康な生活と疾病の予防について，課題を発見し，その解決に向けて思考し判断するとともに，それらを表現すること。

(2) 心身の機能の発達と心の健康について，課題を発見し，その解決を目指した活動を通して，次の事項を身に付けることができるよう指導する。

  ア 心身の機能の発達と心の健康について理解を深めるとともに，ストレスへの対処をすること。

(ｱ) 身体には，多くの器官が発育し，それに伴い，様々な機能が発達する時期があること。また，発育・発達の時期やその程度には，個人差があること。

　　(ｲ) 思春期には，内分泌の働きによって生殖に関わる機能が成熟すること。また，成熟に伴う変化に対応した適切な行動が必要となること。

　　(ｳ) 知的機能，情意機能，社会性などの精神機能は，生活経験などの影響を受けて発達すること。また，思春期においては，自己の認識が深まり，自己形成がなされること。

　　(ｴ) 精神と身体は，相互に影響を与え，関わっていること。欲求やストレスは，心身に影響を与えることがあること。また，心の健康を保つには，欲求やストレスに適切に対処する必要があること。

　イ　心身の機能の発達と心の健康について，課題を発見し，その解決に向けて思考し判断するとともに，それらを表現すること。

(3) 傷害の防止について，課題を発見し，その解決を目指した活動を通して，次の事項を身に付けることができるよう指導する。

　ア　傷害の防止について理解を深めるとともに，応急手当をすること。

　　(ｱ) 交通事故や自然災害などによる傷害は，人的要因や環境要因などが関わって発生すること。

　　(ｲ) 交通事故などによる傷害の多くは，安全な行動，環境の改善によって防止できること。

　　(ｳ) 自然災害による傷害は，災害発生時だけでなく，二次災害によっても生じること。また，自然災害による傷害の多くは，災害に備えておくこと，安全に避難することによって防止できること。

　　(ｴ) 応急手当を適切に行うことによって，傷害の悪化を防止することができること。また，心肺蘇生法などを行うこと。

　イ　傷害の防止について，危険の予測やその回避の方法を考え，それらを表現すること。

(4) 健康と環境について，課題を発見し，その解決を目指した活動を通して，次の事項を身に付けることができるよう指導する。

　ア　健康と環境について理解を深めること。

　　(ｱ) 身体には，環境に対してある程度まで適応能力があること。身体の適応能力を超えた環境は，健康に影響を及ぼすことがあること。また，快適で能率のよい生活を送るための温度，湿度や明るさには一定の範囲があること。

　　(ｲ) 飲料水や空気は，健康と密接な関わりがあること。また，飲料水や空気を衛生的に保つには，基準に適合するよう管理する必要があること。

　　(ｳ) 人間の生活によって生じた廃棄物は，環境の保全に十分配慮し，環境を汚染しないように衛生的に処理する必要があること。

　イ　健康と環境に関する情報から課題を発見し，その解決に向けて思考し判断するとともに，それらを表現すること。

3　内容の取扱い

(1) 内容の(1)のアの(ｱ)及び(ｲ)は第1学年，(1)のアの(ｳ)及び(ｴ)は第2学年，(1)のアの(ｵ)及び(ｶ)は第3学年で取り扱うものとし，(1)のイは全ての学年で取り扱うものとする。内容の(2)は第1学年，(3)は第2学年，(4)は第3学年で取り扱うものとする。

(2) 内容の(1)のアについては，健康の保持増進と疾病の予防に加えて，疾病の回復についても取り扱うものとする。

(3) 内容の(1)のアの(ｲ)及び(ｳ)については，食育の観点も踏まえつつ健康的な生活習慣の形成に結び付くように配慮するとともに，必要に応じて，コンピュータなどの情報機器の使用と健康

付録3

287

との関わりについて取り扱うことにも配慮するものとする。また，がんについても取り扱うものとする。

(4) 内容の(1)のアの(エ)については，心身への急性影響及び依存性について取り扱うこと。また，薬物は，覚醒剤や大麻等を取り扱うものとする。

(5) 内容の(1)のアの(オ)については，後天性免疫不全症候群（エイズ）及び性感染症についても取り扱うものとする。

(6) 内容の(2)のアの(ア)については，呼吸器，循環器を中心に取り扱うものとする。

(7) 内容の(2)のアの(イ)については，妊娠や出産が可能となるような成熟が始まるという観点から，受精・妊娠を取り扱うものとし，妊娠の経過は取り扱わないものとする。また，身体の機能の成熟とともに，性衝動が生じたり，異性への関心が高まったりすることなどから，異性の尊重，情報への適切な対処や行動の選択が必要となることについて取り扱うものとする。

(8) 内容の(2)のアの(エ)については，体育分野の内容の「A体つくり運動」の(1)のアの指導との関連を図って指導するものとする。

(9) 内容の(3)のアの(エ)については，包帯法，止血法など傷害時の応急手当も取り扱い，実習を行うものとする。また，効果的な指導を行うため，水泳など体育分野の内容との関連を図るものとする。

(10) 内容の(4)については，地域の実態に即して公害と健康との関係を取り扱うことにも配慮するものとする。また，生態系については，取り扱わないものとする。

(11) 保健分野の指導に際しては，自他の健康に関心をもてるようにし，健康に関する課題を解決する学習活動を取り入れるなどの指導方法の工夫を行うものとする。

● 第3　指導計画の作成と内容の取扱い

1　指導計画の作成に当たっては，次の事項に配慮するものとする。

(1) 単元など内容や時間のまとまりを見通して，その中で育む資質・能力の育成に向けて，生徒の主体的・対話的で深い学びの実現を図るようにすること。その際，体育や保健の見方・考え方を働かせながら，運動や健康についての自他の課題を発見し，その合理的な解決のための活動の充実を図ること。また，運動の楽しさや喜びを味わったり，健康の大切さを実感したりすることができるよう留意すること。

(2) 授業時数の配当については，次のとおり扱うこと。

ア　保健分野の授業時数は，3学年間で48単位時間程度配当すること。

イ　保健分野の授業時数は，3学年間を通じて適切に配当し，各学年において効果的な学習が行われるよう考慮して配当すること。

ウ　体育分野の授業時数は，各学年にわたって適切に配当すること。その際，体育分野の内容の「A体つくり運動」については，各学年で7単位時間以上を，「H体育理論」については，各学年で3単位時間以上を配当すること。

エ　体育分野の内容の「B器械運動」から「Gダンス」までの領域の授業時数は，それらの内容の習熟を図ることができるよう考慮して配当すること。

(3) 障害のある生徒などについては，学習活動を行う場合に生じる困難さに応じた指導内容や指導方法の工夫を計画的，組織的に行うこと。

(4) 第1章総則の第1の2の(2)に示す道徳教育の目標に基づき，道徳科などとの関連を考慮しながら，第3章特別の教科道徳の第2に示す内容について，保健体育科の特質に応じて適切な指導をすること。

2　第2の内容の取扱いについては，次の事項に配慮するものとする。

(1)　体力や技能の程度，性別や障害の有無等に関わらず，運動の多様な楽しみ方を共有することができるよう留意すること。

(2)　言語能力を育成する言語活動を重視し，筋道を立てて練習や作戦について話し合う活動や，個人生活における健康の保持増進や回復について話し合う活動などを通して，コミュニケーション能力や論理的な思考力の育成を促し，自主的な学習活動の充実を図ること。

(3)　第2の内容の指導に当たっては，コンピュータや情報通信ネットワークなどの情報手段を積極的に活用して，各分野の特質に応じた学習活動を行うよう工夫すること。

(4)　体育分野におけるスポーツとの多様な関わり方や保健分野の指導については，具体的な体験を伴う学習の工夫を行うよう留意すること。

(5)　生徒が学習内容を確実に身に付けることができるよう，学校や生徒の実態に応じ，学習内容の習熟の程度に応じた指導，個別指導との連携を踏まえた教師間の協力的な指導などを工夫改善し，個に応じた指導の充実が図られるよう留意すること。

(6)　第1章総則の第1の2の(3)に示す学校における体育・健康に関する指導の趣旨を生かし，特別活動，運動部の活動などとの関連を図り，日常生活における体育・健康に関する活動が適切かつ継続的に実践できるよう留意すること。なお，体力の測定については，計画的に実施し，運動の指導及び体力の向上に活用するようにすること。

(7)　体育分野と保健分野で示された内容については，相互の関連が図られるよう留意すること。

● 第1　目　標

　体育や保健の見方・考え方を働かせ，課題を見付け，その解決に向けた学習過程を通して，心と体を一体として捉え，生涯にわたって心身の健康を保持増進し豊かなスポーツライフを実現するための資質・能力を次のとおり育成することを目指す。

(1) その特性に応じた各種の運動の行い方及び身近な生活における健康・安全について理解するとともに，基本的な動きや技能を身に付けるようにする。

(2) 運動や健康についての自己の課題を見付け，その解決に向けて思考し判断するとともに，他者に伝える力を養う。

(3) 運動に親しむとともに健康の保持増進と体力の向上を目指し，楽しく明るい生活を営む態度を養う。

● 第2　各学年の目標及び内容

〔第1学年及び第2学年〕

1　目　標

(1) 各種の運動遊びの楽しさに触れ，その行い方を知るとともに，基本的な動きを身に付けるようにする。

(2) 各種の運動遊びの行い方を工夫するとともに，考えたことを他者に伝える力を養う。

(3) 各種の運動遊びに進んで取り組み，きまりを守り誰とでも仲よく運動をしたり，健康・安全に留意したりし，意欲的に運動をする態度を養う。

2　内　容

A　体つくりの運動遊び

　体つくりの運動遊びについて，次の事項を身に付けることができるよう指導する。

(1) 次の運動遊びの楽しさに触れ，その行い方を知るとともに，体を動かす心地よさを味わったり，基本的な動きを身に付けたりすること。

　ア　体ほぐしの運動遊びでは，手軽な運動遊びを行い，心と体の変化に気付いたり，みんなで関わり合ったりすること。

　イ　多様な動きをつくる運動遊びでは，体のバランスをとる動き，体を移動する動き，用具を操作する動き，力試しの動きをすること。

(2) 体をほぐしたり多様な動きをつくったりする遊び方を工夫するとともに，考えたことを友達に伝えること。

(3) 運動遊びに進んで取り組み，きまりを守り誰とでも仲よく運動をしたり，場の安全に気を付けたりすること。

B　器械・器具を使っての運動遊び

　器械・器具を使っての運動遊びについて，次の事項を身に付けることができるよう指導する。

(1) 次の運動遊びの楽しさに触れ，その行い方を知るとともに，その動きを身に付けること。

　ア　固定施設を使った運動遊びでは，登り下りや懸垂移行，渡り歩きや跳び下りをすること。

　イ　マットを使った運動遊びでは，いろいろな方向への転がり，手で支えての体の保持や回転をすること。

ウ 鉄棒を使った運動遊びでは，支持しての揺れや上がり下り，ぶら下がりや易しい回転をすること。

エ 跳び箱を使った運動遊びでは，跳び乗りや跳び下り，手を着いてのまたぎ乗りやまたぎ下りをすること。

(2) 器械・器具を用いた簡単な遊び方を工夫するとともに，考えたことを友達に伝えること。

(3) 運動遊びに進んで取り組み，順番やきまりを守り誰とでも仲よく運動をしたり，場や器械・器具の安全に気を付けたりすること。

C 走・跳の運動遊び

走・跳の運動遊びについて，次の事項を身に付けることができるよう指導する。

(1) 次の運動遊びの楽しさに触れ，その行い方を知るとともに，その動きを身に付けること。

ア 走の運動遊びでは，いろいろな方向に走ったり，低い障害物を走り越えたりすること。

イ 跳の運動遊びでは，前方や上方に跳んだり，連続して跳んだりすること。

(2) 走ったり跳んだりする簡単な遊び方を工夫するとともに，考えたことを友達に伝えること。

(3) 運動遊びに進んで取り組み，順番やきまりを守り誰とでも仲よく運動をしたり，勝敗を受け入れたり，場の安全に気を付けたりすること。

D 水遊び

水遊びについて，次の事項を身に付けることができるよう指導する。

(1) 次の運動遊びの楽しさに触れ，その行い方を知るとともに，その動きを身に付けること。

ア 水の中を移動する運動遊びでは，水につかって歩いたり走ったりすること。

イ もぐる・浮く運動遊びでは，息を止めたり吐いたりしながら，水にもぐったり浮いたりすること。

(2) 水の中を移動したり，もぐったり浮いたりする簡単な遊び方を工夫するとともに，考えたことを友達に伝えること。

(3) 運動遊びに進んで取り組み，順番やきまりを守り誰とでも仲よく運動をしたり，水遊びの心得を守って安全に気を付けたりすること。

E ゲーム

ゲームについて，次の事項を身に付けることができるよう指導する。

(1) 次の運動遊びの楽しさに触れ，その行い方を知るとともに，易しいゲームをすること。

ア ボールゲームでは，簡単なボール操作と攻めや守りの動きによって，易しいゲームをすること。

イ 鬼遊びでは，一定の区域で，逃げる，追いかける，陣地を取り合うなどをすること。

(2) 簡単な規則を工夫したり，攻め方を選んだりするとともに，考えたことを友達に伝えること。

(3) 運動遊びに進んで取り組み，規則を守り誰とでも仲よく運動をしたり，勝敗を受け入れたり，場や用具の安全に気を付けたりすること。

F 表現リズム遊び

表現リズム遊びについて，次の事項を身に付けることができるよう指導する。

(1) 次の運動遊びの楽しさに触れ，その行い方を知るとともに，題材になりきったりリズムに乗ったりして踊ること。

ア 表現遊びでは，身近な題材の特徴を捉え，全身で踊ること。

イ リズム遊びでは，軽快なリズムに乗って踊ること。

(2) 身近な題材の特徴を捉えて踊ったり，軽快なリズムに乗って踊ったりする簡単な踊り方を工夫するとともに，考えたことを友達に伝えること。

(3) 運動遊びに進んで取り組み，誰とでも仲よく踊ったり，場の安全に気を付けたりすること。

3　内容の取扱い

(1) 内容の「A体つくりの運動遊び」については，2学年間にわたって指導するものとする。

(2) 内容の「C走・跳の運動遊び」については，児童の実態に応じて投の運動遊びを加えて指導することができる。

(3) 内容の「F表現リズム遊び」の(1)のイについては，簡単なフォークダンスを含めて指導することができる。

(4) 学校や地域の実態に応じて歌や運動を伴う伝承遊び及び自然の中での運動遊びを加えて指導することができる。

(5) 各領域の各内容については，運動と健康が関わっていることについての具体的な考えがもてるよう指導すること。

〔第3学年及び第4学年〕

1　目　標

(1) 各種の運動の楽しさや喜びに触れ，その行い方及び健康で安全な生活や体の発育・発達について理解するとともに，基本的な動きや技能を身に付けるようにする。

(2) 自己の運動や身近な生活における健康の課題を見付け，その解決のための方法や活動を工夫するとともに，考えたことを他者に伝える力を養う。

(3) 各種の運動に進んで取り組み，きまりを守り誰とでも仲よく運動をしたり，友達の考えを認めたり，場や用具の安全に留意したりし，最後まで努力して運動をする態度を養う。また，健康の大切さに気付き，自己の健康の保持増進に進んで取り組む態度を養う。

2　内　容

A　体つくり運動

体つくり運動について，次の事項を身に付けることができるよう指導する。

(1) 次の運動の楽しさや喜びに触れ，その行い方を知るとともに，体を動かす心地よさを味わったり，基本的な動きを身に付けたりすること。

ア　体ほぐしの運動では，手軽な運動を行い，心と体の変化に気付いたり，みんなで関わり合ったりすること。

イ　多様な動きをつくる運動では，体のバランスをとる動き，体を移動する動き，用具を操作する動き，力試しの動きをし，それらを組み合わせること。

(2) 自己の課題を見付け，その解決のための活動を工夫するとともに，考えたことを友達に伝えること。

(3) 運動に進んで取り組み，きまりを守り誰とでも仲よく運動をしたり，友達の考えを認めたり，場や用具の安全に気を付けたりすること。

B　器械運動

器械運動について，次の事項を身に付けることができるよう指導する。

(1) 次の運動の楽しさや喜びに触れ，その行い方を知るとともに，その技を身に付けること。

ア　マット運動では，回転系や巧技系の基本的な技をすること。

イ　鉄棒運動では，支持系の基本的な技をすること。

ウ　跳び箱運動では，切り返し系や回転系の基本的な技をすること。

(2) 自己の能力に適した課題を見付け，技ができるようになるための活動を工夫するとともに，考えたことを友達に伝えること。

(3) 運動に進んで取り組み，きまりを守り誰とでも仲よく運動をしたり，友達の考えを認めたり，場や器械・器具の安全に気を付けたりすること。

C　走・跳の運動

　　走・跳の運動について，次の事項を身に付けることができるよう指導する。

(1) 次の運動の楽しさや喜びに触れ，その行い方を知るとともに，その動きを身に付けること。

　ア　かけっこ・リレーでは，調子よく走ったりバトンの受渡しをしたりすること。

　イ　小型ハードル走では，小型ハードルを調子よく走り越えること。

　ウ　幅跳びでは，短い助走から踏み切って跳ぶこと。

　エ　高跳びでは，短い助走から踏み切って跳ぶこと。

(2) 自己の能力に適した課題を見付け，動きを身に付けるための活動や競争の仕方を工夫するとともに，考えたことを友達に伝えること。

(3) 運動に進んで取り組み，きまりを守り誰とでも仲よく運動をしたり，勝敗を受け入れたり，友達の考えを認めたり，場や用具の安全に気を付けたりすること。

D　水泳運動

　　水泳運動について，次の事項を身に付けることができるよう指導する。

(1) 次の運動の楽しさや喜びに触れ，その行い方を知るとともに，その動きを身に付けること。

　ア　浮いて進む運動では，け伸びや初歩的な泳ぎをすること。

　イ　もぐる・浮く運動では，息を止めたり吐いたりしながら，いろいろなもぐり方や浮き方をすること。

(2) 自己の能力に適した課題を見付け，水の中での動きを身に付けるための活動を工夫するとともに，考えたことを友達に伝えること。

(3) 運動に進んで取り組み，きまりを守り誰とでも仲よく運動をしたり，友達の考えを認めたり，水泳運動の心得を守って安全に気を付けたりすること。

E　ゲーム

　　ゲームについて，次の事項を身に付けることができるよう指導する。

(1) 次の運動の楽しさや喜びに触れ，その行い方を知るとともに，易しいゲームをすること。

　ア　ゴール型ゲームでは，基本的なボール操作とボールを持たないときの動きによって，易しいゲームをすること。

　イ　ネット型ゲームでは，基本的なボール操作とボールを操作できる位置に体を移動する動きによって，易しいゲームをすること。

　ウ　ベースボール型ゲームでは，蹴る，打つ，捕る，投げるなどのボール操作と得点をとったり防いだりする動きによって，易しいゲームをすること。

(2) 規則を工夫したり，ゲームの型に応じた簡単な作戦を選んだりするとともに，考えたことを友達に伝えること。

(3) 運動に進んで取り組み，規則を守り誰とでも仲よく運動をしたり，勝敗を受け入れたり，友達の考えを認めたり，場や用具の安全に気を付けたりすること。

F　表現運動

　　表現運動について，次の事項を身に付けることができるよう指導する。

(1) 次の運動の楽しさや喜びに触れ，その行い方を知るとともに，表したい感じを表現したりリズムに乗ったりして踊ること。

　ア　表現では，身近な生活などの題材からその主な特徴を捉え，表したい感じをひと流れの動きで踊ること。

　イ　リズムダンスでは，軽快なリズムに乗って全身で踊ること。

(2) 自己の能力に適した課題を見付け，題材やリズムの特徴を捉えた踊り方や交流の仕方を工夫するとともに，考えたことを友達に伝えること。

(3) 運動に進んで取り組み，誰とでも仲よく踊ったり，友達の動きや考えを認めたり，場の安全

に気を付けたりすること。

G　保健
(1) 健康な生活について，課題を見付け，その解決を目指した活動を通して，次の事項を身に付けることができるよう指導する。

ア　健康な生活について理解すること。

(ｱ) 心や体の調子がよいなどの健康の状態は，主体の要因や周囲の環境の要因が関わっていること。

(ｲ) 毎日を健康に過ごすには，運動，食事，休養及び睡眠の調和のとれた生活を続けること，また，体の清潔を保つことなどが必要であること。

(ｳ) 毎日を健康に過ごすには，明るさの調節，換気などの生活環境を整えることなどが必要であること。

イ　健康な生活について課題を見付け，その解決に向けて考え，それを表現すること。

(2) 体の発育・発達について，課題を見付け，その解決を目指した活動を通して，次の事項を身に付けることができるよう指導する。

ア　体の発育・発達について理解すること。

(ｱ) 体は，年齢に伴って変化すること。また，体の発育・発達には，個人差があること。

(ｲ) 体は，思春期になると次第に大人の体に近づき，体つきが変わったり，初経，精通などが起こったりすること。また，異性への関心が芽生えること。

(ｳ) 体をよりよく発育・発達させるには，適切な運動，食事，休養及び睡眠が必要であること。

イ　体がよりよく発育・発達するために，課題を見付け，その解決に向けて考え，それを表現すること。

3　内容の取扱い

(1) 内容の「A体つくり運動」については，2学年間にわたって指導するものとする。

(2) 内容の「C走・跳の運動」については，児童の実態に応じて投の運動を加えて指導することができる。

(3) 内容の「Eゲーム」の(1)のアについては，味方チームと相手チームが入り交じって得点を取り合うゲーム及び陣地を取り合うゲームを取り扱うものとする。

(4) 内容の「F表現運動」の(1)については，学校や地域の実態に応じてフォークダンスを加えて指導することができる。

(5) 内容の「G保健」については，(1)を第3学年，(2)を第4学年で指導するものとする。

(6) 内容の「G保健」の(1)については，学校でも，健康診断や学校給食など様々な活動が行われていることについて触れるものとする。

(7) 内容の「G保健」の(2)については，自分と他の人では発育・発達などに違いがあることに気付き，それらを肯定的に受け止めることが大切であることについて触れるものとする。

(8) 各領域の各内容については，運動と健康が密接に関連していることについての具体的な考えがもてるよう指導すること。

〔第5学年及び第6学年〕

1　目　標

(1) 各種の運動の楽しさや喜びを味わい，その行い方及び心の健康やけがの防止，病気の予防について理解するとともに，各種の運動の特性に応じた基本的な技能及び健康で安全な生活を営むための技能を身に付けるようにする。

(2) 自己やグループの運動の課題や身近な健康に関わる課題を見付け，その解決のための方法や活動を工夫するとともに，自己や仲間の考えたことを他者に伝える力を養う。

(3) 各種の運動に積極的に取り組み，約束を守り助け合って運動をしたり，仲間の考えや取組を認めたり，場や用具の安全に留意したりし，自己の最善を尽くして運動をする態度を養う。また，健康・安全の大切さに気付き，自己の健康の保持増進や回復に進んで取り組む態度を養う。

2 内容

A 体つくり運動

体つくり運動について，次の事項を身に付けることができるよう指導する。

(1) 次の運動の楽しさや喜びを味わい，その行い方を理解するとともに，体を動かす心地よさを味わったり，体の動きを高めたりすること。

　ア　体ほぐしの運動では，手軽な運動を行い，心と体との関係に気付いたり，仲間と関わり合ったりすること。

　イ　体の動きを高める運動では，ねらいに応じて，体の柔らかさ，巧みな動き，力強い動き，動きを持続する能力を高めるための運動をすること。

(2) 自己の体の状態や体力に応じて，運動の行い方を工夫するとともに，自己や仲間の考えたことを他者に伝えること。

(3) 運動に積極的に取り組み，約束を守り助け合って運動をしたり，仲間の考えや取組を認めたり，場や用具の安全に気を配ったりすること。

B 器械運動

器械運動について，次の事項を身に付けることができるよう指導する。

(1) 次の運動の楽しさや喜びを味わい，その行い方を理解するとともに，その技を身に付けること。

　ア　マット運動では，回転系や巧技系の基本的な技を安定して行ったり，その発展技を行ったり，それらを繰り返したり組み合わせたりすること。

　イ　鉄棒運動では，支持系の基本的な技を安定して行ったり，その発展技を行ったり，それらを繰り返したり組み合わせたりすること。

　ウ　跳び箱運動では，切り返し系や回転系の基本的な技を安定して行ったり，その発展技を行ったりすること。

(2) 自己の能力に適した課題の解決の仕方や技の組み合わせ方を工夫するとともに，自己や仲間の考えたことを他者に伝えること。

(3) 運動に積極的に取り組み，約束を守り助け合って運動をしたり，仲間の考えや取組を認めたり，場や器械・器具の安全に気を配ったりすること。

C 陸上運動

陸上運動について，次の事項を身に付けることができるよう指導する。

(1) 次の運動の楽しさや喜びを味わい，その行い方を理解するとともに，その技能を身に付けること。

　ア　短距離走・リレーでは，一定の距離を全力で走ったり，滑らかなバトンの受渡しをしたりすること。

　イ　ハードル走では，ハードルをリズミカルに走り越えること。

　ウ　走り幅跳びでは，リズミカルな助走から踏み切って跳ぶこと。

　エ　走り高跳びでは，リズミカルな助走から踏み切って跳ぶこと。

(2) 自己の能力に適した課題の解決の仕方，競争や記録への挑戦の仕方を工夫するとともに，自己や仲間の考えたことを他者に伝えること。

(3) 運動に積極的に取り組み，約束を守り助け合って運動をしたり，勝敗を受け入れたり，仲間の考えや取組を認めたり，場や用具の安全に気を配ったりすること。

D　水泳運動

水泳運動について，次の事項を身に付けることができるよう指導する。

(1) 次の運動の楽しさや喜びを味わい，その行い方を理解するとともに，その技能を身に付けること。

　　ア　クロールでは，手や足の動きに呼吸を合わせて続けて長く泳ぐこと。

　　イ　平泳ぎでは，手や足の動きに呼吸を合わせて続けて長く泳ぐこと。

　　ウ　安全確保につながる運動では，背浮きや浮き沈みをしながら続けて長く浮くこと。

(2) 自己の能力に適した課題の解決の仕方や記録への挑戦の仕方を工夫するとともに，自己や仲間の考えたことを他者に伝えること。

(3) 運動に積極的に取り組み，約束を守り助け合って運動をしたり，仲間の考えや取組を認めたり，水泳運動の心得を守って安全に気を配ったりすること。

E　ボール運動

ボール運動について，次の事項を身に付けることができるよう指導する。

(1) 次の運動の楽しさや喜びを味わい，その行い方を理解するとともに，その技能を身に付け，簡易化されたゲームをすること。

　　ア　ゴール型では，ボール操作とボールを持たないときの動きによって，簡易化されたゲームをすること。

　　イ　ネット型では，個人やチームによる攻撃と守備によって，簡易化されたゲームをすること。

　　ウ　ベースボール型では，ボールを打つ攻撃と隊形をとった守備によって，簡易化されたゲームをすること。

(2) ルールを工夫したり，自己やチームの特徴に応じた作戦を選んだりするとともに，自己や仲間の考えたことを他者に伝えること。

(3) 運動に積極的に取り組み，ルールを守り助け合って運動をしたり，勝敗を受け入れたり，仲間の考えや取組を認めたり，場や用具の安全に気を配ったりすること。

F　表現運動

表現運動について，次の事項を身に付けることができるよう指導する。

(1) 次の運動の楽しさや喜びを味わい，その行い方を理解するとともに，表したい感じを表現したり踊りで交流したりすること。

　　ア　表現では，いろいろな題材からそれらの主な特徴を捉え，表したい感じをひと流れの動きで即興的に踊ったり，簡単なひとまとまりの動きにして踊ったりすること。

　　イ　フォークダンスでは，日本の民踊や外国の踊りから，それらの踊り方の特徴を捉え，音楽に合わせて簡単なステップや動きで踊ること。

(2) 自己やグループの課題の解決に向けて，表したい内容や踊りの特徴を捉えた練習や発表・交流の仕方を工夫するとともに，自己や仲間の考えたことを他者に伝えること。

(3) 運動に積極的に取り組み，互いのよさを認め合い助け合って踊ったり，場の安全に気を配ったりすること。

G　保健

(1) 心の健康について，課題を見付け，その解決を目指した活動を通して，次の事項を身に付けることができるよう指導する。

　　ア　心の発達及び不安や悩みへの対処について理解するとともに，簡単な対処をすること。

　　　(ｱ) 心は，いろいろな生活経験を通して，年齢に伴って発達すること。

　　　(ｲ) 心と体には，密接な関係があること。

(ウ) 不安や悩みへの対処には，大人や友達に相談する，仲間と遊ぶ，運動をするなどいろいろな方法があること。

　イ　心の健康について，課題を見付け，その解決に向けて思考し判断するとともに，それらを表現すること。

(2) けがの防止について，課題を見付け，その解決を目指した活動を通して，次の事項を身に付けることができるよう指導する。

　ア　けがの防止に関する次の事項を理解するとともに，けがなどの簡単な手当をすること。

　　　(ア) 交通事故や身の回りの生活の危険が原因となって起こるけがの防止には，周囲の危険に気付くこと，的確な判断の下に安全に行動すること，環境を安全に整えることが必要であること。

　　　(イ) けがなどの簡単な手当は，速やかに行う必要があること。

　イ　けがを防止するために，危険の予測や回避の方法を考え，それらを表現すること。

(3) 病気の予防について，課題を見付け，その解決を目指した活動を通して，次の事項を身に付けることができるよう指導する。

　ア　病気の予防について理解すること。

　　　(ア) 病気は，病原体，体の抵抗力，生活行動，環境が関わりあって起こること。

　　　(イ) 病原体が主な要因となって起こる病気の予防には，病原体が体に入るのを防ぐことや病原体に対する体の抵抗力を高めることが必要であること。

　　　(ウ) 生活習慣病など生活行動が主な要因となって起こる病気の予防には，適切な運動，栄養の偏りのない食事をとること，口腔の衛生を保つことなど，望ましい生活習慣を身に付ける必要があること。

　　　(エ) 喫煙，飲酒，薬物乱用などの行為は，健康を損なう原因となること。

　　　(オ) 地域では，保健に関わる様々な活動が行われていること。

　イ　病気を予防するために，課題を見付け，その解決に向けて思考し判断するとともに，それらを表現すること。

3　内容の取扱い

(1) 内容の「A体つくり運動」については，2学年間にわたって指導するものとする。また，(1)のイについては，体の柔らかさ及び巧みな動きを高めることに重点を置いて指導するものとする。その際，音楽に合わせて運動をするなどの工夫を図ること。

(2) 内容の「A体つくり運動」の(1)のアと「G保健」の(1)のアの(ウ)については，相互の関連を図って指導するものとする。

(3) 内容の「C陸上運動」については，児童の実態に応じて，投の運動を加えて指導することができる。

(4) 内容の「D水泳運動」の(1)のア及びイについては，水中からのスタートを指導するものとする。また，学校の実態に応じて背泳ぎを加えて指導することができる。

(5) 内容の「Eボール運動」の(1)については，アはバスケットボール及びサッカーを，イはソフトバレーボールを，ウはソフトボールを主として取り扱うものとするが，これらに替えてハンドボール，タグラグビー，フラッグフットボールなどア，イ及びウの型に応じたその他のボール運動を指導することもできるものとする。なお，学校の実態に応じてウは取り扱わないことができる。

(6) 内容の「F表現運動」の(1)については，学校や地域の実態に応じてリズムダンスを加えて指導することができる。

(7) 内容の「G保健」については，(1)及び(2)を第5学年，(3)を第6学年で指導するものとする。

また，けがや病気からの回復についても触れるものとする。

(8) 内容の「G保健」の(3)のアの(エ)の薬物については，有機溶剤の心身への影響を中心に取り扱うものとする。また，覚醒剤等についても触れるものとする。

(9) 各領域の各内容については，運動領域と保健領域との関連を図る指導に留意すること。

● 第3　指導計画の作成と内容の取扱い

1　指導計画の作成に当たっては，次の事項に配慮するものとする。

(1) 単元など内容や時間のまとまりを見通して，その中で育む資質・能力の育成に向けて，児童の主体的・対話的で深い学びの実現を図るようにすること。その際，体育や保健の見方・考え方を働かせ，運動や健康についての自己の課題を見付け，その解決のための活動を選んだり工夫したりする活動の充実を図ること。また，運動の楽しさや喜びを味わったり，健康の大切さを実感したりすることができるよう留意すること。

(2) 一部の領域の指導に偏ることのないよう授業時数を配当すること。

(3) 第2の第3学年及び第4学年の内容の「G保健」に配当する授業時数は，2学年間で8単位時間程度，また，第2の第5学年及び第6学年の内容の「G保健」に配当する授業時数は，2学年間で16単位時間程度とすること。

(4) 第2の第3学年及び第4学年の内容の「G保健」並びに第5学年及び第6学年の内容の「G保健」（以下「保健」という。）については，効果的な学習が行われるよう適切な時期に，ある程度まとまった時間を配当すること。

(5) 低学年においては，第1章総則の第2の4の(1)を踏まえ，他教科等との関連を積極的に図り，指導の効果を高めるようにするとともに，幼稚園教育要領等に示す幼児期の終わりまでに育ってほしい姿との関連を考慮すること。特に，小学校入学当初においては，生活科を中心とした合科的・関連的な指導や，弾力的な時間割の設定を行うなどの工夫をすること。

(6) 障害のある児童などについては，学習活動を行う場合に生じる困難さに応じた指導内容や指導方法の工夫を計画的，組織的に行うこと。

(7) 第1章総則の第1の2の(2)に示す道徳教育の目標に基づき，道徳科などとの関連を考慮しながら，第3章特別の教科道徳の第2に示す内容について，体育科の特質に応じて適切な指導をすること。

2　第2の内容の取扱いについては，次の事項に配慮するものとする。

(1) 学校や地域の実態を考慮するとともに，個々の児童の運動経験や技能の程度などに応じた指導や児童自らが運動の課題の解決を目指す活動を行えるよう工夫すること。特に，運動を苦手と感じている児童や，運動に意欲的に取り組まない児童への指導を工夫するとともに，障害のある児童などへの指導の際には，周りの児童が様々な特性を尊重するよう指導すること。

(2) 筋道を立てて練習や作戦について話し合うことや，身近な健康の保持増進について話し合うことなど，コミュニケーション能力や論理的な思考力の育成を促すための言語活動を積極的に行うことに留意すること。

(3) 第2の内容の指導に当たっては，コンピュータや情報通信ネットワークなどの情報手段を積極的に活用し，各領域の特質に応じた学習活動を行うことができるように工夫すること。その際，情報機器の基本的な操作についても，内容に応じて取り扱うこと。

(4) 運動領域におけるスポーツとの多様な関わり方や保健領域の指導については，具体的な体験を伴う学習を取り入れるよう工夫すること。

(5) 第2の内容の「A体つくりの運動遊び」及び「A体つくり運動」の(1)のアについては，各学

年の各領域においてもその趣旨を生かした指導ができること。

(6) 第2の内容の「D水遊び」及び「D水泳運動」の指導については，適切な水泳場の確保が困難な場合にはこれらを取り扱わないことができるが，これらの心得については，必ず取り上げること。

(7) オリンピック・パラリンピックに関する指導として，フェアなプレイを大切にするなど，児童の発達の段階に応じて，各種の運動を通してスポーツの意義や価値等に触れることができるようにすること。

(8) 集合，整頓，列の増減などの行動の仕方を身に付け，能率的で安全な集団としての行動ができるようにするための指導については，第2の内容の「A体つくりの運動遊び」及び「A体つくり運動」をはじめとして，各学年の各領域（保健を除く。）において適切に行うこと。

(9) 自然との関わりの深い雪遊び，氷上遊び，スキー，スケート，水辺活動などの指導については，学校や地域の実態に応じて積極的に行うことに留意すること。

(10) 保健の内容のうち運動，食事，休養及び睡眠については，食育の観点も踏まえつつ，健康的な生活習慣の形成に結び付くよう配慮するとともに，保健を除く第3学年以上の各領域及び学校給食に関する指導においても関連した指導を行うようにすること。

(11) 保健の指導に当たっては，健康に関心をもてるようにし，健康に関する課題を解決する学習活動を取り入れるなどの指導方法の工夫を行うこと。

付録4

299

中学校学習指導要領　第3章　特別の教科　道徳

● 第1　目　標

　第1章総則の第1の2の(2)に示す道徳教育の目標に基づき，よりよく生きるための基盤となる道徳性を養うため，道徳的諸価値についての理解を基に，自己を見つめ，物事を広い視野から多面的・多角的に考え，人間としての生き方についての考えを深める学習を通して，道徳的な判断力，心情，実践意欲と態度を育てる。

● 第2　内　容

　学校の教育活動全体を通じて行う道徳教育の要である道徳科においては，以下に示す項目について扱う。

　A　主として自分自身に関すること

　［自主，自律，自由と責任］

　　自律の精神を重んじ，自主的に考え，判断し，誠実に実行してその結果に責任をもつこと。

　［節度，節制］

　　望ましい生活習慣を身に付け，心身の健康の増進を図り，節度を守り節制に心掛け，安全で調和のある生活をすること。

　［向上心，個性の伸長］

　　自己を見つめ，自己の向上を図るとともに，個性を伸ばして充実した生き方を追求すること。

　［希望と勇気，克己と強い意志］

　　より高い目標を設定し，その達成を目指し，希望と勇気をもち，困難や失敗を乗り越えて着実にやり遂げること。

　［真理の探究，創造］

　　真実を大切にし，真理を探究して新しいものを生み出そうと努めること。

　B　主として人との関わりに関すること

　［思いやり，感謝］

　　思いやりの心をもって人と接するとともに，家族などの支えや多くの人々の善意により日々の生活や現在の自分があることに感謝し，進んでそれに応え，人間愛の精神を深めること。

　［礼儀］

　　礼儀の意義を理解し，時と場に応じた適切な言動をとること。

　［友情，信頼］

　　友情の尊さを理解して心から信頼できる友達をもち，互いに励まし合い，高め合うとともに，異性についての理解を深め，悩みや葛藤も経験しながら人間関係を深めていくこと。

　［相互理解，寛容］

　　自分の考えや意見を相手に伝えるとともに，それぞれの個性や立場を尊重し，いろいろなものの見方や考え方があることを理解し，寛容の心をもって謙虚に他に学び，自らを高めていくこと。

　C　主として集団や社会との関わりに関すること

　［遵法精神，公徳心］

　　法やきまりの意義を理解し，それらを進んで守るとともに，そのよりよい在り方について考え，自他の権利を大切にし，義務を果たして，規律ある安定した社会の実現に努めること。

[公正，公平，社会正義]

　正義と公正さを重んじ，誰に対しても公平に接し，差別や偏見のない社会の実現に努めること。

[社会参画，公共の精神]

　社会参画の意識と社会連帯の自覚を高め，公共の精神をもってよりよい社会の実現に努めること。

[勤労]

　勤労の尊さや意義を理解し，将来の生き方について考えを深め，勤労を通じて社会に貢献すること。

[家族愛，家庭生活の充実]

　父母，祖父母を敬愛し，家族の一員としての自覚をもって充実した家庭生活を築くこと。

[よりよい学校生活，集団生活の充実]

　教師や学校の人々を敬愛し，学級や学校の一員としての自覚をもち，協力し合ってよりよい校風をつくるとともに，様々な集団の意義や集団の中での自分の役割と責任を自覚して集団生活の充実に努めること。

[郷土の伝統と文化の尊重，郷土を愛する態度]

　郷土の伝統と文化を大切にし，社会に尽くした先人や高齢者に尊敬の念を深め，地域社会の一員としての自覚をもって郷土を愛し，進んで郷土の発展に努めること。

[我が国の伝統と文化の尊重，国を愛する態度]

　優れた伝統の継承と新しい文化の創造に貢献するとともに，日本人としての自覚をもって国を愛し，国家及び社会の形成者として，その発展に努めること。

[国際理解，国際貢献]

　世界の中の日本人としての自覚をもち，他国を尊重し，国際的視野に立って，世界の平和と人類の発展に寄与すること。

D　主として生命や自然，崇高なものとの関わりに関すること

[生命の尊さ]

　生命の尊さについて，その連続性や有限性なども含めて理解し，かけがえのない生命を尊重すること。

[自然愛護]

　自然の崇高さを知り，自然環境を大切にすることの意義を理解し，進んで自然の愛護に努めること。

[感動，畏敬の念]

　美しいものや気高いものに感動する心をもち，人間の力を超えたものに対する畏敬の念を深めること。

[よりよく生きる喜び]

　人間には自らの弱さや醜さを克服する強さや気高く生きようとする心があることを理解し，人間として生きることに喜びを見いだすこと。

● 第3　指導計画の作成と内容の取扱い

1　各学校においては，道徳教育の全体計画に基づき，各教科，総合的な学習の時間及び特別活動との関連を考慮しながら，道徳科の年間指導計画を作成するものとする。なお，作成に当たっては，第2に示す内容項目について，各学年において全て取り上げることとする。その際，生徒や学校の実態に応じ，3学年間を見通した重点的な指導や内容項目間の関連を密にした指導，一つの内容項目を複数の時間で扱う指導を取り入れるなどの工夫を行うものとする。

2　第2の内容の指導に当たっては，次の事項に配慮するものとする。

(1) 学級担任の教師が行うことを原則とするが，校長や教頭などの参加，他の教師との協力的な指導などについて工夫し，道徳教育推進教師を中心とした指導体制を充実すること。

(2) 道徳科が学校の教育活動全体を通じて行う道徳教育の要としての役割を果たすことができるよう，計画的・発展的な指導を行うこと。特に，各教科，総合的な学習の時間及び特別活動における道徳教育としては取り扱う機会が十分でない内容項目に関わる指導を補うことや，生徒や学校の実態等を踏まえて指導をより一層深めること，内容項目の相互の関連を捉え直したり発展させたりすることに留意すること。

(3) 生徒が自ら道徳性を養う中で，自らを振り返って成長を実感したり，これからの課題や目標を見付けたりすることができるよう工夫すること。その際，道徳性を養うことの意義について，生徒自らが考え，理解し，主体的に学習に取り組むことができるようにすること。また，発達の段階を考慮し，人間としての弱さを認めながら，それを乗り越えてよりよく生きようとすることのよさについて，教師が生徒と共に考える姿勢を大切にすること。

(4) 生徒が多様な感じ方や考え方に接する中で，考えを深め，判断し，表現する力などを育むことができるよう，自分の考えを基に討論したり書いたりするなどの言語活動を充実すること。その際，様々な価値観について多面的・多角的な視点から振り返って考える機会を設けるとともに，生徒が多様な見方や考え方に接しながら，更に新しい見方や考え方を生み出していくことができるよう留意すること。

(5) 生徒の発達の段階や特性等を考慮し，指導のねらいに即して，問題解決的な学習，道徳的行為に関する体験的な学習等を適切に取り入れるなど，指導方法を工夫すること。その際，それらの活動を通じて学んだ内容の意義などについて考えることができるようにすること。また，特別活動等における多様な実践活動や体験活動も道徳科の授業に生かすようにすること。

(6) 生徒の発達の段階や特性等を考慮し，第2に示す内容との関連を踏まえつつ，情報モラルに関する指導を充実すること。また，例えば，科学技術の発展と生命倫理との関係や社会の持続可能な発展などの現代的な課題の取扱いにも留意し，身近な社会的課題を自分との関係において考え，その解決に向けて取り組もうとする意欲や態度を育てるよう努めること。なお，多様な見方や考え方のできる事柄について，特定の見方や考え方に偏った指導を行うことのないようにすること。

(7) 道徳科の授業を公開したり，授業の実施や地域教材の開発や活用などに家庭や地域の人々，各分野の専門家等の積極的な参加や協力を得たりするなど，家庭や地域社会との共通理解を深め，相互の連携を図ること。

3　教材については，次の事項に留意するものとする。

(1) 生徒の発達の段階や特性，地域の実情等を考慮し，多様な教材の活用に努めること。特に，生命の尊厳，社会参画，自然，伝統と文化，先人の伝記，スポーツ，情報化への対応等の現代的な課題などを題材とし，生徒が問題意識をもって多面的・多角的に考えたり，感動を覚えたりするような充実した教材の開発や活用を行うこと。

(2) 教材については，教育基本法や学校教育法その他の法令に従い，次の観点に照らし適切と判断されるものであること。

　ア　生徒の発達の段階に即し，ねらいを達成するのにふさわしいものであること。

　イ　人間尊重の精神にかなうものであって，悩みや葛藤等の心の揺れ，人間関係の理解等の課題も含め，生徒が深く考えることができ，人間としてよりよく生きる喜びや勇気を与えられるものであること。

　ウ　多様な見方や考え方のできる事柄を取り扱う場合には，特定の見方や考え方に偏った取扱いがなされていないものであること。

4　生徒の学習状況や道徳性に係る成長の様子を継続的に把握し，指導に生かすよう努める必
　要がある。ただし，数値などによる評価は行わないものとする。

「道徳の内容」の学年段階・学校段階の一覧

	小学校第1学年及び第2学年（19）	小学校第3学年及び第4学年（20）
A　主として自分自身に関すること		
善悪の判断， 自律，自由と責任	(1)　よいことと悪いこととの区別をし，よいと思うことを進んで行うこと。	(1)　正しいと判断したことは，自信をもって行うこと。
正直，誠実	(2)　うそをついたりごまかしをしたりしないで，素直に伸び伸びと生活すること。	(2)　過ちは素直に改め，正直に明るい心で生活すること。
節度，節制	(3)　健康や安全に気を付け，物や金銭を大切にし，身の回りを整え，わがままをしないで，規則正しい生活をすること。	(3)　自分でできることは自分でやり，安全に気を付け，よく考えて行動し，節度のある生活をすること。
個性の伸長	(4)　自分の特徴に気付くこと。	(4)　自分の特徴に気付き，長所を伸ばすこと。
希望と勇気， 努力と強い意志	(5)　自分のやるべき勉強や仕事をしっかりと行うこと。	(5)　自分でやろうと決めた目標に向かって，強い意志をもち，粘り強くやり抜くこと。
真理の探究		
B　主として人との関わりに関すること		
親切，思いやり	(6)　身近にいる人に温かい心で接し，親切にすること。	(6)　相手のことを思いやり，進んで親切にすること。
感謝	(7)　家族など日頃世話になっている人々に感謝すること。	(7)　家族など生活を支えてくれている人々や現在の生活を築いてくれた高齢者に，尊敬と感謝の気持ちをもって接すること。
礼儀	(8)　気持ちのよい挨拶，言葉遣い，動作などに心掛けて，明るく接すること。	(8)　礼儀の大切さを知り，誰に対しても真心をもって接すること。
友情，信頼	(9)　友達と仲よくし，助け合うこと。	(9)　友達と互いに理解し，信頼し，助け合うこと。
相互理解，寛容		(10)　自分の考えや意見を相手に伝えるとともに，相手のことを理解し，自分と異なる意見も大切にすること。
C　主として集団や社会との関わりに関すること		
規則の尊重	(10)　約束やきまりを守り，みんなが使う物を大切にすること。	(11)　約束や社会のきまりの意義を理解し，それらを守ること。
公正，公平， 社会正義	(11)　自分の好き嫌いにとらわれないで接すること。	(12)　誰に対しても分け隔てをせず，公正，公平な態度で接すること。
勤労，公共の精神	(12)　働くことのよさを知り，みんなのために働くこと。	(13)　働くことの大切さを知り，進んでみんなのために働くこと。
家族愛， 家庭生活の充実	(13)　父母，祖父母を敬愛し，進んで家の手伝いなどをして，家族の役に立つこと。	(14)　父母，祖父母を敬愛し，家族みんなで協力し合って楽しい家庭をつくること。
よりよい学校生活， 集団生活の充実	(14)　先生を敬愛し，学校の人々に親しんで，学級や学校の生活を楽しくすること。	(15)　先生や学校の人々を敬愛し，みんなで協力し合って楽しい学級や学校をつくること。
伝統と文化の尊重， 国や郷土を愛する 態度	(15)　我が国や郷土の文化と生活に親しみ，愛着をもつこと。	(16)　我が国や郷土の伝統と文化を大切にし，国や郷土を愛する心をもつこと。
国際理解，国際親善	(16)　他国の人々や文化に親しむこと。	(17)　他国の人々や文化に親しみ，関心をもつこと。
D　主として生命や自然，崇高なものとの関わりに関すること		
生命の尊さ	(17)　生きることのすばらしさを知り，生命を大切にすること。	(18)　生命の尊さを知り，生命あるものを大切にすること。
自然愛護	(18)　身近な自然に親しみ，動植物に優しい心で接すること。	(19)　自然のすばらしさや不思議さを感じ取り，自然や動植物を大切にすること。
感動，畏敬の念	(19)　美しいものに触れ，すがすがしい心をもつこと。	(20)　美しいものや気高いものに感動する心をもつこと。
よりよく生きる喜び		

小学校第5学年及び第6学年（22）	中学校（22）	
(1) 自由を大切にし，自律的に判断し，責任のある行動をすること。 (2) 誠実に，明るい心で生活すること。	(1) 自律の精神を重んじ，自主的に考え，判断し，誠実に実行してその結果に責任をもつこと。	**自主，自律， 自由と責任**
(3) 安全に気を付けることや，生活習慣の大切さについて理解し，自分の生活を見直し，節度を守り節制に心掛けること。	(2) 望ましい生活習慣を身に付け，心身の健康の増進を図り，節度を守り節制に心掛け，安全で調和のある生活をすること。	**節度，節制**
(4) 自分の特徴を知って，短所を改め長所を伸ばすこと。	(3) 自己を見つめ，自己の向上を図るとともに，個性を伸ばして充実した生き方を追求すること。	**向上心，個性の伸長**
(5) より高い目標を立て，希望と勇気をもち，困難があってもくじけずに努力して物事をやり抜くこと。	(4) より高い目標を設定し，その達成を目指し，希望と勇気をもち，困難や失敗を乗り越えて着実にやり遂げること。	**希望と勇気， 克己と強い意志**
(6) 真理を大切にし，物事を探究しようとする心をもつこと。	(5) 真実を大切にし，真理を探究して新しいものを生み出そうと努めること。	**真理の探究，創造**
(7) 誰に対しても思いやりの心をもち，相手の立場に立って親切にすること。 (8) 日々の生活が家族や過去からの多くの人々の支え合いや助け合いで成り立っていることに感謝し，それに応えること。	(6) 思いやりの心をもって人と接するとともに，家族などの支えや多くの人々の善意により日々の生活や現在の自分があることに感謝し，進んでそれに応え，人間愛の精神を深めること。	**思いやり，感謝**
(9) 時と場をわきまえて，礼儀正しく真心をもって接すること。	(7) 礼儀の意義を理解し，時と場に応じた適切な言動をとること。	**礼儀**
(10) 友達と互いに信頼し，学び合って友情を深め，異性についても理解しながら，人間関係を築いていくこと。	(8) 友情の尊さを理解して心から信頼できる友達をもち，互いに励まし合い，高め合うとともに，異性についての理解を深め，悩みや葛藤も経験しながら人間関係を深めていくこと。	**友情，信頼**
(11) 自分の考えや意見を相手に伝えるとともに，謙虚な心をもち，広い心で自分と異なる意見や立場を尊重すること。	(9) 自分の考えや意見を相手に伝えるとともに，それぞれの個性や立場を尊重し，いろいろなものの見方や考え方があることを理解し，寛容の心をもって謙虚に他に学び，自らを高めていくこと。	**相互理解，寛容**
(12) 法やきまりの意義を理解した上で進んでそれらを守り，自他の権利を大切にし，義務を果たすこと。	(10) 法やきまりの意義を理解し，それらを進んで守るとともに，そのよりよい在り方について考え，自他の権利を大切にし，義務を果たして，規律ある安定した社会の実現に努めること。	**遵法精神，公徳心**
(13) 誰に対しても差別をすることや偏見をもつことなく，公正，公平な態度で接し，正義の実現に努めること。	(11) 正義と公正さを重んじ，誰に対しても公平に接し，差別や偏見のない社会の実現に努めること。	**公正，公平， 社会正義**
(14) 働くことや社会に奉仕することの充実感を味わうとともに，その意義を理解し，公共のために役に立つことをすること。	(12) 社会参画の意識と社会連帯の自覚を高め，公共の精神をもってよりよい社会の実現に努めること。	**社会参画， 公共の精神**
	(13) 勤労の尊さや意義を理解し，将来の生き方について考えを深め，勤労を通じて社会に貢献すること。	**勤労**
(15) 父母，祖父母を敬愛し，家族の幸せを求めて，進んで役に立つことをすること。	(14) 父母，祖父母を敬愛し，家族の一員としての自覚をもって充実した家庭生活を築くこと。	**家族愛， 家庭生活の充実**
(16) 先生や学校の人々を敬愛し，みんなで協力し合ってよりよい学級や学校をつくるとともに，様々な集団の中での自分の役割を自覚して集団生活の充実に努めること。	(15) 教師や学校の人々を敬愛し，学級や学校の一員としての自覚をもち，協力し合ってよりよい校風をつくるとともに，様々な集団の意義や集団の中での自分の役割と責任を自覚して集団生活の充実に努めること。	**よりよい学校生活， 集団生活の充実**
(17) 我が国や郷土の伝統と文化を大切にし，先人の努力を知り，国や郷土を愛する心をもつこと。	(16) 郷土の伝統と文化を大切にし，社会に尽くした先人や高齢者に尊敬の念を深め，地域社会の一員としての自覚をもって郷土を愛し，進んで郷土の発展に努めること。	**郷土の伝統と文化の 尊重，郷土を愛する 態度**
	(17) 優れた伝統の継承と新しい文化の創造に貢献するとともに，日本人としての自覚をもって国を愛し，国家及び社会の形成者として，その発展に努めること。	**我が国の伝統と文化 の尊重，国を愛する 態度**
(18) 他国の人々や文化について理解し，日本人としての自覚をもって国際親善に努めること。	(18) 世界の中の日本人としての自覚をもち，他国を尊重し，国際的視野に立って，世界の平和と人類の発展に寄与すること。	**国際理解，国際貢献**
(19) 生命が多くの生命のつながりの中にあるかけがえのないものであることを理解し，生命を尊重すること。	(19) 生命の尊さについて，その連続性や有限性なども含めて理解し，かけがえのない生命を尊重すること。	**生命の尊さ**
(20) 自然の偉大さを知り，自然環境を大切にすること。	(20) 自然の崇高さを知り，自然環境を大切にすることの意義を理解し，進んで自然の愛護に努めること。	**自然愛護**
(21) 美しいものや気高いものに感動する心や人間の力を超えたものに対する畏敬の念をもつこと。	(21) 美しいものや気高いものに感動する心をもち，人間の力を超えたものに対する畏敬の念を深めること。	**感動，畏敬の念**
(22) よりよく生きようとする人間の強さや気高さを理解し，人間として生きる喜びを感じること。	(22) 人間には自らの弱さや醜さを克服する強さや気高く生きようとする心があることを理解し，人間として生きることに喜びを見いだすこと。	**よりよく生きる喜び**

付録6

学習指導要領等の改善に係る検討に必要な専門的作業等協力者（五十音順）

（職名は平成29年6月現在）

五十嵐　　隆	国立研究開発法人国立成育医療研究センター理事長
石　井　美　乃	神奈川県横須賀市立諏訪小学校主幹教諭
伊　藤　久　仁	愛知県名古屋市立笹島小学校・中学校長
内　田　匡　輔	東海大学教授
大　塚　　隆	東海大学教授
神　家　一　成	高知大学教授
久　保　元　芳	宇都宮大学准教授
柴　田　一　浩	流通経済大学教授
助　友　裕　子	日本女子体育大学教授
髙　橋　和　子	横浜国立大学教授
千　田　幸　喜	岩手県立一関第一高等学校附属中学校副校長
椿　本　昇　三	筑波大学教授
友　添　秀　則	早稲田大学教授
根　岸　　淳	神奈川県横浜市立市場中学校長
日　野　克　博	愛媛大学准教授
藤　田　弘　美	福岡県豊前市立角田中学校長
星　野　和　貴	秋田県教育委員会副主幹
南　　　　砂	読売新聞東京本社常務取締役調査研究本部長
山　本　一　典	茨城県水戸市立国田義務教育学校教頭
吉　永　武　史	早稲田大学准教授
渡　邉　正　樹	東京学芸大学教授
渡　部　　基	北海道教育大学教授

なお，文部科学省においては，次の者が本書の編集に当たった。

澤 川 和 宏　　スポーツ庁政策課長

塩 川 達 大　　スポーツ庁政策課学校体育室長

八 木 和 広　　生涯学習政策局社会教育課長
　　　　　　　（前スポーツ庁政策課学校体育室長）

瀬 倉 信 康　　スポーツ庁政策課学校体育室室長補佐

髙 﨑 淳 也　　スポーツ庁国際課課長補佐
　　　　　　　（前スポーツ庁政策課学校体育室室長補佐）

高 田 彬 成　　スポーツ庁政策課教科調査官

森 　 良 一　　スポーツ庁政策課教科調査官

高 橋 修 一　　スポーツ庁政策課教科調査官

中学校学習指導要領（平成29年告示）解説　保健体育編

MEXT　1-1723

令和6年9月12日　6刷発行

著作権所有　　文 部 科 学 省

発 行 者　　株式会社 東 山 書 房
　　　　　　　代表者 山 本 敬 一

印 刷 者　　創栄図書印刷株式会社
　　　　　　　代表者 田 中 雅 博
〒604-0812　京都市中京区高倉通二条上ル天守町766

発 行 所 株式会社 東 山 書 房
〒604-8454　京都市中京区西ノ京小堀池町8-2
電話　075-841-9278
振替　01070-1-1067

定価：723円（本体657円）⑩